**mairisch** verlag

ANDREA HEJLSKOV

# WIR HIER DRAUSSEN

## EINE FAMILIE ZIEHT IN DEN WALD

ÜBERSETZT VON
ROBERTA SCHNEIDER

mairisch verlag

[mairisch 62]
1. Auflage, 2017
© mairisch Verlag 2017
www.mairisch.de

Originalausgabe:
»Og den store flugt«
Limfjordsforlaget 2013

Übersetzung: Roberta Schneider
Lektorat der deutschen Ausgabe: Daniel Beskos, Peter Reichenbach
Korrektorat: Annegret Schenkel | www.korrektorat-schenkel.de
Umschlaggestaltung: Philipp Andersson | www.philippandersson.com
Druck: Beltz Grafische Betriebe

Gedruckt in Deutschland
Alle Rechte vorbehalten

ISBN der Buch-Ausgabe: 978-3-938539-47-7
ISBN der E-Book-Ausgabe: 978-3-938539-75-0

www.mairisch.de

# WIR HIER DRAUSSEN

# 1

Es war ein sonniger Tag. Ich glaube, man versteht die wahre Bedeutung von Sonnenschein nicht, bis man versucht hat, draußen zu leben. Draußen. In der Sonne.

An Tagen mit Sonnenschein singt die Welt dir Wiegenlieder. Alles glitzert, als hätte es seine Freude daran. Der Fluss wird dir zur Schlagader, das Blut strömt, der Wind trägt dich, er trocknet die Tränen, Düfte wecken Erinnerungen, deine Seele wird geheilt und Gott liebt dich.

An sonnigen Tagen. Draußen. In der Natur.

Aber nicht an diesem einen Tag.

An diesem einen Tag reflektierte der Bildschirm das Sonnenlicht und ich musste die Augen zusammenkneifen, um zu schreiben. Und das war noch nicht alles. Ich musste meinen Körper unbequem recken, einen Arm hoch in die Luft gestreckt, den Computer in der Hand, und ganz still halten. Ich versuchte, eine Internetverbindung zu bekommen. Um etwas hochzuladen.

*Was passiert, wenn eine moderne Familie die moderne Gesellschaft verlässt und in den Wald zieht?* (Um ein freieres und einfacheres Leben zu leben, wollte ich noch hinzufügen, doch ich tat es nicht. Vielleicht eine Vorahnung.)

Es hat Vorteile, ein Blog anzufangen. Zum Beispiel, wenn man nicht mehr weiterweiß. Wenn man nicht mehr weiterweiß, kann einem ein Blog dabei helfen, eine zusammenhängende Geschichte zu erzeugen, bis alles wieder einen Sinn ergibt, und wenn es wieder Sinn ergibt, weiß man, wie es weitergeht. Es ist ein Rettungsring.

Es hat natürlich auch gewisse Nachteile. Die Leute könnten einen hassen, einem sagen, man sei eine schlechte Mutter, ein schlechter Mensch, ein schlechter Bürger, ein schlechter Erzähler. Man vertraut ihnen zu viel an, man vertraut ihnen zu wenig an. Es gibt eine Menge Dinge, die einem die Leute sagen, wenn sie es einem nicht ins Gesicht sagen müssen.

Es ist besser, sich zu verstecken. Stillzuhalten. Sich tot zu stellen. Weil die Leute gefährlich sind. Gefährliche Raubtiere. Ich würde eigentlich lieber nichts mit ihnen zu tun haben, darum weiß ich nicht, warum ich eigentlich hier sitze. Ich weiß nicht, ob die Vorteile die Nachteile überwiegen.

Um mich selbst zu überzeugen, fing ich an zu reden.

»Ich«, sagte ich. »Ich habe etwas zu sagen, und es ist wichtig, dass es gesagt wird.« Und ich redete weiter. »Du musst etwas riskieren, du musst in die Arena steigen, dich den Löwen stellen und kämpfen. Sei mutig. Sonst bist du verloren.«

Man kann in den Wald fliehen, um sich zu verstecken. Viele machen das, mehr, als man denken würde, aber wir haben es nicht getan, um uns zu verstecken.

Wir sind in den Wald geflohen, um uns selbst zu finden.

Um einander zu finden. Und den Sinn des Lebens.

Es war nicht so, dass ich eine sanfte Umarmung erwartet hätte oder dass wir auf einer Blumenwiese herumtanzen würden. Ich wusste, dass das Leben in der wilden Natur hart sein würde. Ich wusste, dass wir uns entfremdet fühlen würden und dass sich die Natur überhaupt nicht natürlich anfühlen würde. Aber auf das hier war ich nicht vorbereitet gewesen: Auf einem Felsbrocken zu sitzen, die Sonne in den Augen, den Arm in die Luft gereckt, als könne ich den Himmel erreichen und ihn berühren. Wie ein Idiot.

Dann kam der Adler. Ich hörte seine lang gezogenen Rufe, und sie weckten – wie immer – eine sonderbare Sehnsucht in mir. Hoch über dem Tal flog er, der Adler, und ich folgte ihm mit meinen zusammengekniffenen Augen.

Um mich herum lagen riesige umgestürzte Bäume. Von Stürmen überwältigt lagen sie einfach da. Ihre Wurzeln, verworren und mit Gestein verflochten, sahen aus wie die Schatten von Trollen.

Die Trolle sahen mich an, mich in meiner Arena; ihre Blicke bohrten sich in meinen Nacken.

*Was willst du hier?*, flüsterten sie.

Die Sonne wärmte den Stein, auf dem ich saß, und die süßen Düfte von Waldboden, Moos, Anemonen, Preiselbeeren, Quellwasser und verrottenden Blättern beruhigten mich nicht wirklich.

Das Internet beruhigte mich. Die Gesellschaft beruhigte mich. Das kannte ich. Ich kannte die Regeln. Kannte die Sprache. Nur konnte ich es kaum sehen, all das Zeug, das ich so gut kannte – wegen des verdammten Sonnenlichts.

Bla, bla, bla.

Der Klang meiner Tastatur beim Tippen meiner Worte.

Klack. Klack. Klack.

Es klang wie eine einzelne Hühnerfeder, die sich in tausend plappernde Papageien verwandelte; das war es – der Klang von Struktur.

*So ist es.*

*So waren wir.*

*Das haben wir gemacht.*

Ich habe darüber geschrieben, wie wir uns vorher gefühlt hatten.

Dass es sich angefühlt hatte, als hätten wir die Kontrolle über und das Eigentum an unserem Leben verloren, darüber, wie die Freiheit, Entscheidungen zu treffen, einfach verschwunden war. Wir hatten uns nicht ausgesucht, dass es war, wie es war; es war einfach passiert, unbewusste Entscheidungen, Zufälle.

Dieses nagende Unbehagen. Das war es nicht, was wir gewollt hatten, als wir jung waren. Das unausgesprochene Gefühl, die eigenen Kinder verraten zu haben. Wie hilflos sie sein würden – wie würden sie damit klarkommen, wenn alles zusammenbrach, das Finanzsystem, das Sozialsystem, das Klima, wenn die Gesellschaft zusammenbrach?

Diese stärker werdende Ahnung, dass etwas falsch läuft, richtig falsch, dass etwas kommt, wenn auch vielleicht nicht der Jüngste Tag. Dieses beunruhigende Gefühl, dabei zuzusehen, wie die Welt, wie wir sie kennen, vor unseren Augen zerbröckelt.

Ich sah auf und ließ meinen Blick über das Tal schweifen. Selbst wenn es nicht so exotisch war wie beim ersten Mal, als ich es gesehen habe, war es noch immer fremd. Ein fremdes Tal.

Zu meiner Linken waren der Wasserfall und die großen Felsen, die der Fluss so gewaltsam passierte wie ein Kamel ein Nadelöhr.

Die Kinder gingen gern zum Wasserfall. Wir stellten uns vor, dass wir uns im Sommer in die kleinen Felstümpel setzen und uns vorkommen würden, als würden wir in einem Whirlpool sitzen und die Sonne aufsaugen. Wie reiche Leute.

Der dunkle Fichtenwald links davon war undurchdringlich, doch wenn man den Fluss entlangging, öffnete sich der Wald ganz sanft. Auf der anderen Seite des Tals, zu meiner Rechten, war der See. Sehr. Blauer. See. Die Flussmündung ist ein gefährlicher Ort, mit großen Löchern im Ufergras, ein tiefer Sumpf, aber ein schmaler Pfad führt hindurch, und man kann trockenen Fußes dorthin gelangen, um zu baden oder zu angeln, man muss nur an dem umgestürzten Baum vorbei auf das kleine Inselchen mit den drei Birken, ein großer Satz und man ist dort.

Ein schönes Plätzchen mit Sandstrand. Ich wusste genau, wie kalt sich das Wasser an meinen nackten Zehen anfühlen würde. Mein Blick wanderte zurück, den Fluss entlang, am Biberdamm vorbei und landete schließlich in der Mitte. Dort lebten wir. Wir lebten in der Mitte.

Eine kleine Schotterstraße wand sich den Berg hinunter, bis zum Fluss, und endete in einer Wendeschleife. Von der Wendeschleife aus führte ein kleiner Pfad zu einer Brücke hinunter. Über die Brücke, rauf zu der Hütte, und da ... ist es. Da ist es. Das ist, wer wir waren. Eine alte *Säterstuga*, sechzehn Quadratmeter.

Früher haben die Bauern ihre Kühe im Sommer zum Grasen in den Wald gebracht und auf dem fruchtbaren Boden in der Nähe ihres Hauses Nutzpflanzen angebaut, während die Magd mit den Tieren im Wald gelebt und Käse, Butter und Sahne gemacht hat. Jede Woche ist ein Bursche von der Farm gekommen, um ihr Brot zu bringen und Milch zu holen. Es war ein richtiges System, und diese winzigen Hütten, die Säterstugas, sind noch immer im Wald verstreut wie einsame Pilze, manche morscher als andere.

Unsere Säterstuga heißt *Svensäter*. Innen und von außen haben Leute ihre Namen auf die alten Balken geschrieben. Im Krieg. In den 1980ern. Die älteste Inschrift ist von 1852, fein säuberlich in den kleinen Lüftungsschacht im kälteren Raum eingemeißelt, und es gibt eine Rune an der Südwand, genau dort, wo die Morgensonne zuerst auftrifft. *Fehu*. Altnordische Schriftzeichen: ein Alphabet, das aussieht wie auf dem Boden verstreute Stöckchen. Sie haben magische Bedeutungen, die Runen. *Fehu* bedeutet Vieh, bedeutet Reichtum, bedeutet Besitz, Erfolg bei Unternehmungen, bedeutet Glück. Ein Zeichen für Hoffnung und Fülle. Aber – typisch skandinavisch – auch ein Zeichen für Verlust, Misserfolg, Feigheit und Erschöpfung. Weil es das eine nicht ohne das andere gibt.

Vor die Hütte hatten wir ein großes Tipi aus astlosen Bäumen gebaut, eine Plane darumgespannt, eine Feuerstelle darin errichtet und Kissen, Matratzen und Decken dort ausgelegt. Das Tipi war unsere Küche, unser Wohnraum, unser Aufenthaltsraum – in Svensäter schliefen wir nur.

Svensäter hatte eine Feuerstelle, ein Fenster und eine Tür und war in zwei Räume aufgeteilt: einen kalten Raum nach Norden raus (eigentlich eher eine Art Vorratskammer) und einen wärmeren nach Süden. Oben gab es einen ungenutzten Raum mit niedriger Decke.

Die Kinder schliefen in dem nördlichen Zimmer, in das eine gute Seele vor vielen Jahren ein paar Schlafkojen eingebaut hatte. Jeppe und ich schliefen im anderen Zimmer auf zwei dünnen Matratzen.

Ich sah sie da unten herumlaufen.

Jeppe baute einen Holzschuppen. Sein erstes Bauwerk. Sein Holzschuppen sah aus wie eine Baracke in Soweto, ein paar Latten, ein paar Dachplatten. Sigurd krabbelte ihm um die Beine.

Ich sah Silas auf der Böschung des Flusses stehen, wo er kleine Bäume mit der Axt fällte, die wir ihm vor ein paar Wochen zum Geburtstag geschenkt hatten. Ich sah Sebastian und Victoria in den Wald gehen und mit schweren schwarzen Eimern voll Erde und Elchmist wieder herauskommen. Der Kapitän lief herum und harkte Zweige und Laub zu kleinen Haufen zusammen. Die kleinen Bäume, die Silas fällte, würden als Begrenzung für unser Beet dienen, die Zweige und das Laub würden als Basismaterial dienen, und darauf würden wir die Erde schütten, die die Zwillinge herangeschafft hatten.

Unser erstes Beet. Ein Beet ist wichtig, wenn man Selbstversorger werden will. Das Beet und der Holzschuppen waren unsere ersten Projekte – um Brennholz zu trocknen und um Samen zu pflanzen. Zu unserem großen Erstaunen hatten wir schnell gemerkt, dass man nicht einfach Samen auf die Erde werfen und auf das Beste hoffen kann, nein, der Waldboden ist sauer und voller Steine.

Es war der Kapitän, dieser Fremde, der uns die Prinzipien der Hügelkultur oder *Täckodling*, wie er es nannte, beigebracht hatte. »So baut man Nutzpflanzen im Wald an«, sagte er, und wie alles, was er sagte, sagte er es mit Überzeugung.

Es war gut, dass er da war, dachte ich, als ich da auf meinem Internetstein saß und ihnen zusah. Wie hart arbeitende Ameisen marschierten sie im Takt der Familie.

»Dein Eimer ist nur halb voll«, rief einer.

»Dein Eimer ist nur halb leer«, rief der andere zurück.

Ich blinzelte und beugte mich über den Computer. Und ich schrieb:

*Ich kann darüber schreiben, natürlich kann ich das!*

*Ich kann darüber schreiben, wie wir unsere Jobs gekündigt, unseren ganzen Kram auf die Müllkippe geworfen, die Kinder von der Schule genommen haben und ins Auto gesprungen sind.*

*Wir sind einfach weggefahren. Yippie-kay-yay mothafuckas.*

*Es war Rock 'n' Roll. Es war Bonnie und Clyde ... aber wir saßen völlig still im Auto, wie ferngesteuert folgten wir der Autobahn bis dorthin, wo sie endete: im Meer.*

*Auf der Fähre blieben wir in der Nähe der Spielecke. Wir saßen auf den dicken Kissen und sahen die anderen an; wir wussten, dass wir nicht mehr wie sie waren. Wir machten keinen Urlaub, wir waren auf der Flucht, wir waren Auswanderer, wir segelten auf der Freiheitsfähre weg von Armut, Krieg und Unterwerfung – des Geistes, ja, aber das war nicht minder gefährlich. Es ist gefährlich, die Macht über sich selbst zu verlieren. Und seine Ehre.*

*Jeppe hatte unser Portemonnaie auf dem Autodach vergessen, als wir eine Kaffeepause gemacht hatten. Unser Portemonnaie lag nun irgendwo im Graben, genau wie unsere Sachen auf der Müllkippe lagen. Wir hatten keine Papiere, kein Geld, keine Ausweise. Wir hatten keinerlei Wertsachen mehr.*

*Die äußeren Umstände entsprachen zu guter Letzt den inneren – doch unsere Nomadenkinder weinten nicht, als Dänemark am Horizont verschwand, während die Spielautomaten blinkten und die Passagiere einander anschrien.*

*Es war aufregend. Es war ein Abenteuer.*

»Können wir das machen?«

*»Ist das überhaupt erlaubt?«*
*Diese Fragen wiederholten sich ununterbrochen in meinem Kopf, als ich den letzten Rest Schokolade aß. Sie tun es noch immer.*

*Ich kann davon erzählen, wie wir in den Wald gezogen sind, ich kann davon erzählen, welche Fertigkeiten wir erlangt haben. Ich kann vom Zusammenhalten erzählen und davon, wie die Wölfe nachts geheult haben. Ich kann vom Schwimmen im See erzählen, von Fichtensirup und Rewilding. Von Permakultur, Natural Building, Bushcraft, Survival, Off-Grid und dem handfesten Bedürfnis danach, eine andere Weise zu finden, das menschliche Potenzial umzusetzen, eine Alternative zu finden. Wir waren Pioniere. Nur, dass wir nicht in ein fremdes Land vordrangen, sondern in wohlbekanntes Territorium.*

*Ich kann ohne Probleme behaupten, dass es das Beste war, was wir je gemacht haben.*

*Ich kann davon erzählen, wie wir ohne Elektrizität leben, wie wir Wasser aus dem Fluss holen und unsere Wäsche darin waschen, selbst für unsere Nahrung sorgen, unser Brennholz selbst schlagen, uns selbst einrichten, wie wir uns verändern.*

*Ich kann erzählen, wie es vorher war.*
*Beeilung, Beeilung, Arbeit, Kinder abholen, Essen zubereiten, fernsehen. Gemeinsame Zeit verbringen wir nur im Auto. Und dann die ganzen anderen Katastrophen, all die Kriege, die nicht enden wollende Serie von Skandalen, die verzweifelten Menschen, dass alle so tun müssen, als sei alles normal, dass unsere Kultur implodiert, dass die Strukturen, an die wir geglaubt hatten, ausgehöhlt waren, leer und kurz davor, in sich zusammenzufallen.*

*All die Dinge, die wir für selbstverständlich gehalten hatten. Die Dinge, an die wir geglaubt hatten. Unsere Vorfahren hatten für diese Strukturen gekämpft, waren für sie gestorben, und jetzt sitzen wir hier mit unserer ironischen Distanz und küssen der Apathie die Wange.*

*Wisst ihr, wie sich das anfühlt? Kennt ihr diesen Kummer?*

*Ich kann davon erzählen, wie wir im Bett lagen und er flüsterte: »Der größte Verrat ist es, wenn einem etwas klar wird und man keine Konsequenzen daraus zieht.« Pause. Er fuhr fort: »Es ist, als würde man innerlich sterben. Man weiß, dass etwas nicht stimmt, man weiß es einfach, aber man kann nicht ... man tut nichts ... das frisst einen auf.«*

*»Ich würde auch gern etwas tun«, sagte ich. »Es ist nur ... was sollen wir machen, wie soll es weitergehen?«*

*»Ich glaube, dass Nichtstun das Allergefährlichste ist.«*

*Und dann haben wir einfach etwas gemacht, und natürlich kann ich davon erzählen!*

*Ich kann von unserem großen Ausbruch erzählen und davon, wie wir unser Glück gesucht haben. Ich kann von unserem Pionierleben erzählen, von unserem Alltag tief im dunklen Wald, ich kann immer wieder sagen, dass jeder das Recht hat, ein selbstbestimmtes Leben zu führen, und dass niemand das Recht hat, es einem zu nehmen. Ich kann es alles erzählen. Ich kann.*

Ich denke, dass ich mir etwas vorgemacht habe.

Ich glaube, dass ich versucht habe, einen auf cool zu machen, weil ich natürlich nicht darüber schreiben konnte. Ich konnte mich kaum an die letzten Monate erinnern; sie waren in meinem Gedächtnis so diffus und fast nonexistent geworden, wie unser Tal es auf der Netzabdeckungskarte der Telefongesellschaft war. Ein Leben im Unbemerkten. Wir waren außer Reichweite. Es gab nur unsere nacheinander ausgestreckten Arme ... den Zusammenhalt.

Ich klappte meinen Computer zu, erhob mich und stand eine Weile als Antenne da.

Ich kannte meinen Hotspot inzwischen ganz gut. Die alte knorrige Kiefer, der große Felsbrocken, der aus dem Berg herausragte. Ich fühlte mich sicher auf dem Felsbrocken. Ich wusste, dass ich dort Netz hatte. Dort existierte ich. Dort war die Realität.

Alles andere kam mir vor wie ein Traum.

*Können wir das machen?*
*Ist das überhaupt erlaubt?*

Da waren sie wieder, diese Fragen. Ich weiß, dass ich sie mir immer wieder stellte, als ich den Berg hinunterkletterte, runter zu meiner Meute, runter zu meinem Waldgarten, runter zu dem Tipi, runter zu meiner Hütte und zum Brei. Ich musste mich beeilen, die Sonne stand bereits hinter dem See, und das bedeutete, dass wir bald Hunger bekommen würden. Der rote Topf, der über der Feuerstelle hin und her schwang, rief mich wie eine Kirchenglocke.

## 2

Es waren erst wenige Wochen vergangen, seitdem er aus dem Krankenhaus entlassen worden war. Er litt noch immer unter klinischer Depression.

Es war alles so furchterregend. Er backte die ganze Zeit Kuchen; der Kuchen musste *spongy* werden, sagte er, dann streute er Zimt und Zucker darauf und ließ das Ganze im Ofen backen, bis es an der Oberfläche karamellisierte.

Wir gingen fast jeden Tag mit dem Kinderwagen spazieren. Dann waren wir zusammen.

Meistens gingen wir zum Fjord runter, ich zog den Kinderwagen rückwärts durch den Sand, so nah am Wasser wie möglich. Ich war sicher, dass es gut für das Baby war, den Geruch des Meeres und all diese Stoffe einzuatmen, die es nur da gibt, wo frischer Wind weht. Jeden Tag bestand ich darauf, dass wir hingingen, und so stapften wir drauflos, der Widerstand war in den Beinen, im schweren Schritt im Sand und in diesem vagen Willen ... auf Sand zu laufen, nicht auf Asphalt.

Er sagte nichts. Manchmal, wenn ich zu tief seufzte, nahm er den Kinderwagen, dann war er derjenige, der den Wagen rückwärtsgehend zog.

Wir waren die, die rückwärtsgingen.

Sogar unsere Kinder gingen rückwärts.

Sebastian war fünfzehn und wusste noch nicht, was er aus seinem Leben machen will.

Victoria war fünfzehn und wollte um die Welt reisen.

Silas war zehn und wollte einfach nur normal sein. Sigurd war neun Monate alt und wollte nicht in seinem eigenen Bett schlafen.

Ich hatte fast jeden Tag Kopfschmerzen. Die Kopfschmerzen waren zum Dauerzustand geworden und ich hatte mich daran gewöhnt, aber zusätzlich hatte ich diese ... Anfälle.

Es fing an den Rändern meines Gesichtsfeldes an; alles begann zu flackern, die Atome selbst wurden für meine Augen sichtbar und schienen wie aus ihrer Umgebung herausgelöst. Es war ein flackernder Nebel, ein verschwommenes Sehen, es breitete sich von den Rändern her auf mein gesamtes Gesichtsfeld aus, und dann war ich plötzlich blind. Zum Glück nur auf einem Auge. Das andere brauchte ich, um auf Jeppe aufzupassen. Es ging ihm nicht so gut.

Ich konnte mir diese Gesichtsfeldausfälle nicht erklären. Ich fragte meinen Arzt, ob es eine seltene Erkrankung sei, doch der Arzt sagte »nein, das ist keine seltene Krankheit«, was mich traurig machte. Ich wäre gern etwas Besonderes gewesen.

Die frische Luft half gegen die Kopfschmerzen. An den Tagen, an denen wir spazieren gingen, bekam ich nur selten Attacken; sie kamen meistens drinnen, vor dem Bildschirm, oder im Stau auf dem Weg zur Arbeit.

Wenn ich reglos inmitten einer endlosen Schlange von Leuten jeden Tag denselben Strecken folgte, hin und zurück; wenn ich dasaß, zum Fjord sah, der stets als glänzende schwarze Schlange in der Landschaft präsent war, fingen BÄM! diese visuellen Erscheinungen an, ich schaffte es kaum nach Hause, hatte Angst, in jemanden hineinzufahren, ich konnte nichts sehen, ich umklammerte das Lenkrad so fest, dass meine Fingerknöchel weiß wurden; das Atmen fiel mir schwer. Sobald ich zu Hause war, übernahm das andere Auge, das, mit dem ich auf Jeppe aufpasste, und wir aßen Kuchen.

Ich hatte damals als Kinderpsychologin bei der Behörde oder als Projektmanagerin in der ländlichen Entwicklung gearbeitet, ich weiß es nicht mehr genau; die Zeit vorher vermischt sich, die Zeit vorher ist ein Strom von nicht miteinander verbundenen Punkten und Erinnerungen, ein Wust aus Verzweiflung, nur ab und zu unterbrochen von Glück; von diesem Glück muss ich erzählen.

Glück existierte nur im Sommer, wenn wir alles hinter uns ließen und alle zusammen am Strand schliefen. Jeppe und die Kinder fischten Krabben, wir grillten Gemüse über dem Lagerfeuer und aßen Wassermelonen. Glück war, wenn wir nicht zu Hause waren. Dann ging es uns gut.

Dann zeigte Jeppe Eigeninitiative, wie man so schön sagt, und die Kinder hockten nicht in ihren Zimmern. Es war wundervoll, ich war glücklich, aber es war nur eine Illusion, nur eine kurze Auszeit.

Alltag war: Jeppe, kuchenbackend, im Sand laufen, im Stau stecken, mit pochendem Herzen und eingeschränktem Gesichtsfeld.

Alltag war, dass die Kinder, wenn sie von der Schule nach Hause kamen, direkt in ihre Zimmer gingen, Alltag war Bildschirme, war nie genug Geld haben, nie, nie, nie genug Zeit haben, keiner von uns hatte Lust zu kochen, also aßen wir Pommes, Nuggets und Tiefkühlpizza. Im Supermarkt habe ich die Einkäufe aufs Band geworfen, als würde ich mich nicht dafür schämen.

»Bring noch einen Zitronenkuchen mit«, rief ich Jeppe zu; er hing immer in der Süßwarenabteilung herum, es war sein Job, die Sachen zu holen, die wir vergessen hatten.

Er konnte das Einkaufen nämlich nicht ertragen. Das war Teil seiner Krankheit.

Wenn er mal allein einkaufen gewesen war, war er immer blass und mit wildem Blick zurückgekommen. War weinend in der Küche auf und ab gelaufen. »Ich schaff das verdammt noch mal nicht«, hatte er geschrien oder mit der Faust auf unseren großen, weißen, teuren Kühlschrank eingedroschen, der inzwischen so verbeult war, dass man ihn wahrscheinlich nicht einmal mehr per Kleinanzeige verkaufen konnte.

Wenn er sich abgeregt hatte, tröstete ich ihn. Er hing über mir wie eine Leiche und flüsterte mir ins Ohr. Er erzählte mir, wie er vor einem Regal stehen geblieben war und sich nicht zwischen den achthundert Varianten desselben Produkts hatte entscheiden können.

»Ich krieg das einfach nicht hin«, hatte er geschnieft. Und ja, damals dachte ich, er sei schwach.

Wie konnte es sein, dass man nicht in der Lage war, einzukaufen? Das war etwas, das getan werden musste. Man musste einfach nur etwas aus dem Regal nehmen und fertig, aber er sagte, es läge nicht an den Produkten an sich, sondern am Licht, an der Musik und den Hintergrundgeräuschen, es war der kalte Geruch von Stahl und in Plastik verpacktem Essen, der Geruch des Parfüms anderer Menschen, der Hundegeruch und der Geruch von den Frikadellen, der aus der Feinkostabteilung herüberwehte. Das sei zu viel, sagte er, und ich streichelte ihm übers Haar.

Wir waren die Hilflosen. Wir waren die Verlorenen. Wir haben nie den richtigen Durchbruch als Künstler geschafft, waren nie wirklich unser eigener Chef. Wir waren Versager. Wir konnten eigentlich gar nichts und hatten das Gefühl, man müsse alles können.

Wir hatten es wirklich versucht, haben so lange gekämpft, und ich war müde.

Wenn ich bei der Arbeit war, kümmerte er sich um das Baby. *Glückspille* haben wir den Kleinen genannt. Jeppe hat Fische mit Buntstiften gemalt, sie ausgeschnitten und sie neben der Babydecke an die Wand gehängt. Oder er hat riesige asymmetrische Löcher in den Vorgarten gegraben, tiefe Löcher, während das Baby im Kinderwagen lag und nach oben sah. Mit verdreckten Stiefeln und verkniffenem Gesicht hat er den ganzen Tag Löcher gebuddelt. »Das sind Beete«, hat er gesagt. »Organisch geformte Beete.«

Der Vermieter hat sich beschwert, dass wir die Hecke nicht gerade genug schneiden. Ich habe mir Sorgen darüber gemacht, was er zu unseren organisch geformten Beeten sagen würde.

»Was machen wir denn mit den Beeten?«, fragte ich Jeppe.

»Es kann sein, dass wir uns nie einen Bauernhof werden leisten und das Leben leben können, das wir gern leben würden. Also müssen wir uns mit dem begnügen, was wir haben«, sagte er mit verbissenem Gesicht und auf den Spaten gestützt, der in seinen Händen zu einer Waffe geworden war.

Er setzte sein Werk fort und grub ein zweites Beet auf der anderen Seite der Hecke, zur Straße hin. »Hier pflanzen wir die hässlichsten Spießerblumen hin, die wir kriegen können«, erklärte er, »als Statement!«

Es war ein milder Winter, und wir lebten auf Mors, einer Insel im Limfjord, die vor allem zur Schweinehaltung genutzt wurde. Alles war quadratisch und die großen, fruchtbaren Felder lagen wie braune Wüsten in der Winterkälte. Es ging ein starker Westwind. Hier und da standen ein paar Windräder auf den Feldern, die inmitten von all dem Braun und Grau wie strahlende Leuchttürme wirkten mit ihrem industriellen Weiß.

Es war die schönste Gegend, die wir im ganzen Land hatten finden können. Ein paar Hügel und der Fjord, ja, der Fjord. Und der Nationalpark Thy gleich nebenan. Es ist nur so, dass diese schönen Plätzchen kaum mehr waren als Oasen inmitten all der industriellen Landwirtschaft, der braunen und grauen Felder.

Aber man gewöhnt sich daran. Man hört auf, mehr zu erwarten.

Als wir jung waren, hatten wir von der Revolution geträumt, von einem wilden Leben irgendwo in der großen weiten Welt, damals standen uns alle Möglichkeiten offen. Wir haben geglaubt, dass wir uns nie anpassen würden, dass wir nie aufgeben würden, anders als unsere Eltern. Dass wir für das, woran wir glaubten, kämpfen würden. Dass wir die Welt verbessern würden.

Ich dachte manchmal daran. Daran, wie ich mir die Zukunft vorgestellt hatte.

Ich möchte etwas von Mors erzählen. Es war erst zwei Jahre her gewesen, dass wir die Stadt verlassen hatten und aufs Land gezogen waren. »Wir erobern das Land unserer Kindheit zurück!«, hatten wir erklärt und waren nach Westen gezogen, in dieses Land unserer Kindheit, wir erinnerten uns beide gern daran, wie wir auf den Holzstegen gelegen und uns von der Sonne hatten aufheizen lassen, während wir aufs Wasser hinausgesehen hatten. Oder an die Augen der Kühe, daran, wie wir in die Baumkronen hinaufgeklettert waren, bis der Baum sich bog und es sich anfühlte, als würde man fliegen. »Wir wollen es zurück«, hatten wir gesagt, »wir lassen uns nicht länger in die Stadt jagen, wir wollen nicht mehr mit unseren Rechnern in Cafés sitzen! Wir haben keine Angst vor der Provinz! Wir haben keine Angst vor den Alten mit ihren mürrischen Blicken!«

Aber man kann sich nicht einfach eine Komposttonne kaufen, sein eigenes Brot backen, mehr Zeit mit der Familie verbringen, ein einfaches Leben führen ... denn man ist immer noch von den Strukturen umgeben, und die Strukturen ersticken einen, die Desillusionierung ist tödlich, also sind wir untergegangen.

Mehr gibt es darüber wirklich nicht zu sagen.

Wir haben es versucht und sind gescheitert.

Wir hatten uns festgefahren, im Sand oder im Matsch, das nimmt sich nichts, wir sind komplett gescheitert. Jeppe ist krank geworden. Dann wurde er ins Krankenhaus eingewiesen und aß *Marabou Tropical* im Krankenhausbett, zwei oder drei Tafeln am Tag.

Ich habe YouTube-Videos gesehen, in denen er auf der großen Bühne auf dem Rathausplatz in Kopenhagen Orgel spielt. Ich habe YouTube-Videos von ihm an Bord einer Luxusjacht gesehen, auf denen er Rauch im Mundwinkel hat, picobello gekleidet ist und seine Schiebermütze aufhat. Ich habe ihn auf den Festivals zwischen den Berühmtheiten gesehen, ich habe ihn im Fernsehen gesehen. Aber das war vorher. Bevor er mich kennengelernt hat. Bevor wir aufs Land gezogen waren, bevor wir glaubten, dass wir uns irgendetwas zurückholen könnten, was wir verloren hatten.

Inzwischen hatte er dreißig Kilo zugenommen und zog seine Fleecejacke nie aus. Die war bereits stinkig und fleckig, doch er sagte, er fühle sich darin wie in einer Rüstung. Man konnte nichts dagegen ausrichten, er zog die Fleecejacke nie aus und wir sprachen nie miteinander, ich hatte Gesichtsfeldausfälle, die Kinder saßen in ihren Zimmern, wir hatten riesige Löcher im Vorgarten, wir aßen Biskuitkuchen, wir warteten auf die nächste Verschnaufpause, auf einen winzigen güldenen Moment. Ist das denn zu viel verlangt?

So sah sie aus, die Wahrheit.

Ich glaube nicht, dass jemand tun wird, was wir getan haben, wenn er die Verzweiflung nicht kennengelernt hat. Die Frustration. Es ist nichts, was man tut, wenn es einem gut geht, es ist etwas, das man tut, wenn man nichts mehr zu verlieren hat.

Man lässt nicht einfach alles hinter sich, fängt ganz von vorn an, man ändert sich nicht einfach so, wenn man keine dringlichen Gründe dafür hat.

Kann sein, dass ich mich irre, aber ich glaube, dass es so ist.

Eines Tages sagte er: »Was, wenn es nicht an uns liegt?« Pause. »Was, wenn es an den Strukturen um uns herum liegt?«

Ich sah die Hecke an, die nicht gerade genug geschnitten war, die Löcher, die er gegraben hatte, die braunen Felder und den

Dungstreuer, der darauf fuhr, die kleine Reihe Bäume am Fjord, die kurvige Straße, die Ikea-Lampe auf dem Fensterbrett, sie war orange und aus irgendeinem natürlich wirkenden Material gemacht und sah aus wie ein Feuer. Ich sah die alte Couch an, ein großes, eckiges Sofa, die Babydecke mit ihren skandinavischen Streifen (ich hatte ihn angelogen und ihm gesagt, sie hätte nur zweihundert Kronen gekostet), ich sah den Biskuitkuchen an und ich sah ihn an und ich wusste nicht, was ich sagen sollte.

»Vielleicht müssen wir nicht über alles Bescheid wissen, sondern einfach etwas tun.« Er sah mich eindringlich an. »Andrea, warum tun wir nicht einfach etwas? Vielleicht finden wir die Lösung auf dem Weg?«

Ich war nie die Art Mutter gewesen, die darauf achtet, dass die Socken farblich passen, und die sich an alle Briefe von der Schule erinnert, alles in Ordnern abheftet, nein, so eine Mutter war ich nicht, obwohl ich mein ganzes Erwachsenenleben lang versucht habe, es zu sein. Und ich bin nie reich und berühmt gewesen – jedenfalls nicht genug. Habe nie viel Geld verdient – jedenfalls nicht genug. Bin nie glücklich genug und nie witzig genug gewesen. Ich wusste, was er meinte; irgendwann ist es an der Zeit, das Handtuch zu werfen und alles hinter sich zu lassen. Vielleicht war der Zeitpunkt jetzt gekommen. Ich erinnere mich an den Horror; ich hatte mich regelrecht ausgeknockt gefühlt und kaum noch atmen können.

»Ja«, sagte ich. »Vielleicht ist es nicht unsere Schuld. Vielleicht liegt der Fehler nicht bei uns.«

## 3

So hatte es angefangen. Es hatte an einem Nullpunkt angefangen, oder am Siedepunkt, wie man es nimmt. Es fing mit einer Frage an.

Die folgenden Tage und Nächte bestanden aus intensiven Gesprächen. Die Kinder fingen fast unmerklich an, aus ihren Zimmern herauszukommen und in unserer Nähe herumzuschleichen. Victoria setzte sich zu uns an den Esstisch, Silas saß oben auf der Treppe und beschäftigte sich dort mit irgendetwas, Sebastian kam ab und zu aus seinem Zimmer, um sich etwas Kleines zu essen oder ein Glas Milch zu holen, und wenn die Unterhaltung offen wirkte und Victoria ebenfalls da war, setzte auch er sich dazu.

Wir sprachen über Träume.

Wir sprachen nicht über die Wirklichkeit. Wir sprachen über das, was wir gern tun würden. Was wir tun würden, wenn wir völlig frei wären. Was wir tun würden, wenn wir aus unserem Leben machen könnten, was wir wollten. Wenn nicht andere darüber entscheiden würden.

Wenn die Kinder nicht dabei waren, änderten sich die Themen.

Was, wenn wir in der Matrix lebten? Was, wenn die Finanzkrise tief greifender war, als man uns wissen ließ? Was, wenn die Medien logen? Was, wenn der Klimawandel extreme Ausmaße annähme, was, wenn alle sozialen Systeme zusammenbrächen? Und durften wir einfach vor unseren Schulden weglaufen?

Das Finanzielle. Dem konnten wir uns nicht entziehen. Das war es, was uns unfrei machte. Wir vermieden es, über ökonomische Fragen zu reden; wir hatten eine stille Übereinkunft getroffen, nicht darüber zu sprechen, hatten wortlos den Beschluss gefasst, uns eine Auszeit zu geben, nur für ein Weilchen. Für ein Jahr vielleicht. Durften wir uns nicht ein Jahr Zeit für uns selbst nehmen?

Wir kamen überein, dass wir es durften.

»Wenn das Jahr um ist, sehen wir, was die Erfahrung mit uns gemacht hat. Dann können wir eine längerfristige Entscheidung treffen«, sagte Jeppe.

Das war unsere Übereinkunft. Unser Pakt.

Als wir erst mal angefangen hatten zu suchen, entdeckten wir eine Menge. Kleine Selbstversorgerdörfer in Dänemark, Communities in Neuseeland, die Aussteigersiedlungen in Spanien, die Doomsday Preppers in Amerika. Es kam einem fast vor wie ein ganzer Wirtschaftszweig und wirkte von außen sehr ideologisch. Als müsse man dazu bestimmte Kleidung tragen. An bestimmte Götter glauben. Die Hecken wurden *kreativ* geschnitten, doch die äußere Veränderung bedeutete nicht, dass man auch die innere Haltung änderte. Und man musste *auf jeden Fall* eine Survivaltasche kaufen, vollgepackt mit teuren, unverzichtbaren Survivalprodukten. Wir lasen über Strohballenarchitektur und Earthships, über Rewilding, Permakultur und nachhaltiges Bauen, und das alles war sehr interessant, aber es ließ uns etwas hilflos zurück, wir hatten das Gefühl, dass man jahrelang studieren musste, um sich unabhängig zu machen. Und dass einem schon wieder jeder irgendetwas verkaufen wollte.

Wir beschlossen, eine *Kote* zu bauen. Eine Kote ist eine einfache Konstruktion, und die Samen haben sie seit Tausenden von Jahren genutzt. Sie ist an unser Klima angepasst und kann binnen weniger Wochen gebaut werden – aus in der Natur vorkommenden Materialien.

Eine Kote ähnelt einem Tipi, hat aber einen gezimmerten Boden und ist zur Isolierung mit Erde bedeckt.

Das war machbar. Das würden wir hinbekommen, also waren wir optimistisch.

Übers Internet haben wir Kontakt zu einem Mann aufgenommen, der sich selbst *Kapitän* nannte, zehn Jahre in einem Tipi in

Värmland in Schweden gewohnt und von selbst angebautem Roggen gelebt hatte. Er sprach lebendig und voller Liebe über den Wald, den er sehr vermisste.

Folgendes war passiert: Er hatte eine Frau kennengelernt, die ihn aus dem Wald in ein Haus geholt, ihm Arbeit gesucht und ein paar Kinder geschenkt hatte. Sie hatte ihn »domestiziert«, wie er sagte, doch dann hatten sie sich scheiden lassen. Jetzt lebte er in einer Einzimmerwohnung bei Stockholm und starb »einen langsamen Tod«.

Wir korrespondierten per E-Mail; es war sonderbar, sich auf diese Weise mit jemandem zu unterhalten, der tatsächlich in der freien Natur gelebt hatte.

»Als ich im Wald gelebt habe, war ich wie ein Tier«, schrieb er. »Ich bin komplett in der Umgebung aufgegangen. Mein Ego ist verschwunden, meine Sinne waren geschärft. Es war unglaublich, aber auch einsam. Sehr einsam.«

Wir schrieben uns wochenlang und lernten einander kennen. Eines Tages wurden unsere Pläne konkreter.

An jenem Tag schrieb der Kapitän, dass er es nicht mehr aushielte. Die Stadt machte ihn krank und er musste da raus. Durch die Korrespondenz mit uns sei ihm klar geworden, wie sehr er den Wald vermisste. Also hatte er einen Mann kontaktiert, der in dem Wald, in dem er gelebt hatte, Land besaß. Der Grundbesitzer hatte gesagt, dass zwei Hütten leer stünden, eine für den Kapitän und eine für uns, beide ohne Strom und Wasser, dafür aber für nur tausend Kronen Miete im Jahr. Das war tatsächlich machbar.

Außerdem hatte der Grundbesitzer, Svenn, gesagt, dass wir so viele Bäume fällen dürften, wie wir für den Bau einer Kote bräuchten, und dass er nichts dagegen hätte, wenn wir eine kleine Gemeinde gründeten, solange keine Drogen im Spiel waren.

Der Kapitän schickte uns die Adresse und die Google-Maps-Koordinaten. Er selbst hatte schon seine Sachen gepackt, er hielt es nicht mehr aus und musste aufbrechen. Morgen. Wir würden ihn nicht mehr erreichen können, es gab dort draußen kein Internet, aber wir seien willkommen, einfach dazuzustoßen, zum Beispiel in den Winterferien. »Ich hoffe, ihr kommt.«

Frösteln. Gänsehaut.

Wir lagen die ganze Nacht wach und redeten. Ja, wir könnten weiterhin die Möglichkeiten durchgehen und verwerfen, weil sie nicht hundertprozentig passten. Aber wie lange konnte man das machen, bis man sich in all den Möglichkeiten verlor? Die Tage mit Gesprächen über etwas verbringen, das nicht existierte? Genauso gut konnten wir diese Gelegenheit beim Schopf packen. Klar, es war kein Schloss in Frankreich, aber andererseits – würden wir je ein bezahlbares Schloss in Frankreich finden?

In jener Nacht wiederholte Jeppe seine Worte: »Der größte Verrat ist es, wenn einem etwas klar wird und man keine Konsequenzen daraus zieht.«

Im Nachhinein denke ich, dass wir uns in jener Nacht entschieden haben. Genau weiß ich es nicht mehr, wie gesagt – meine Erinnerung an die Zeit vorher ist ein wenig verschwommen.

»Kinder! Kommt ihr mal?«

Auf dem Kaffeetisch standen süße Brötchen und Butter, in der Teekanne war Earl Grey, und das Baby spielte auf der gestreiften Decke.

»Wir müssten mal über etwas sprechen.«

Sie waren nervös, das merkte ich sofort. Kein Wunder, sie hatten das schon einmal erlebt, als mein Exmann und ich uns hatten scheiden lassen, es war schmutzig und erschreckend und sie hatten sehr darunter gelitten; sie sahen ihn nicht mehr.

»Lasst ihr euch scheiden?«, fragte Sebastian lächelnd. So lächelte er immer, wenn etwas wirklich Ernstes passierte, vielleicht, weil er verunsichert war oder weil er es genoß. Ich habe dieses Lächeln nie ganz verstanden; ich verstehe ihn nicht wirklich. Er war so schlaksig und linkisch und jungenhaft.

»Nein«, antwortete ich.

»Nein, verdammt, wie kommst du darauf?«, fragte Jeppe und wartete nicht auf eine Antwort. »Also, hört zu. Ihr habt sicher mitbekommen, dass es uns hier nicht besonders gut geht.«

Sie sahen in alle möglichen Richtungen.

»Mit meiner Krankheit und eurer Mutter und dass wir alle nicht mehr richtig was zusammen machen und so.«

Sebastian rang die Hände, spähte unter seinem Pony hervor und lächelte dieses Lächeln. Victoria starrte aus dem Fenster in die Ferne, Silas trank mit konzentrierter Miene seinen Tee.

»Ich fühle mich ein bisschen, als hätten wir einander verloren«, sagte ich.

Schweigen.

Schweigen.

»Fühlt ihr euch auch so?«

»Seit wann?«, fragte Victoria, drehte ihren Kopf und sah mich an. Sie war nicht selbstbewusst genug, um mir in die Augen zu sehen, und zu trotzig, um weiter wegzusehen.

»Ich weiß es nicht. Schon eine ganze Weile lang.« Ich erwiderte ihren trotzigen Blick. »Als ihr klein wart, habe ich eine starke Verbindung zu euch gespürt, aber die ist mit der Zeit schwächer geworden wegen all dieser … alltäglichen Umstände. Wir waren jeden Tag zusammen, und ich wusste, was in eurem Leben passiert. Jetzt habe ich das Gefühl, euch kaum noch zu kennen. Ich will für euch da sein, weiß aber nicht, wie. Und jetzt, wo ihr größer seid, merke ich auf einmal, dass es irgendwann vorbei sein wird damit, mit eurer Kindheit, meine ich, und ich bin mir nicht mehr sicher, ob ich euch das Beste gegeben habe, das, woran ich wirklich geglaubt habe, das Leben zieht einfach an einem vorbei, und …«

Schweigen.

»Und ich habe das Gefühl, euch verraten zu haben.«

Victoria guckte weg. Silas stellte irritiert seine Tasse auf den Tisch.

»Ja, okay, aber was heißt das? Was gibt es da zu besprechen?«

»Etwas läuft falsch in der Welt«, sagte Jeppe. »So richtig falsch. Die Dinge sind aus dem Gleichgewicht geraten. Es sind gefährliche Zeiten.«

»Aah! Du redest ja schon wie diese Weltuntergangstypen!« Silas senkte den Kopf und stützte ihn auf die Hände, die Ellenbogen auf den Knien.

»Im Ernst. Etwas läuft falsch«, sagte Jeppe bestimmt. In letzter Zeit hatte er nie besonders überzeugt geklungen, doch nun hatte seine Stimme einen anderen Tonfall.

»Und was hat das mit uns zu tun?«, fragte Sebastian, der Rationale, der Vernünftige; jetzt lächelte er nicht mehr. »Was sollen wir dagegen machen?«

»Wir denken darüber nach, ein Jahr Pause von diesem Leben zu machen. Um Abstand zu gewinnen und über alles nachzudenken.«

»Wie das?«

Jeppe fuhr fort. »Wir dachten, dass wir ein Haus im Wald bauen könnten ... oder eine Kote. Wir könnten ganz von null anfangen und herausfinden, was man als Mensch können muss. Die ganz grundlegenden Dinge. Wie man Feuer macht, wie man eine Behausung baut ... wir könnten uns all das beibringen, was wir verlernt haben und ...«

»Ohne Computer?« Silas versuchte nicht, seine Wut zu unterdrücken.

Ich versuchte, ihn zu beruhigen. »Also ... ja, das war schon so gedacht, aber wir können die Computer auch mitnehmen.« Ich sah Jeppe an.

Jeppe zuckte mit den Schultern. »Es geht darum, etwas zu tun. Zusammen. Als Familie. Es geht darum, etwas zu lernen, die Sachen, die man in der Schule nicht lernt.«

Sebastian, ganz Ohr: »So wie Jagen und Angeln und so?«

»Ja.«

»Bekomme ich dann ein Gewehr?«

»Na ja … ja, vielleicht.«

»Wenn ich ein Gewehr bekomme, bin ich dabei«, sagte er und sah mich an; er testete mich aus.

»Ja.«

»Wir haben Kontakt zu einem Mann aufgenommen, der zehn Jahre lang im Wald in einem Tipi gelebt hat, und wir überlegen, ihn in den Winterferien zu besuchen«, erklärte ich.

»In diesen Winterferien?«

»Und was ist das für einer?«

»Einfach ein Mann, der in einem Tipi im Wald gelebt hat. Wir wissen auch nicht so viel darüber, aber es wäre cool, hinzufahren, um ihn zu besuchen und einen Eindruck davon zu bekommen, wie es ist, im Wald zu leben. Um einfach etwas zu tun … nur für ein Jahr, erst mal«, sagte ich.

Jetzt mischte sich Victoria wieder ein. »Können wir nicht nach China? Ich meine, wenn es nur darum geht, ein Jahr lang etwas anderes auszuprobieren.«

»Das haben wir auch überlegt, aber es ist teuer, nach China zu kommen, und dann müsste einer von uns arbeiten und es wäre eigentlich so wie hier, und wir würden all die praktischen Sachen nicht lernen; es wäre eher eine Art Reise«, sagte Jeppe.

»Aber es wäre trotzdem super«, sagte sie voller Hoffnung.

»Das Gute an dem Wald wäre, dass es realistisch ist. Es ist machbar, erst recht, nachdem wir den Kapitän kennengelernt haben«, sagte ich.

»Heißt der wirklich so?«

»Nein, ich glaube nicht. Aber er war Kapitän und ist viel herumgesegelt.«

»Also: Ihr lasst euch nicht scheiden, wir machen im Winter Urlaub in Schweden und ihr wollt, dass wir mehr gemeinsam unternehmen«, fasste Silas zusammen.

»Ja.«

»Warum können wir nicht einfach hier etwas machen?«, fragte er.

»Das haben wir ja versucht! Das war der Grund dafür, dass wir nach Mors gezogen sind – um zu sehen, ob man etwas anders machen kann. Aber guck, jetzt sind wir genau da, wo wir waren – wir müssen Unmengen an Geld ranschaffen, um einen gewissen Standard zu halten, um den Job zu behalten und machen zu können, was alle machen. Das ist verdammt frustrierend.«

Ich bezog die Kinder mit ein. Aktiv. Ich sah uns, wie wir hier auf den Sofas saßen und über den Wald redeten. Es sah verrückt aus.

Jeppe stand auf, stellte sich in die Küchentür und zündete sich eine Zigarette an.

Jetzt kam das schlechte Gewissen, jetzt kamen die Zweifel. Ja, es war wahr; wir waren oft umgezogen, zu oft, ich war etwas hinterhergejagt, das ich nie gefunden hatte. Die armen Kinder.

Ich erinnerte mich an die Worte meines Onkels. »Wir sind die blauäugigen Nomaden.« Ich weiß, dass er recht hat. Auch meine Großmutter hat mir davon erzählt, von dem Nomadenblut, sie hat gesagt, wir seien Nachfahren einer ägyptischen Nomadenprinzessin. Ich habe mich immer dafür geschämt, dass ich es nicht lange an einem Ort aushalte, es ist nicht gut für die Kinder. Das Umziehen ist traumatisch für sie, man sollte nichts ändern, dort bleiben, wo man ist, die gleiche Arbeit haben, den gleichen Mann. Ich habe es wirklich versucht, ich habe mich wirklich angestrengt, aber am Ende bin ich nicht die Mutter, die darauf achtet, dass die Socken farblich passen. Das bin ich einfach nicht.

Victoria: »Okay, ich bin dabei. Ich habe eh keine Lust mehr auf die Schule. Wenn wir in den Wald ziehen, sind wir wie Eingeborene.« Sie sah wieder aus dem Fenster. Und träumte. Ich machte mir Sorgen um sie. All diese unrealistischen und naiven Träume, all diese Dinge, die sie tun zu können glaubte.

Meine innere Stimme flüsterte mir zu, dass wir es mit dem Wald versuchen sollten. Das würde ihr die Augen öffnen: Wenn sie merkte, dass sie nicht alles tun konnte, was sie wollte, blickte sie vielleicht etwas realistischer in die Zukunft.

Damals war mir nicht klar, wie abwegig es war, dass ich mir in dieser Situation solche Gedanken machte.

»Also …« Sebastian räusperte sich. Er räuspert sich immer, bevor er etwas sagte. Ich wusste nicht, ob er das in der Schule auch machte; aber ich hoffte, dass er es nicht tat. Ich hoffte, dass er laut und deutlich sprach, ich hoffte, dass er selbstbewusst war, aber ich wusste es nicht.

»Es könnte etwas Wahres daran sein, dass es hier nicht so toll ist …« Er räusperte sich wieder. »Vielleicht wäre es nicht schlecht, etwas anderes auszuprobieren.« Er sah aus dem Fenster wie seine Zwillingsschwester, bevor er weitersprach. »Auf alle Fälle stimmt es, dass wir zu viel Zeit in unseren Zimmern vor dem Computer verbringen.«

»Genau, Sebastian, ein junger Mann wie du sollte eine Axt schwingen oder in den Bäumen herumspringen!« Jeppe blies Rauch in die Küche und wendete sich uns zu.

»Wenn ich ein Gewehr bekomme, bin ich dabei.« Sebastian sah mich an, ich nickte.

»Ich finde auch, dass es ziemlich cool klingt«, sagte Victoria. »Ich kann altmodische Sachen anziehen und Kräuter sammeln und so.«

»Ich würde gern hier wohnen bleiben«, platzte Silas laut heraus.

Jetzt meldete sich meine innere Stimme wieder, meine Selbstverachtung. *Wenn ich doch nur normal wäre, dann hätten meine Kinder es besser.*

Vielleicht hörte Silas mich mit seinem sechsten Sinn, manchmal war es, als könne er meine Gedanken lesen. »Warum können wir nicht sein wie eine normale Familie?«, schrie er.

»Ich mag dieses Haus auch«, sagte ich, »aber überleg doch mal, wie cool es wäre, wenn wir unsere eigene Kote bauen würden!«

»Was ist eine Kote?«, fragte er.

»So etwas wie ein Tipi, aber mit festem Fußboden und Fenster und so.«

»Und mit Computer?«

Schweigen.

»Ja doch, ja«, sagte Jeppe und aschte ins Spülbecken. »Wenn es dir so wichtig ist. Aber es geht nicht so weiter wie hier, wo du den ganzen Tag lang daddelst«, fügte er hinzu.

»Hä? Wie sollen wir denn da Computer benutzen? Gibt es denn da überhaupt Strom?« Sebastian. Mit seinem Lächeln.

»Das sehen wir dann«, antwortete Jeppe.

»Na gut, wenn es euch so wichtig ist«, schnappte Silas. »Kann ich jetzt wieder in mein Zimmer?«

Später, nachdem alle in ihr Zimmer gegangen waren und das Baby eingeschlafen war und Jeppe vom blauen Strahlen seines Bildschirms absorbiert wurde, nachdem die Dunkelheit in die verstecktesten Winkel des Hauses vorgedrungen war, lag ich mit offenen Augen allein im Bett und hielt mir einen Vortrag.

*Liebe Kinder. Eltern müssen Entscheidungen für ihre Kinder treffen. Das ist es, was das Elternsein ausmacht. Selbst Eltern, die sich bemühen, so normal wie möglich zu sein, sich an alle Regeln zu halten, müssen radikale Entscheidungen treffen, die sich auf die Entwicklung ihrer Kinder auswirken. Inzwischen zweifele ich die Entscheidungen an, die ich als Mutter getroffen habe. Ich habe euch in einem System aufwachsen lassen, dem ich einmal blind vertraut habe, aber jetzt bin ich mir nicht mehr so sicher. Ich habe euch in die Kita gegeben, obwohl jede Faser meines Körpers eure Namen gerufen hat. Ich glaube nicht mehr daran, dass es ein gutes und gerechtes System ist. Ich glaube nicht mehr daran, dass es gut ist, dass die Kinder in Einrichtungen aufwachsen und die Erwachsenen die ganze Zeit arbeiten, um die Produktivität zu steigern. Der Klimawandel macht mir Angst, und es erfüllt mich mit Sorge, wie unsere Ressourcen, die Natur und sogar unsere Körper im Namen von Produktivität und Effektivität geopfert werden, dass anscheinend alle ihre Augen davor verschließen, dass die Ökosysteme kollabieren, Arten aussterben und das Wetter verrücktspielt. Sie verpesten die Luft, im Pazifik hat sich eine Insel aus Plastik gebildet, es gibt immer mehr arme Menschen, allen geht es schlecht. Es ist falsch, es ist alles falsch, und ich habe Angst, dass es in einer Katastrophe enden wird.*

*Ich glaube, dass ich euch nicht gut genug vorbereitet habe. Ich habe das Gefühl, euch nicht das beigebracht zu haben, was eine Mutter ihren Kindern wirklich beibringen sollte. Durchhaltevermögen. Stärke. Gemeinschaftssinn. Vertrauen. Grundlegende Dinge. Praktische Dinge. Nicht, wie man sich anpasst oder gute Noten bekommt.*

*Wir sind uns so fern. Das ist nicht so, wie es sein sollte, das spüre ich. Und ich bin nicht die Mutter, die ich sein wollte, dies sind nicht meine Werte, dies ist nicht das, was ich an euch weitergeben wollte. Und in all diesen Jahren des Umherwanderns, liebe Kinder, wollte ich wirklich nur ... habe ich nur versucht ... aber ich habe versagt.*

*Zzzzz....*

Der Kapitän war in das kleine Bauernhaus *Bondsäter* gezogen, tief in dem Wald, in dem er zehn Jahre lang allein gelebt hatte, bevor er die Frau kennengelernt hatte.

In den Winterferien machten wir uns auf, um ihn zu treffen.

Als wir die schmalen, schneebedeckten Schotterstraßen im Wald entlangfuhren, wurde mir mulmig zumute. Ich war mir nicht sicher, ob wir hier richtig waren und ob das hier überhaupt eine Straße war. Der Schnee hatte alle Punkte, an denen man sich hätte orientieren können, ausradiert; er häufte sich an den Rändern der Straße und ließ sie wie eine Schneckenspur aussehen; hier konnte man nur in eine Richtung fahren ... vorwärts. Vorwärts! Es dämmerte, natürlich dämmerte es, und so hingen wir in einer Zeitschleife aus Beklommenheit, Paranoia und aufkeimender Panik. Die schwedischen Wälder sind riesig, man kann sich leicht darin verirren.

Ich tat, als hätte ich keine Angst. Gab den Kindern eine Tafel Schokolade und dachte darüber nach, dass das Teil meiner neuen Elternrolle war: keine Angst haben.

»Lasst uns ein Lied singen.«

»Nein!«, riefen sie wie aus einem Mund.

Schließlich kamen wir an. *Bondsäter* war ein rotes, zweistöckiges Haus mit blauen Fensterrahmen. In der Dämmerung konnte ich die Komposttoilette und einen verfallenen Schuppen ausmachen – und ihn. Eine dunkle Gestalt. Sehnig, knochig, nonchalant, schüchtern und cool trat er aus der Tür und ging auf uns zu.

Ich tat, als sei ich damit beschäftigt, die Kinder und unser Gepäck aus dem Auto zu holen. Jeppe sagte »Heeeey«, ging auf ihn zu und umarmte ihn.

»Jetzt treffen wir uns also endlich«, sagte der Kapitän. Seine Stimme war rau und fest.

Sebastian blieb einen Moment hinter mir stehen, dann wagte er sich vor und streckte seine Hand aus. Der Kapitän klopfte ihm auf die Schulter. Silas nickte dem Kapitän nur zu; der nickte ebenfalls und sagte: »Ahoi.«

Dann waren ich und Victoria mit dem Begrüßen an der Reihe und seine Körpersprache änderte sich komplett. Er reichte mir höflich die Hand und sagte: »Willkommen, freut mich sehr, dich kennenzulernen.«

Lachend nahm ich ihn in den Arm. »Das ist meine Tochter Victoria.«

»Hallo, Victoria«, sagte er und reichte ihr höflich lächelnd die Hand.

»Kommt rein, kommt rein«, sagte er und nahm mir die Tasche ab, die ich in der Hand hielt.

»Ja, es war eine verdammt lange Fahrt«, sagte Jeppe.

# 4

Das Haus war rustikal und hatte nicht den leisesten femininen Touch.

Ein paar Kerzen in leeren Rumflaschen brannten wie Fackeln. An die Wohnzimmerdecke war eine verschmierte schwarze Spirale gemalt. Sie erinnerte mich an die Jugend, an die Hausbesetzerszene und an Kurt Cobain; ich schüttelte den Kopf, das war so lange her. Auf dem Küchentisch standen zwei Eimer Wasser, auf dem Holzherd köchelte ein Topf Bohnen. Neben dem Herd ein Hackklotz mit zwei Äxten.

Der Kapitän zeigte uns, wo wir uns hinsetzen sollten; an einen großen, aus Brettern gezimmerten Tisch. Er legte zwei Felle auf die alte Gartenbank, die am Tisch stand. »Du kannst dich mit dem Baby hier hinsetzen«, sagte er und nickte mir zu.

Dann stellte er den Topf auf den Tisch, setzte sich, lächelte uns alle an, tat sich als Erstes auf, aß schnell, rülpste, goss sich einen Rum ein und sagte: »Willkommen im Wald.«

Nachts schliefen wir alle auf einer Matratze in einem Raum im oberen Stockwerk. Sigurd war in meinen Armen eingeschlafen und ich trug ihn vorsichtig die knarrende Treppe hoch. Die anderen Kinder lagen unter schweren Decken und lasen Comics, jedes hatte seine eigene Rumbuddelkerze, in dem kleinen Ofen in der Ecke bullerte ein Feuer. Es war warm und gemütlich, obwohl die Farbe von den Wänden blätterte und alles so karg wirkte. Ich legte Sigurd auf die Babydecke und wickelte ihn hinein. Dann wickelte ich ihn fest in ein weiteres Tuch und stellte mir vor, dass wir Samen wären, stellte mir vor, wir wüssten, wie man mit der Kälte umgeht.

Ich legte ihn auf ein Schaffell und deckte ihn mit einer Wolldecke zu. So weich. Er hat die ganze Zeit weitergeschlafen. Ich glaube, er hat wegen der frischen Luft so gut geschlafen, die unter dem einfach verglasten Fenster hineinzog, durch jeden Riss und jedes Loch. Die Luft roch nach Wald und Sternenhimmel.

Ich deckte sogar die Großen noch einmal sorgfältig zu. Ich kam mir komisch dabei vor; das hatte ich seit Jahren nicht gemacht. Vielleicht waren sie inzwischen zu alt dafür. Vielleicht waren sie es nicht.

Diese Bewegung: Ich lege meine Hand auf ihre Wangen und streichele sanft in Richtung Haaransatz, um die Hand ein Weilchen dort liegen zu lassen, nah am Ohr. Dieses Geräusch: das Geräusch, das einem aus der Kehle dringt, wenn man tief ausatmet, ein langes Seufzen, ein tiefes Summen. Diese Worte: »Geht es dir gut?« »Bist du müde?« »Was sagst du dazu?« Eine Frage pro Kind.

Dann lauschte ich lächelnd, drückte ihre Schultern und beendete das Gespräch mit einem »Ich liebe euch«. Deckte jedes mit einer weiteren Decke zu, die ich sorgfältig an den Füßen und den Seiten unter sie schlug, und sagte dann: »Gute Nacht, meine Süßen.«

Sebastian beantwortete meine Frage mit einem »Ja, mir geht es gut«.

»Ich bin müde«, sagte Silas, drehte den Kopf auf die Seite, schloss die Augen und sah aus wie ein Kleinkind.

»Es ist aufregend«, sagte Victoria mit großen Augen.

Ich legte mehr Holz in den alten Ofen, der mit Blumenranken und Eichhörnchenfiguren verziert war. Unten redeten Jeppe und der Kapitän über die Revolution.

Ich hörte sie mit den Fäusten auf den Tisch schlagen und stellte mir vor, wie der Rauch ihrer Zigaretten wie eine Milchstraße im Raum schwebte, ein Nebel, der auf die leisesten Bewegungen reagierte. »Allen geht es dreckig!«, rief der Kapitän.

»Ja, und alle tun so, als sei alles in Ordnung«, antwortete Jeppe.

Ich schloss die Tür und ging auf Zehenspitzen hinunter, die Hand am Geländer, nicht nur, weil es dunkel war, sondern auch wegen der Kälte; es ist schön, etwas zu haben, woran man sich festhalten kann.

»Aber was kann der Einzelne tun? Das Ganze ist so groß, was soll eine Person da ausrichten?«, seufzte Jeppe.

»Ja! Jeder denkt, er ist allein. Und all diese Geschehnisse, mit denen man bombardiert wird, der ganze Hass, die Entrüstung! Wie Gänse mästen sie uns mit Angst. Bis wir aufgeben. Bis wir uns nicht mehr aufregen. Abgestumpft sind. Wer kann in dieser Welt empfindsam bleiben, ohne verrückt zu werden? Ganz abgesehen von dem Gequatsche der Politiker! Das sind alles Lügner und Betrüger, alles Drecksäcke! Die speisen uns nur mit leeren Phrasen ab«, antwortete der Kapitän, schlug dabei noch ein paar Mal mit der Faust auf den Tisch.

Im warmen Kerzenlicht sahen sie aus wie Widerstandskämpfer, wie Leute, die trotz allem nicht klein beigeben.

»Und den Leuten wird das letzte Restchen Lebensenergie und Liebesfähigkeit genommen. Sie hetzen sich ab und arbeiten mehr, unternehmen mehr, kaufen mehr, haben immer weniger Zeit – und dann erzählt man ihnen, dass sie frei seien. Dass sie tun könnten, was sie wollten. Aber das ist eine Lüge. Eine verdammte Lüge! Niemand hier ist frei.«

Der Kapitän sprach eine Mischung aus Schwedisch, Dänisch und Deutsch. »Vergiss nicht, dass ich in Deutschland aufgewachsen bin«, fuhr er fort und ließ sich wieder auf den Stuhl sinken. »Ich erkenne Faschismus, wenn ich ihn sehe.«

So ging es stundenlang weiter.

Sie sprachen über Gesellschaft und Erfolgsbesessenheit, sprachen über Korruption, Industrie, Klimawandel, Gier, Banken. Sie sprachen darüber, wie die soziale Absicherung korrodierte und wie schmerzhaft es war, dabei zuzusehen. Sie sprachen über die Verstädterung, über Entfremdung und über Stress.

»Die Städte sind überfüllt, keiner hat mehr Platz für sich, es gibt keine Rückzugsorte – aber hier draußen ist massig Platz! Warum drängen sich die Leute in den Städten? Das kapiere ich nicht«, sagte der Kapitän.

Mit der Zeit wurde das Gespräch leiser.

»Irgendwann kommt der Punkt, an dem man einfach etwas tun muss. Wirklich. Irgendetwas«, sagte Jeppe mit weinerlicher Stimme. »Man muss einfach handeln. Als Mensch muss man einfach ... etwas tun ... sich ein Fünkchen Würde und Selbstachtung bewahren, du weißt, was ich meine, oder?«

»Ich verstehe sehr gut, was du meinst«, antwortete der Kapitän und legte Jeppe eine Hand auf den Arm. »Die Wahrheit liegt in der Tat.«

Der Kapitän erhob sich. Er stellte weitere Kerzen in Rumflaschen auf und ging zum Küchentisch, wo er eine batteriebetriebene LED-Lampe einschaltete, die so hell strahlte wie die Beleuchtung in einem OP-Saal. Doch er ließ sie nur an, solange er mit einer kleinen Kelle Wasser in den Kessel schöpfte. Sobald die Lampe aus war, wurde der Raum wieder ruhig.

Eine Weile war es still.

Ich bekam nicht mit, wie sie auf das Thema kamen, aber auf einmal waren sie in eine Unterhaltung über Feminismus verstrickt.

Plötzlich wurde ich von einer überwältigenden Müdigkeit befallen und erhob mich schwankend, um ins Bett zu gehen.

Als ich Jeppe einen Gutenachtkuss gab, sah der Kapitän weg.

»Danke für den Abend, es war sehr schön. Ich bin wirklich froh, dass wir hergekommen sind. Danke, dass wir hier sein dürfen«, sagte ich.

»Ich bin froh, dass ihr hier seid«, antwortete er nickend.

Als ich auf der dicken Rosshaarmatratze lag, hörte ich, wie sie ihre Unterhaltung mit neuem Schwung fortsetzten, lauter und lauter, mehr rauchten, auf den Tisch schlugen. Ihre lauten Worte flogen auf, hinauf zu der schwarzen Spirale, durch die Decke, wie kleine schwarze Friedenstauben, hoch zu mir, durch die Risse, und hinaus ins Freie durch die Fensterritzen.

Wir gingen jeden Tag in den Wald und fällten Bäume. Der Kapitän war im Winter hier angekommen, also hatte er keine Zeit gehabt, Brennholz vorzubereiten, was bedeutete, dass er sich den ganzen Winter lang darum kümmern musste.

Um diese Jahreszeit war es in manchen Nächten kälter als minus 32 Grad. Brennholz zu sammeln war nicht einfach nur eine Beschäftigung, es war überlebenswichtig.

Jeden Tag gingen wir gemeinsam vom Haus aus den schmalen Schotterweg hinunter. Wenn einer von uns einen toten Baum entdeckte, versammelten wir uns darum. Die Aufgabe der Kinder war es, die unteren Zweige zu entfernen und umstehende kleinere Bäume zu schlagen, die uns im Weg waren. Am Anfang prallten ihre Äxte vom Baum ab, weil sie waagrecht zuschlugen. Der Kapitän zeigte ihnen, wie man senkrecht von der Seite schlug, von oben und von unten; die Schlagrichtung der Axt musste ständig geändert werden, sie musste den Fasern des Holzes folgen. Man kann Holz nicht unsere menschlichen Vorlieben für gerade Linien und die Wiederholung aufzwängen, selbst totem Holz nicht.

Sie machten sich mit großem Ernst über ihre Aufgabe her. Schleppten schwere Äste und kleine Bäume aus dem Weg. Sie arbeiteten hart und ohne Murren.

Wenn wir diese Arbeit nicht jeden Tag gemacht hätten, hätte der Kapitän sich den ganzen Winter lang allein darum kümmern müssen, ihm wäre kalt gewesen, während wir zu Hause im Land der Zentralheizung und der heißen Duschen gewesen wären.

Silas fällte mit seiner Axt schnell und geschickt die kleinen Bäume; Sebastian und Victoria schnitten gemeinsam Äste ab und schichteten diese zu Haufen auf, damit wir nicht darüberstolperten. Anschließend fällten Jeppe und der Kapitän den Baum: Sie knieten sich neben den Baum und sägten mit einer gewöhnlichen Säge eine kleine Kerbe hinein. Dann setzten sie die Zweimannsäge an und sägten – hartnäckig, rhythmisch und lange.

Ich sah, wie meinem Mann der Schweiß über das Gesicht lief. Ich sah, wie der Kapitän ab und zu das Gesicht verzog, zu Jeppe hinübersah und anschließend das Tempo anzog.

Bäume geben eine Menge Töne von sich, vor allem, wenn sie fallen. Zuerst ist da die Stille. Das ist der Ton, den Bäume besonders gut beherrschen. Dann kommt das Knacken. Das Knacken und Knarren, der tiefe Ton von Holzfasern, die auseinanderreißen, ein tiefes Seufzen. Dann das Rauschen. Das Rauschen beim Fall ist überwältigend. Bäume fallen nicht schnell um. Sie fallen in Zeitlupe. Und dann, wenn die Äste des Baumes die umstehenden Bäume streifen, kommen all die undefinierbaren Geräusche. Es ist nicht möglich, zu sagen, wo sie herkommen; ob sie von den Ästen des gefällten Baumes kommen, die alles auf dem Weg zu Boden zerstören, oder ob es die noch lebenden Bäume sind, die vor Kummer aufschreien. Nachdem der Baum gefällt war, standen Jeppe und der Kapitän da und waren eine ganze Weile aus der Puste.

Selbst die Sonnenstrahlen standen still; sie sahen aus wie Speere, die den dunklen Wald durchdrangen und auf den dicken Schnee fielen.

Die Kopfschmerzen kamen wieder. Vielleicht lag es an dem grellen Licht; der Schnee reflektierte die Sonnenspeere um uns herum so sehr, dass alles flackerte, oder es war die eisige Luft, oder es lag an dem Wasser, das wir bei dem Kapitän tranken, an dem klaren Quellwasser. Keine Ahnung. Vielleicht lag es auch an dem durchdringenden Harzgeruch der Bäume, die wir zersägten, hackten und aufstapelten, oder es war die Kälte selbst, ich weiß es nicht, aber so hatte ich mir das nicht gedacht; die Kopfschmerzen hätten weg sein sollen.

Als ich da im Schnee stand und zusah, wie der Kapitän und Jeppe in aller Seelenruhe rauchten, zusah, wie meine Kinder sich dem gefällten Baum sofort wie einer Beute näherten, war das der erste Moment in einer ganzen Reihe von ähnlich seltsamen Momenten, in denen alles absolut nicht so war, wie ich es mir vorgestellt hatte. Ich hätte keine Kopfschmerzen oder Gesichtsfeldausfälle haben sollen, Sigurd hätte sich nicht so schwer auf meiner Hüfte anfühlen sollen, meine Zehen hätten mir nicht auf diese klamme, feuchte Weise abfrieren sollen und ich hätte schon gar nicht einfach nur die Beobachterin sein sollen. Die Babysitterin. Die Schwache. Die Frau.

Und die Arbeit hätte Spaß machen sollen. Ich hatte nicht mit dieser ... Nüchternheit gerechnet.

Also beschloss ich, ins Haus des Kapitäns zurückzugehen. »Ich gehe Kaffee aufsetzen«, rief ich, als ich an dem schweren Schlitten vorbeiging, den der Kapitän aus zwei Paar Skiern und einigen großen Brettern gebaut hatte. Auf dem Schlitten lagen all die Bäume, die wir gefällt und zersägt hatten.

Solches Holz nennt man *Totholz*.

Sollte man in die Situation geraten, im Winter kein Brennholz zu haben, dann muss man sich auf die Suche nach genau dieser Art von Holz machen: Totholz. Lebende Bäume enthalten Pflanzensaft; frisches Holz brennt nicht gut, es schwitzt und raucht und liefert weniger Wärme.

Brennholz ist eine Wissenschaft für sich. Totholz ist die einzige Art Holz, die man im Winter verwenden kann, wenn man sich nicht rechtzeitig bevorratet hat.

Wenn man in Not ist, wendet man sich den Toten zu.

Man geht in der Zeit zurück.

Ich nickte dem Totholz auf dem Schlitten zu, als ich daran vorbeiging. Kurz und unmerklich.

Vor dem Abendessen (immer Bohneneintopf, jeden Tag Bohneneintopf) schnitzten wir Holzlöffel; währenddessen schaltete der Kapitän seinen Rechner ein und zeigte uns Bilder aus Afrika.

Silas saß Nacht für Nacht aufgeregt neben dem Kapitän und hörte zu, wie er aus all den fernen Ländern erzählte. Ihm öffnete sich eine ganz neue Welt, eine Welt, in der eingeborene Jungs mit Macheten herumliefen und Bananen aßen, eine Welt, die unter der Oberfläche ganz anders war, eine tiefere und blauere Welt, eine Welt aus Korallen und Perlmutt. In dieser Welt konnte man tun, was man wollte. Nichts war *normal* (er wollte einfach nur normal sein). Alles war möglich.

»Wenn Babylon fällt«, sagte der Kapitän, »müssen wir zusammenarbeiten. Dann müssen wir wirklich zusammenarbeiten.« Er fuhr fort: »Neunzig Prozent der Weltbevölkerung leben unter Bedingungen, die für uns unvorstellbar sind. Wir sind so unglaublich hilflos in diesem Teil der Welt.«

Er hatte Schmerzaugen.

Schmerzaugen sind etwas ganz Besonderes. Ich erkenne sie schon aus der Entfernung, ich erkenne sie sofort. Ich fühle eine unsichtbare Verbindung zu Menschen mit Schmerzaugen, und ich spürte eine Verbindung mit dem Kapitän, es war, als hätten wir beide zu viel gesehen, etwas gesehen, das wir nicht hätten sehen dürfen. Gleichzeitig war er mir sehr fern. Er wirkte wie eine Karikatur.

Wenn er und Jeppe die ganze Nacht ununterbrochen redeten, über den Zusammenbruch und die Verschwörungen, wenn sie über die Hippies und die Hipster sprachen, die Alten, die Vergessenen, die aus den Wäldern, die Armen und Ausgestoßenen ... fühlte ich mich außen vor.

»Das System funktioniert nicht mehr, es klappt einfach nicht, aber alle tun so, als ob es ginge.« Ein tiefer Seufzer. Sie waren sich einig, dass etwas getan werden muss. Es müsse etwas Neues versucht werden, man müsse sich einfach hineinstürzen. Man müsse es wenigstens versuchen.

Es war nicht so, dass ich anderer Meinung gewesen wäre, es kam mir nur einfach so extrem vor. Sie wirkten so übertrieben, wie sie hier jeden Abend saßen, mit den Kerzen und dem Rum und dem Schnee, der draußen langsam fiel, langsam, langsam, in seinem ganz eigenen Tempo.

Jeppe hatte sich ein wenig verändert. Er war lebhafter, irgendetwas in ihm war geweckt worden. Er konzentrierte sich auf die Arbeit im Wald und die langen nächtlichen Unterhaltungen mit dem Kapitän. Ich bekam kein Fünkchen Aufmerksamkeit von ihm, nichts, aber ich war froh, dass er morgens aufstand und fürsorglich ein Feuer im Ofen entzündete, bevor er hinunterging, um seinen Freiheitskaffee mit dem Kapitän zu trinken. Die Kinder und ich blieben morgens lange unter den warmen Decken liegen und standen nicht auf, bevor es im Zimmer heiß wie in einer Sauna war. Sie lasen Comics und hatten gerade ein Gespräch über lange heiße Duschen und Computer angefangen.

»Könntet ihr so leben?«, fragte ich, während der Kaffeeduft die Treppe hinaufwehte.

»Also, ich könnte es«, sagte Victoria. »Wenn wir nur ein Bad hätten. Es ist echt toll hier draußen.«

»Ich mag das Arbeiten«, sagte Sebastian. Seine Stimme klang tiefer als sonst. »Es macht mir Spaß, Wasser aus dem Brunnen zu holen und Holz zu hacken und so.«

»Warum?«

»Ich weiß nicht. Es ist einfach gut, seinen Körper zu benutzen.«

»Und du, Silas?«

»Ich habe keine Ahnung von all dem Zeug mit der Gesellschaft

und dass die Welt oder was auch immer zusammenbricht«, sagte er.
»Es ist ja nicht gesagt, dass die Gesellschaft auf alle ...«
»Ja, ja«, unterbrach er mich ungeduldig. »Aber, also ....«
Pause.
»Es macht mir Spaß, Sachen zu lernen und draußen in der Natur zu sein«, sagte er.

An einem der letzten Tage, vielleicht am letzten, beschlossen wir, Svensäter anzusehen, die Hütte, die wir mieten könnten. Unser Plan war, in Svensäter zu bleiben, bis wir einen geeigneten Ort im Wald gefunden hätten, wo wir unsere Kote bauen könnten.

Wir fuhren am Berg entlang, bis wir die kleine Hütte sahen, die einsam und grau auf einer kleinen Lichtung im Wald stand, unten im Tal jenseits eines gefrorenen Flusses.

Wir parkten an der Straße. Der Schnee war tief und schwer, die Luft war feucht, wir froren. Jeppe trug Sigurd in der blauen Kindertrage; durch das zusätzliche Gewicht fiel ihm das Laufen in dem tiefen Schnee schwer. Er kämpfte sich vorwärts.

Der Kapitän hatte Skier mitgenommen. Ich sah ihn den Berg hinunterverschwinden, gefolgt von Sebastian, der ein Paar alte Skier, die der Kapitän ihm geliehen hatte, mit Panzerband an seinen Stiefeln befestigt hatte. Victoria und Silas gingen nebeneinanderher, ich glaube, sie sagten beide nichts, und ich, die Beobachterin, ging hinter ihnen.

Zu meiner Linken ein schöner See, schneebedeckt lag er wie eine weiße Perle in der Landschaft aus Bergen, Felsen, Bäumen und Wald. Zu meiner Rechten eine Lichtung; die Bäume hier waren erst vor Kurzem abgeholzt worden, das sah ich daran, dass alles noch so kahl war.

Durch die Bäume hindurch sah ich hinter der Hütte einen Berg. »Schade«, dachte ich, »da bekommt man im Winter gar keine Sonne«, doch ich ermahnte mich, nicht so negativ zu denken.

Das Wetter hatte etwas Brutales, genau wie die Landschaft. Ich dachte mir: »Wir modernen Menschen sind die Natur nicht mehr gewohnt. Darum fühlen wir uns nicht mehr mit ihr verbunden.« So versuchte ich mich zu trösten, während ich durch den Schnee stolperte. Immer weiter zurückfiel.

Der Brücke über den Fluss fehlten ein paar Bretter und das Geländer war kaputt. Kein Grund zur Beunruhigung; der Fluss war zugefroren, wir hätten ihn genauso gut direkt überqueren können.

Ein steiler Anstieg führte die Böschung hinauf zur Hütte. Ich rutschte aus. Jeppe nicht.

Vor der Hütte: ein Tisch und ein paar Bänke aus massiven Baumstämmen.

Ein Stück weiter gab es eine kleine, flache Scheune. Sie war erstaunlich gut in Schuss, als hätte erst gestern jemand die Tür geschlossen. Ich wusste, dass sie hier die Kühe untergebracht hatten. Noch etwas weiter hinten war die Komposttoilette, ein etwas neueres Modell; wahrscheinlich eine nette Geste an die Camper und Wanderer, die hier vorbeikamen. Um die Hütte herum lag kein Schnee, als habe sie eine Art Aura, die den Schnee im Umkreis von einem halben Meter zum Schmelzen gebracht hatte.

Keiner von uns sagte etwas. Die Tür war verschlossen. Wir standen einfach da. Der Kapitän war in den Wald verschwunden. »Ich wünschte, wir hätten heiße Schokolade dabei«, murmelte Victoria. Ich nickte.

Die Jungs fingen an, sich die Umgebung anzusehen. Nach ein paar Minuten kam der Kapitän zurück; auch er sagte nicht viel.

Es vergingen noch ein paar Minuten. Dann kehrten wir einfach um. Svensäter war widersprüchlich. Einsam. Kalt. Unglaublich schön. Wie eine Zeitschleife, ein erstarrtes Bild, umgeben von der in vollständigem Stillstand verharrenden Natur, das sein Geheimnis nicht jedem preisgab.

Ich erwachte mitten in der Nacht. Ich hörte ihre Herzen schlagen und jeden einzelnen ihrer Atemzüge. Ich stand auf, verließ das Haus und ging durch den Schnee zur Komposttoilette. Der Himmel war fast weiß vor Sternen.

Es schneite.

Es schneite Sterne.

Ich ging zurück und legte mich neben Jeppe. Er roch nach Kiefern. »Sag mir, dass du mich liebst.«

»Ich liebe dich«, sagte er.

Am nächsten Morgen verabschiedeten wir uns vom Kapitän und fuhren zurück in unser altes Leben. Wir nahmen den beschwerlicheren Weg durch den Wald, der weniger befahren war, und fuhren an Svensäter vorbei. Jeppe hielt an und kurbelte die Fensterscheiben herunter; die Sonne schien, alles war friedlich und schön.

Sebastian sagte: »Hier werden wir also leben.«

Ich drehte mich zu ihm um und sah ihn an; da war es wieder, sein seltsames Lächeln, das ich nicht verstand.

Silas hatte seinen Kopf an die Scheibe gelehnt, Victoria trug Kopfhörer. Ich sah Jeppe an.

»Ich denke, ja«, antwortete er.

## 5

Eine Entscheidung wurde getroffen. Sie wurde nicht zu einem bestimmten, klar definierbaren Zeitpunkt getroffen, sondern entstand im Laufe mehrerer Monate, wie ein über die Tage gespanntes Gummiband. Wir mussten hier weg. Wir kündigten das Haus. Kündigten unsere Jobs. Nahmen die Kinder von der Schule.

Im Büro des Rektors: »Ha, so etwas kann ich mir auch sehr gut vorstellen«, sagte er. »Aber ihr müsst realistisch sein, vor allem um der Kinder willen.« Es fühlte sich ein bisschen so an, als würden wir ihn um Erlaubnis bitten.

Die Leute reagierten mit Unglauben. Die meisten sagten nichts oder wenig – was sollten sie auch sagen?

Es gab zwei verschiedene Sorten: die, die glaubten, dass man das nicht machen kann, und die, die meinten, dass man es kann.

Die Kinder hielten wir heraus; das gesamte Leben zu zerlegen ist ein mühseliger und langwieriger Prozess, also blieben sie in ihren Zimmern. Wenn die Zeit gekommen wäre, wenn wir nicht mehr zurückblickten, sondern nach vorne, würden wir sie miteinbeziehen.

Hier stand ich also mit mehreren großen schwarzen Abfallsäcken auf der Mülldeponie. Ich schmiss alles weg, ich schmiss mich selbst weg, so wichtig war ich mir nicht, es spielte also keine so große Rolle.

Ich stellte mir vor, wie ich meinen leblosen Körper in einen Orientteppich wickelte, einen arabischen, richtig teuren. Ich warf den Teppich mit einer geschmeidigen Bewegung über die Metallwand des Containers. Beim Aufprall gab sie ein undefinierbares Geräusch von sich. Nicht wie die schwarzen Plastiksäcke, die knisterten und raschelten. Ich sah zu ihr hinunter. Die Figur *Andrea* lag im Container verstreut zwischen vergilbten Plastikkanistern, alten Rohren, Pappkartons, Tonbandkassetten, kaputten Möbeln, sie war in Tausende von Stücken zerbrochen, die Figur *Andrea*.

Es war ein bewölkter Tag in der Provinz.

Ich stand auf meinen Zehenspitzen und sah in den Abgrund hinunter.

*Andrea* mit ihren idiotischen traurigen Augen und dem falschen Lächeln, das sie sich in jungen Jahren angewöhnt hatte, weil sie keine Falten bekommen wollte, die nach unten zeigten. Jetzt lag sie da, eine Schlabberpuppe, eine Mainstreampuppe, ein zerknülltes Bonbonpapier, ein Spiegel mit Patina, eine verblichene Seite aus einer Frauenzeitschrift, eine Einkaufstüte, eine abgenutzte Matratze.

Pfft!

Und wo ich schon einmal dabei war: die Ambitionen! Die schmiss ich ihr gleich hinterher. Sie lag da wie ein *Suicide Burrito*. Patsch! Patsch! Patsch! Mitten in ihr Gesicht.

Ich hatte die Nase so voll von den Ambitionen, davon, dass nie etwas gut genug war, dass ich immer mehr haben wollte, mehr sein wollte, mehr erreichen wollte. Die Handtasche, die ich mir selbst als Belohnung gekauft hatte, nachdem ich in der Gemeindeverwaltung den Gemeindevertretern etwas von Innovation und Kommunikation erzählt hatte. Und ich war die treibende Kraft, ich war Feuer und Flamme gewesen. Die Handtasche war eine Belohnung gewesen, genau das war sie, und ich hatte sie mit teurem Make-up vollgestopft, für Tausende von Kronen, türkisfarbener Lidschatten und Lippenstift in Revolutionsrot; ich hatte Kriegsbemalung aufgelegt, als wäre ich in den Krieg gezogen, doch in Wirklichkeit hatte ich nur in der Gemeindeverwaltung gesessen.

Weg damit! Patsch!

Und das goldene Kleid, das ich bei meinem ersten Empfang getragen hatte, und die hohen grünen Stiefel. Belohnungen. Wie ein

Sugardaddy kauft man sich Geschenke, um den bitteren Nachgeschmack loszuwerden.

Man wird korrumpiert. Die Umstände erdrücken einen, man muss an mehreren Fronten gleichzeitig kämpfen, ständig nach etwas streben, einem Ziel entgegen, und wenn man es erreicht hat, wenn man das Ziel erreicht hat, eröffnet sich einem eine endlose Folge weiterer Ziele. Score! Und man springt herum wie ein Basketballspieler, obwohl man nur eins fünfundsiebzig groß ist und breite Hüften hat. Das muss man den Sportmetaphern lassen – sie passen zum Leben. Solange man sein Leben lebt, als sei es ein Sport. Etwas, wobei man gewinnen kann. Einen dicken goldenen Pokal, eine Urkunde an der Wand.

Damals war ich still. Ich wickelte Garn auf und folgte dem roten Faden zurück in die Vergangenheit.

Wie war es so geworden, wie es war? Wie war es dazu gekommen, dass ich meine Tage damit verbrachte, zwischen meinem Haus und der Mülldeponie hin- und herzufahren? Unser Haus war keine Müllkippe gewesen, es war hübsch gewesen, mit Schnickschnack auf den Fensterbänken, Kunst an den Wänden – doch jetzt, wo wir all das auseinandernahmen und die einzelnen Teile begutachteten, war alles auf einmal einfach nur … Zeug. Es war nutzloser Krempel. Nichts war wirklich wichtig.

Ich drehte und wendete jedes einzelne Teil in der Hand und wunderte mich, wunderte mich unendlich. Wie war es dazu gekommen? Wie konnte sich mein Haus so sehr mit überflüssigen Dingen füllen? Warum war nichts von all dem wichtig? Um Himmels Willen! Der Wert der Dinge liegt nicht in den Dingen. Wie konnte es nur so banal sein? Ich fühlte mich wie ein Verlierer. Ich fühlte mich wie ein Vollidiot. Ich hätte es besser machen müssen.

Auch Jeppe war still, aber es war eine andere Art Stille. Eine verbitterte Stille, keine kontemplative. Ich wusste, dass er rechnete, er verbrachte seine Tage damit, auszurechnen, wie viel Geld wir ausgegeben hatten. Er dachte darüber nach, was wir mit dem Geld hätten machen können; auch ich dachte darüber nach.

All die Dinge hingen miteinander zusammen; hatte man das eine, wollte man auch das andere haben. Und es liegt ein gewisses Glück im Konsum, es ist da, auch wenn es nur von kurzer Dauer ist. Es liegt ein Gefühl von Befriedigung, Wohlstand und Schönheit im Kauf von Dingen, die definieren, wer man ist, mit denen man sich seiner selbst versichert und sich anderen zu erkennen gibt. Man fügt seinem Leben etwas hinzu, das bleibt. Seinem Leben. Diesem schwarzen Loch, das man nicht füllen kann. Doch das Glück ist nur von kurzer Dauer. Und jetzt warfen wir den ganzen Kram weg und dachten darüber nach, wie wir versucht hatten, uns Liebe zu kaufen.

Ich hatte mich nackt ausgezogen dort auf der Deponie, ich hatte alles weggeworfen. Ein wolkiger Tag in der Provinz, aber keiner hatte mich gesehen; alle kümmerten sich um ihre eigenen Angelegenheiten.

Was die Ambitionen betrifft: Ich muss ehrlich sein. Sie krochen vom Boden des Containers empor und wickelten sich wie Schals um meinen kalten, nackten Körper. *Ich könnte Fernsehsender kontaktieren, sie wären bestimmt interessiert an einer Geschichte wie dieser. Es würde bestimmt eine große Story werden und ich würde jemand sein!* Pokal! Score! Lange graue Fäden glitten wie Würmer aus dem Mund der Weichkörperpuppe, die schleimigen Containerwände empor zu mir, und da lächelte sie, die *Andrea*, bevor ich ihr den letzten Plastiksack mitten ins Gesicht warf.

Und so pendelte ich mit dem Auto zwischen unserem Haus und der Müllkippe, unserem Haus und den Hilfsorganisationen – wir haben so viel an die hungernden Kinder in Afrika weggegeben – und dem Keramikladen meiner Schwiegermutter.

Meine Schwiegermutter unterstützte unser Vorhaben. »Wenn ich zwanzig Jahre jünger wäre, würde ich mitkommen«, erklärte sie aufgeregt.

Jeppe ist ihr einziges Kind. Im Hinterzimmer ihres Ladens, wo wir saßen und Kaffee tranken, hingen überall Bilder von Jeppe. Jeppe als Kind, Jeppe als Jugendlicher, Jeppe als Musiker unter Berühmtheiten.

Ich fing an, unsere Entscheidung anzuzweifeln. Ohne die Kinder wäre es so einfach gewesen. Ohne Kinder konnte jeder Idiot in den Wald abhauen und ganz neu anfangen. Aber mit Kindern ist es anders. Da konnte man sich so etwas nicht einfach erlauben.

Die Stimmen in meinem Kopf, nicht meine eigenen, flüsterten: »Du bist eine verantwortungslose Träumerin.« »Die armen Kinder.« »Du kannst nicht einfach vor deinen Sorgen weglaufen.« »Unreif.« »Das war ein Fehler.« »Aus dir hätte etwas werden können.«

Ich hörte *Let your fingers do the walking* von Sort Sul, packte Sachen in Kartons und warf andere Sachen weg, ich füllte die schwarzen Säcke und tat so, als sei mir die Welt um mich herum egal, doch die Welt um mich herum ging mir nicht aus dem Kopf, sie ließ mich nicht in Ruhe. »Das ist wie Interrail für Erwachsene« und: »Verräter.«

Ich mochte etwas erwidern, ich wollte sagen: »Das hier war nicht so abgemacht. So sollte es nie werden. So was habe ich nicht gewollt.« Aber es weiß ja jeder, dass man sich selbst nichts vormachen kann.

Manchmal muss man einfach abschalten. Also schaltete ich ab. Ich wurde zur Maschine. Einer Sachenwegwerfmaschine.

Vor hundert Jahren war es in Ordnung, in den Wald zu gehen, wenn man nicht mehr klarkam. Egal, ob man ein Quartalssäufer war, Beziehungsprobleme hatte, unter Depressionen litt oder einfach nur mal eine Pause brauchte. Früher war es in Ordnung, sich für ein Weilchen abzumelden, man konnte einfach im Wald sitzen, bis es einem wieder gut ging, und niemand sah einen deswegen schief an. Aber so ist es nicht mehr. Man kann das nicht einfach machen.

Gehorche oder stirb.

In der Schule fand eine Präsentation statt. Sebastian und Victoria saßen ganz hinten auf den Kanten der grauen Stühle. Einer nach dem anderen stellten sich die Schüler vorne hin, vor ihre Schulkameraden, ihre Eltern und Lehrer, sie sollten dem Publikum ihr Können vorführen. Ihre Stimmen zitterten, ihre Hände auch. Einige Jungs machten einen auf cool, indem sie ihre Kappen falschrum trugen und mit den Schultern zuckten, als würde ihnen das alles nichts ausmachen. Manche Mädchen zeigten Musikvideos; die Musikvideos beschrieben, was die Mädchen fühlten und dachten.

Ein Mädchen präsentierte ihr Thema: Depression. Sie hatte alle Symptome aufgelistet; man merkte, dass sie später studieren wollte.

Als wir auf den schmalen Straßen an den Feldern vorbei nach Hause fuhren – es war ganz still im Wagen –, sagte Sebastian: »Ich glaube, ich leide unter Depressionen. Schon seit mehreren Jahren. Ich habe alle Symptome.«

»Was?«

»Zu Hause bin ich nur ein Haufen lebloser Knochen, aber als wir im Wald waren, habe ich Wasser geholt und Holz gehackt, ohne dass man mich darum gebeten hätte.«

Also packte ich unsere Töpfe und Pfannen, packte unsere Wolldecken und Laternen ein. Ich packte den Schutzengel ein, den ich von meiner Großmutter bekommen hatte, und vier große Kästen mit Mehl, Bohnen, Reis, Pasta, Fruchtaufschnitt, Thunfisch und anderen Konserven. Ich packte unser Gartenwerkzeug ein und wollene Unterwäsche, Hammer, Nägel, Haken, Gummistiefel. Roste. Bücher, Spiele, Stifte.

Ich packte das Notwendigste ein; ich wollte herausfinden, was das Notwendigste ist.

Schließlich war die verdammte Schublade an der Reihe. Die kam als Letztes dran.

Sie war blau und befand sich ganz unten im Schrank. Hier bewahrte ich die Unterlagen auf. Rentenbescheide, Versicherungspolicen, Kontoauszüge. Die Dinge, die man eigentlich abheften sollte, was ich aber nie getan hatte. Stattdessen hatte ich sie einfach in die Schublade geschmissen, viele Briefe hatte ich nicht einmal geöffnet. Ganz unten: die Scheidungsunterlagen und Anwaltsschreiben. Kaufbelege von Elektrogeräten. Schuldscheine, Arbeitszeugnisse. Unizeugnisse. Geburtsurkunden und Pässe. Ich legte die Geburtsurkunden und die Pässe beiseite, den Rest warf ich in einen der schwarzen Plastiksäcke. Das war jetzt der wichtigste Müllsack, also band ich ihn mit einer roten Schleife zu. Bei meiner nächsten Fahrt zur Deponie würde ich ihn *Andrea* ins Gesicht werfen.

Meine Mutter kam uns besuchen, um Auf Wiedersehen zu sagen. Auch mein Vater war da, beide hatten ihre Partner dabei. Mein Vater hielt sich im Hintergrund, beobachtend, lächelnd, mit Schmerzaugen.

Meine Mutter saß in der Mitte. Es war kein Geheimnis, dass sie gegen »dieses Carl-Larsson-Idyll« war. »Ich glaube nicht daran«, sagte sie, meine Mutter. Mein Vater sagte nichts. Dann fingen wir an, über den neuen, aufregenden Posten meiner Mutter zu sprechen. Sie war Chefin geworden. Ich hätte auch Chefin werden können. Eine weibliche Führungskraft.

Stillschweigend einigten wir uns auf einen Waffenstillstand und redeten über die Regierung und über Menschen, die auf finanzielle Unterstützung angewiesen waren. Unvermittelt rief ich: »Ich habe all unsere Unterlagen auf die Deponie gebracht.«

Einen Moment lang herrschte Stille; dann einigten wir uns wieder schweigend auf einen Waffenstillstand; man verzieh mir meinen Fehler.

Einmal hatte meine Mutter eine Steuerrückzahlung bekommen und das Geld komplett für Royal-Copenhagen-Porzellan ausgegeben. »Ich habe dir ja schon mal gesagt, es liegt daran, dass ich früher arm war«, hatte sie spätabends in ihrem Architektenhaus gesagt, ein Glas Rotwein in der Hand. »Damals bestanden meine Bücherregale aus alten Bierkisten, an den Wänden hingen Batiktücher und ihr Kinder seid in Lumpen herumgelaufen. Jetzt habe ich ein bisschen Geld. Also, was ist schon dabei? Ich habe mir schon immer ein vernünftiges Geschirr gewünscht.«

Als es ans Verabschieden ging, wurde es ein wenig krampfig. Mein Vater versuchte, mich zu umarmen, ohne mich richtig zu berühren, und flüsterte: »Nimm dich vor den Wölfen und Bären in Acht.«

»Ja.«

Er sagte: »Ich finde es gut, dass ihr versucht, etwas an eurer Situation zu ändern, aber der Wohlfahrtsstaat wurde eigentlich erfunden, damit die Leute nicht mehr so leben müssen.«

»Ja.«

Er seufzte und schüttelte den Kopf, als ginge ich nach Amerika und er würde mich nie wiedersehen. Meine Mutter küsste mich auf die Wange und sah mir lange in die Augen, als würde sie versuchen, mich dort zu finden. Ich lächelte. »Ich hab dich lieb«, sagten wir, drückten uns und das war's.

»Passt gut auf euch auf, Kinder«, rief sie ihren Enkeln hinterher und winkte, als sie in ihrem glänzenden schwarzen Wagen davonfuhr.

Wir waren im Wald.

Die Schotterstraße war matschig, und der Wagen sank tief in die Spurrillen ein; das Auto steckte zur Hälfte im Schlamm, wir gerieten ins Schliddern und rutschten. Wir kamen vom Weg ab. Wir gerieten zu nah an den Abhang. Felswände auf der einen Seite, glitzernde Waldseen auf der anderen. Es war spätnachmittags und bewölkt. Die Fichten hoben sich wie dunkelgrüne Schatten von den zarten grünen Birken ab. Als wir letztes Mal hier gewesen waren, war es dunkel gewesen, es hatte ganz anders ausgesehen; wir erkannten die Landschaft kaum wieder.

Wir kamen nur langsam voran. Jeppe hielt das Lenkrad ganz fest, seine Augen waren auf die Straße geheftet.

»Sind wir schon da?«

»Schhh«, zischte er.

»Schhh«, machte ich beschwichtigend, »wir sind fast da.«

Die Stimmung im Wagen war angespannt. Wir waren den ganzen Tag lang gefahren, die Kinder waren müde, sie hatten Hunger und mussten pinkeln. Wir erreichten den kleinen Waldweg, der nach einer Linkskurve ins Tal hinunterführte. Jeppe hielt an. Er würde nicht hinunterfahren, die Straße war zu matschig, der Wagen zu schwer beladen, es sei zu gefährlich, sagte er.

So hatten wir uns das nicht vorgestellt. Wir hätten bei Sonnenschein ankommen sollen, mit geöffnetem Sonnendach und Blumen im Haar.

»Sind wir jetzt da, sind wir jetzt da?«

»Haltet den Mund«, rief er.

Ich seufzte demonstrativ, stieg aus, knallte die vordere Tür zu und öffnete die hintere. »Kommt, Kinder, wir laufen.«

Ich nahm Sigurd auf die Hüfte und wartete, bis die anderen ausgestiegen waren. Ich sah Jeppe nicht an. Es ging bergab. Ich weidete mich an meinem schlammigen Märtyrertum, es fühlte sich gewohnt und sicher an, allein mit den Kindern durch den Matsch zu stapfen, vorwärts, vorwärts.

»Jetzt sind wir da, ist das nicht aufregend?«, beruhigte ich sie. Ich beruhigte sie. Ausrufezeichen!

Ich hörte ihn hinter uns fahren. Als er uns überholte, spritzte mir der Matsch auf meine Klamotten, mein Haar und mein Gesicht.

Als wir bei der Wendeschleife ankamen, stand Jeppe vor dem Auto und rauchte eine Zigarette. Ich wünschte, ich wäre zu ihm gegangen, um ihn zu küssen und zu sagen: »Schatz, wir haben es geschafft!«, doch ich habe es nicht getan.

Keiner sagte ein Wort.

Wie auf einen stummen Befehl hin gingen wir den kleinen Pfad hinunter zum Fluss, über den Fluss, die rutschige Böschung hinauf zur Hütte.

Das Wasser unter der Brücke sprudelte wild und schäumend, wie eine riesige Welle, die nie aufhört. Die Bretter waren glitschig und halb verrottet, wir mussten winzige Schritte machen und sehr langsam gehen. Ab und zu brach ein einzelner Sonnenstrahl durch die dicke Wolkendecke und erhellte verschiedene Teile des Waldes, als ob der Himmel uns auf besonders schöne Stellen im Universum aufmerksam machen wollte.

Die Tür der Hütte war noch immer verschlossen. Sie war abweisend und dunkel, die Fensterläden waren geschlossen, im Schatten der Hütte lagen Eisstücke.

»Hatte der Kapitän nicht gesagt, dass er den Schlüssel besorgen und unter die Treppe legen wollte?«

»Ja.«

Doch da war er nicht. Die Kinder sahen uns an.

»Scheiße.«

Jeppe fuhr den Berg wieder hinauf. Hinauf zum Kapitän. Ich stand mit den vier Kindern allein mitten im Wald und sah mich ratlos um, versuchte, irgendetwas zu finden, von dem ich nicht einmal wusste, was es war.

Aus verschiedenen Richtungen drang Sonnenlicht durch die diesige Luft, ich war eine Kompassnadel im Heuhaufen, die sich verzweifelt im Kreis drehte.

Nach ein paar Stunden hörte ich Motorengeräusche näher kommen und ging in Richtung Straße. Da sah ich sie: Jeppe fuhr mit dem Auto voraus, hinter ihm ein Quad.

Die Kinder folgten mir zur Wendeschleife; ich sah den Kapitän neben Jeppe auf dem Beifahrersitz sitzen, sie sahen beide zufrieden aus. Auf dem roten Quad saß ein junger Mann.

Es stieg ab und kam mir mit schnellem Schritt entgegen. Er hatte Dreadlocks, trug Arbeitshosen, spuckte seinen Kautabak aus und reichte mir die Hand.

»Hallo, ich bin Storm. Willkommen im Wald.«

Storm hatte eine beruhigende Wirkung auf mich, genau wie der Kapitän, der langsam auf mich zukam und lächelte. »Schön, euch wiederzusehen. Das ist Storm. Ich kenne seine Eltern aus der Zeit, als ich im Wald gelebt habe. Gute Leute.«

Ich nickte. Ich fragte nicht nach dem Schlüssel; keiner von uns würde die Sache mit dem Schlüssel je wieder erwähnen.

Storm schraubte einfach die Halterungen der Fensterläden ab, dann kroch er ins Haus, mit dem Kopf zuerst; die Beine baumelten aus dem Fenster. Er sprang hinein; ich hörte, wie er auf seinen Sicherheitsstiefeln landete. Dann öffnete er die Tür von innen.

»Kein Problem«, sagte der Kapitän und klopfte Storm auf die Schulter.

Ich machte Feuer. Neben der Feuerstelle stand ein alter schwarzer Kessel. Wir hatten vergessen, Eimer zum Wasserholen mitzubringen, also nahm ich den Kessel und ging zur Brücke hinunter, kniete mich auf die nassen Planken und füllte den Kessel mit Wasser. Dann ging ich in die Hütte zurück, wo ich den Kessel an den Haken im Kamin hängte.

Victoria hatte angefangen, Sachen in den einzigen Schrank im Haus zu räumen, den Küchenschrank unter der Küchenzeile. Silas sprang mit seiner Axt umher. Jeppe, Storm und der Kapitän fingen an, einen Baum zu fällen, den größten, den sie auf dem Areal hatten finden können – sie waren laut und ausgelassen. Jeppe hatte sein Moped gegen eine Motorsäge getauscht, von der Storm meinte, dass sie zu klein sei; der Kapitän fällte den Baum, Sebastian stand daneben und sah zu.

Sigurd krabbelte in der Hütte auf dem Boden herum. Er war so dreckig wie der Boden beim Kapitän, aber ich hatte es erwartet und Sigurds Überhose nach ganz oben gepackt. Als der Kaffee fertig war, setzten wir uns an den alten Tisch vor der Hütte. Als ich ihn das letzte Mal gesehen hatte, hatte ein halber Meter Schnee darauf gelegen. Ich versuchte, mich darauf zu besinnen, wie es ausgesehen hatte, konnte mir diese Menge Schnee aber beim besten Willen nicht mehr vorstellen.

Um uns herum lagen die Äste des gefällten Baumes in unordentlichen Haufen. Starker Kiefernharzduft umgab uns, und zum ersten Mal bemerkte ich das Rauschen des Flusses. Und die Vögel. Sie lärmten, als habe man sie erschreckt, als wollten sie uns warnen, willkommen heißen oder uns ein Ständchen halten.

»Wir sollten ein Fest feiern«, sagte ich. »In ein paar Tagen, wenn wir uns ein bisschen eingelebt haben. Willst du auch kommen?«, fragte ich Storm.

»Klar!«, antwortete er.

Ein wenig später stand er auf und fragte den Kapitän, ob er zurückwollte.

»Bis morgen«, sagte der Kapitän und lüpfte seinen Hut. »Kein Problem!«, rief er, als er die Böschung hinunterging.

Ich bereitete aus Matratzen, Schlafsäcken und Kissen ein Bett auf dem Boden in der Hütte. Eine Nacht lang konnten wir alle zusammen in einem Bett schlafen, fand ich. Morgen würden wir uns dann richtig einrichten.

Obwohl es um acht noch nicht dunkel war, schickte ich die Kinder ins Bett. Sie murrten nicht; es war eine lange Reise gewesen. Das Feuer bullerte im Kamin, die Kopfkissen waren kuschelig und sie hatten jeder eine Kopflampe. Kein Problem!

Sigurd schlief schon. Er war in meinen Armen eingeschlafen, die Wangen ganz rot von all der frischen Luft. Ich legte ihn auf die dickste Matratze in der Mitte und ging zu Jeppe hinaus. Er saß auf dem gefällten Baum und rauchte eine Zigarette. Mit schwarzen Stiefeln, seinem grünen Che-Guevara-T-Shirt und einer blauen Arbeiterjacke; den grauen Fleecepulli hatte er zu Hause gelassen. Die großen Fichten unten am Fluss standen Spalier, als würden sie uns beschützen. Wie die Palisaden einer Wikingerburg.

Eine leise Brise. Das Harz. Einzelne helle Sterne am Himmel. Das Rauschen des Flusses und die Stille des Waldes. Ich setzte mich neben Jeppe und lehnte meinen Kopf an seine Schulter.

Wir hatten so viel zu tun gehabt, seit wir angekommen waren, dass wir keine Minute für uns gehabt hatten.

»Jetzt sind wir wirklich hier«, flüsterte ich.

»Ja, sind wir.«

Er küsste mich aufs Haar, dann stand er auf, um Bier zu holen. Während er weg war, atmete ich ein paar Mal tief durch; ich sog den Wald ein, die Stille, ich war glücklich. Es war ein Moment des Glücks. Ich fühlte mich frei.

Er setzte sich neben mich. Wir tranken das Bier.

»Wie geht es dir?«, fragte ich. Seine Augen waren schwarz, seine Wangen gerötet.

»Ich fühle mich, als sei ich endlich nach Hause gekommen.«

# 6

Dinge, an die wir gedacht hatten: Fensterreiniger, Bücher, ein gusseiserner Wringer, Haarkur und die Babydecke.

Dinge, an die wir nicht gedacht hatten: Backpapier, Kisten, Regale und Eimer zum Wasserholen. Jeppes Mutter hatte frühmorgens angerufen, als wir noch im Bett lagen. Ich konnte ihre Stimme hören; sie war aufgeregt und neugierig. Er stand auf und ging an eine Stelle, wo er besseren Empfang hatte. Sie sprachen eine ganze Weile miteinander. Als sie hörte, dass wir das Portemonnaie verloren hatten, bestand sie darauf, uns Geld anzuweisen.

An diesem Morgen, unserem ersten Morgen, wirkte er abwesend und gereizt, wir verabschiedeten uns nicht, als er losfuhr, um das Geld zu holen und Eimer zu kaufen. Er winkte nur kurz, als wolle er eine Mücke verscheuchen.

»Bring ein bisschen Bier mit, für den Fall, dass sie zu unserer Einweihungsparty kommen«, rief ich. Es war beunruhigend, ihn wieder zwischen den Baumstämmen verschwinden zu sehen.

Während ich dem Kleinen vorlas, beobachtete ich Silas aus den Augenwinkeln. Er hatte beschlossen, eine Festung in einem hohen Baum unten am Fluss zu bauen, und fällte gerade ein paar kleinere Bäume. Sebastian hatte in Eigeninitiative begonnen, die zersägten Stämme hinter die Hütte zu ziehen und sie zu Brennholz klein zu hacken.

»Was machen wir heute?«, fragte Victoria. Sie trug ein langes, gelbes Baumwollkleid und eine Schürze. Und war barfuß.

»Es ist zu kalt, um barfuß rumzulaufen. Außerdem ist alles voll Matsch«, sagte ich.

Sie wurde wütend, weil ich ihren Look, ihre Illusion und ihren Traum zerstört hatte. Beleidigt gestikulierte sie herum, und ich erkannte mich in ihr wieder.

»Also, es müsste abgewaschen werden«, sagte ich streng. Umso strenger, *weil* ich mich in ihr wiedererkannt hatte.

Sie fing an, den Abwasch zu machen, und entwickelte schnell ein System: Sie holte einen Kessel kaltes Wasser aus dem Fluss, goss es in eine Schüssel, holte noch einen Kessel voll, hängte ihn übers Feuer, wartete, bis das Wasser kochte, und goss es in das kalte Wasser. Dann fügte sie das Spüli hinzu. Damals hatten wir noch nicht so viel Ahnung, darum war das Spüli knallorange, stark parfümiert und befand sich in einer weißen Flasche mit Blumen darauf. Victoria spülte ab und ließ die Teller und Tassen auf einem fein säuberlich gefalteten Geschirrtuch abtropfen. Dann kippte sie das Spülwasser ins Gebüsch.

»Danke«, sagte ich.

»Und jetzt?«

»Weiß ich nicht.«

»Dann gehe ich spazieren.«

Es war der erste von vielen solcher Spaziergänge. Vielleicht von Tausenden von Spaziergängen. Vielleicht eine Million. Das Mädchen ist vom ersten Tag an spazieren gegangen. Später erzählte sie mir, dass es genau diese Spaziergänge waren, die sie verändert hatten. Mehr als alles andere.

Die Lichtung war uneben und lag in einer Talsohle. In der Mitte befanden sich die Überreste eines Lagerfeuers; kreisförmig angeordnete Steine und ein paar alte, inzwischen verrottete Stämme als Sitzgelegenheit.

Die Lebenswelt der Menschen ist so zerbrechlich. Nichts hat Bestand. Es bleiben nur Ruinen. Im Internet habe ich Bilder von Städten gesehen, die komplett von der Natur verschluckt worden sind. In einer lang gezogenen Bewegung gleitet die Natur wie ein Wurm auf alles Menschengemachte. Die Natur hat die Zeit auf ihrer Seite, wir nicht.

Das verlassene Lagerfeuer war von Himbeeren überwuchert. Wir versuchten, die langen, störrischen Himbeerranken auszureißen, doch die ließen sich nicht aus der Erde lösen, sie klammerten sich fest. Vom Ziehen bekam ich Rückenschmerzen, ich ratschte mir die Hände auf, der Schlamm verdreckte jeden Kratzer und jede Wunde, alles brannte, vor allem die Sonne, aber wir konnten die Feuerstelle gut gebrauchen, in der Hütte war es kalt und dunkel, und da das Essen ohnehin über dem offenen Feuer zubereitet werden musste, konnten wir das ebenso gut draußen tun, im Hellen, in der Sonne.

Während wir mit den Himbeerranken beschäftigt waren, watschelte Sigurd auf dem unebenen Gelände herum. Er kam selten weiter als ein paar Meter, bevor er hinfiel. Ich hatte keine Zeit mehr, ihm jedes Mal aufzuhelfen, wenn er gefallen war; er lernte schnell, selbst wieder aufzustehen, vielleicht hat er das schon am ersten Tag gelernt.

Himbeerranken. Tausende von Himbeerranken.

So war unser erstes Jahr im Wald: Eine nicht endende Abfolge von alltäglichen Verrichtungen, verzwirnt mit einer nicht endenden Kette von abstrakten Gedanken.

*Wie sonderbar, das Erste, was wir tun, ist, das Gelände zu roden, diese Ranken auszureißen, die sich nicht lösen wollen. Ist es das, was Menschsein bedeutet? Platz für Menschen zu erschaffen? Ist es das, was Menschen tun? Ich weiß es nicht.* Meine Gedanken: ein nicht enden wollendes Gemurmel.

Dann fragte ich mich, ob wir – als Art – Fremde auf dieser Erde sind.

Solche Gedanken gingen mir durch den Kopf, während ich das Gelände aufgeräumt und mir die Hände zerrissen habe und mein Kleiner immer wieder gefallen und wieder aufgestanden ist, gefallen und wieder aufgestanden.

Der Kapitän kam die Böschung hinaufgelaufen. Zuerst sah ich seinen Kopf, sein zerzaustes schwarzes Haar, sein markantes Gesicht. Dann seinen drahtigen Körper, das schwarze T-Shirt, die Armeehosen und die nicht zugeschnürten Joggingschuhe.

Er sah vergnügt aus.

Als er sah, dass wir die Feuerstelle klarmachten, fing er sofort an, trockene Zweige und Äste für ein Feuer zu sammeln. Silas half ihm. Dann legten wir unsere Kissen und Decken neben die halb verrotteten Stämme. Wir setzten uns und ruhten uns aus.

Eine Sache über den Kapitän habe ich bislang nicht erwähnt. Es hat mit der Frau zu tun. Mit seiner Geschichte mit der Frau. Er hat erzählt, dass sie ihn aus dem Wald geholt, ihm das Haar geschnitten und ihn zu einem domestizierten Familienvater gemacht hat. Das war seine Wortwahl: *domestiziert*. Er hat erzählt, dass es schön gewesen sei und sie glücklich gewesen wären, bis sie ihn eines Tages gebeten habe, in die Scheune zu ziehen.

*Ich finde, es läuft gerade nicht so zwischen uns, könntest du für eine Weile in die Scheune ziehen?*

Ich weiß nicht, warum er sich darauf eingelassen hat und in die Scheune gezogen ist. Ich habe es von Anfang an nicht verstanden. Da sitzt er also in der Scheune und guckt aus dem Fenster, sieht sein Haus, seine Frau, seine Kinder, bis eines Tages plötzlich und unerwartet ein anderer Mann einzieht und sie sich scheiden lassen will.

Er hat einfach nur dagesessen. Wochenlang hat er einfach nur dagesessen und aus dem Fenster gestarrt.

Ein Schockzustand ist eine seltsame Verfassung. Wie beim Kummer gibt es kein Richtig und kein Falsch. Es ist ein Gemütszustand, bei dem alle Regeln außer Kraft gesetzt werden und die Logik aussetzt. Offenbar hat der Kapitän eine lange Zeit in diesem höllischen Zustand verharrt. Wie gelähmt.

Doch eines Tages hat er sich aufgerafft.

Die Frau, die Kinder und der Mann waren nicht zu Hause.
Der Kapitän ging ins Haus. In sein Haus.
Er setzte sich im Wohnzimmer auf den Boden.
Er entzündete ein Feuer.
Er ging nach draußen.
Setzte sich auf den Rasen und sah zu, wie alles abbrannte.
Wartete auf die Polizei.
Die Polizei hat ihn ins Gefängnis gesteckt.

Er hat uns die Geschichte ganz am Anfang während unserer Internetkorrespondenz erzählt. »Es ist wichtig, ehrlich zu sein. Man muss zu den Dingen stehen, die man getan hat«, hat er geschrieben und dann alles erzählt.

Alles darüber, wer er war. Wie er in der Oberschicht aufgewachsen war, einer gesellschaftlichen Klasse, in der man wegsah. Davon, wie er ständig auf andere Internate geschickt wurde. Wie er ins Krankenhaus gesteckt und medikamentös behandelt wurde, wie man ihm gesagt hatte, dass etwas mit ihm nicht stimme. Mit ihm, nicht mit seiner Familie, damit, wie sie mit ihm umgesprungen waren und ihn abgeschoben hatten. Das Problemkind. Problemkind – das Problem war offenbar er allein.

Er hat uns erzählt, dass er drogenabhängig und obdachlos gewesen war und sich in Berlin und Paris durchgeschlagen hatte, bis er eines Tags mit letzter Willenskraft einfach losgegangen ist. Er ist gegangen und gegangen. Er ist gegangen, bis er die großen Wälder Nordschwedens erreicht hat. Wo er wie ein Tier im Wald gelebt hat. Bis die Frau kam.

So hat er es uns erzählt.

Natürlich hat uns seine Geschichte zu denken gegeben, doch wir sind zu dem Schluss gekommen, dass man jemanden nicht nach seiner Vergangenheit beurteilen darf; wir hatten ja selbst unsere Vergangenheit, und wie konnte man sicher sein, dass man nicht dasselbe getan hätte, wenn einem alles genommen werden würde, man es nicht verstünde und in Schockstarre verfallen würde. Selbsterhaltungstrieb, Selbstachtung – das waren keine Fremdwörter für uns.

»Du musst wissen, dass ich Feuer sehr gern mag, Andrea«, sagte er und legte behutsam zwei Stücke trockenes Holz nebeneinander. Die Lücke dazwischen füllte er mit Reisig, Fichtennadeln und Baummoos.
Ich lachte. Ein wenig verkrampft vielleicht.
»Nicht wegen der Sache mit dem Haus«, beeilte er sich zu sagen. »Nein, weil Feuer so wichtig ist. Die Feuerstelle ist das Herzstück eurer Lichtung hier. Sie ist wirklich, wirklich wichtig.« Er sah mich ernst an. »Das Feuer sorgt für Wärme, genießbare Nahrung und Sicherheit. Das ist alles, was man braucht.«
Der Wald erschien so groß, als wir da an unserer neuen Feuerstelle saßen und das erste Feuer darauf entzündeten. Der Kapitän war erfahren und geschickt im Umgang mit dem Feuer. Ab und zu stand er auf, ging in den Wald und kam mit mehr Feuerholz, mehr Zweigen, mehr Reisig zurück.
»Es ist das Feuer, das uns zu Menschen macht«, sagte er. »Egal, wo sie hingereist sind oder wo sie sich angesiedelt haben, die Menschen haben das Feuer überallhin mitgenommen. Es ist die einzige Konstante der Menschheit neben der Sprache. Feuer und Sprache sind die Dinge, die uns ausmachen.«
Ich blickte ins Feuer.
»Sobald man ein ordentliches Feuer hat, kann man sich entspannen, Andrea. Dann braucht man sich hier draußen keine Sorgen zu machen.«
Während er sich hingebungsvoll um das Feuer kümmerte, erzählte er mir von einem alten Samen, den er gekannt hatte. Von diesem Samen hatte er gelernt, wie man ein Lagerfeuer aufbaute.

»Man muss die größeren Äste parallel zueinander ausrichten«, sagte er und sah die Kinder an. »Die meisten Leute schmeißen die Äste einfach auf einen Haufen, total unordentlich, aus dem dann an allen Ecken etwas rausguckt, die haben keine Ahnung, wie man Feuer macht.« Er schüttelte resigniert den Kopf und fütterte das Feuer weiter mit Reisig. Ganz langsam baute er es weiter auf. »Die Leute haben vergessen, dass man sich Zeit nehmen muss. Ein Feuer kann man nicht einfach per Knopfdruck einschalten. Ein gutes Feuer erfordert Sorgfalt und Aufmerksamkeit.« Er hockte sich hin und wachte über das Feuer wie über ein kleines Kind. »Die Leute haben vergessen, wie die wirkliche Welt funktioniert. Sie leben in einer Welt, in der sie von Maschinen und Knöpfen umgeben sind. Ein. Aus. Lichter, die angehen. Ausgehen. Nichts funktioniert so in der wirklichen Welt, nein.« Wieder schüttelte er den Kopf und legte weitere Zweige ins Feuer. »Die wirkliche Welt erfordert die volle Aufmerksamkeit.«

In dem Moment hörte ich den Adler zum ersten Mal. Es war ein lang gezogener Ton, der klang, als käme er von sehr weit her.

Der Kapitän redete weiter von den Dingen, die die Leute vergessen hatten. Ich fragte ihn nicht, was er selbst vergessen hatte, weil ich es wusste.

Er hatte seine Kinder vergessen. Mit Absicht. Ich nehme an, der Schmerz war zu groß gewesen, zu groß, um ihn zu ertragen oder sich ihn einzugestehen.

Als das Feuer schön und kräftig brannte, holte er einen kleinen toten Baum. Er brach ihn in Stücke und schnitt die Zweige ab. Inzwischen war das Feuer richtig groß. Schweigend saßen wir da und betrachteten es.

Dann kam Jeppe mit den Eimern und den anderen Einkäufen zurück.

»Ahoi!«, rief der Kapitän.

»Ahoi«, rief Jeppe zurück.

»Was hast du da?«
»Rum!«
»Aha!«

Es dauerte nicht lange, bis die Gäste kamen. Storm hatte seine Freundin Anna und seine Brüder Bjørn und Karl mitgebracht.

Sie waren jung und wie er im Wald aufgewachsen. Darum kannten sie sich aus und wussten, was zu tun war. Anstatt sich zu setzen, holten sie Wasser und mehr Feuerholz, holten ihre Sachen aus dem Wagen und schlugen ein Militärzelt auf, in dem sie übernachten konnten.

Storm hackte Feuerholz. Sebastian stand hinter ihm und sah zu. Zack, zack, Storm hackte wie der Blitz. Mit der linken Hand hielt er den Stamm, während er mit der Rechten hackte. Dabei kam er der Linken nie so nah, dass Gefahr bestand, sie zu treffen. Sebastian wandte sich um und sah mich an. Ich konnte sehen, wie er sich fragte: »Wie macht er das?« Storms Geschick beim Holzhacken kam uns beiden vor wie Zauberei.

Bjørn war barfuß. Der Schlamm schien ihn nicht zu stören und es war ihm wohl auch nicht zu kalt. Victoria lächelte mich triumphierend an und nickte unauffällig in Richtung seiner Füße.

Ich ging in die Hütte, um das Bier und die Flasche Rum zu holen, die Jeppe in der Stadt gekauft hatte. Einen Moment lang blieb ich in sicherem Abstand in der Dunkelheit stehen und beobachtete die ihnen gewohnten Bewegungen und versuchte, sie zu verstehen, doch ihre Gesten waren wie eine Fremdsprache für mich, und ich verstand sie noch nicht. Warum taten sie dies oder jenes? Und wie taten sie es?

Ich ging wieder zum Feuer und setzte mich Anna gegenüber. Ich lächelte sie über das Feuer hinweg an. Sie lächelte zurück, sagte aber nichts. Wir saßen einfach nur da. Als hätten wir uns nichts zu sagen.

Anna war schön. Lange Dreadlocks, Norwegerpulli. Sie wohnte mit Storm im Wald. Sie waren Selbstversorger und sie wusste viel, über das Leben hier draußen, das ich nicht wusste. Das fühlte sich komisch an; sie war die Junge und ich die Alte. Es hätte umgekehrt sein müssen, ich hätte diejenige sein sollen, die alles wusste.

Abwechselnd legten wir Feuerholz nach. Um uns herum liefen alle hin und her, sprangen herum, es summte vor menschlicher Aktivität. Als das Schweigen zwischen uns zu drückend wurde, rief ich: »Es wird Zeit, dass wir etwas essen!«, und stand auf.

Als das Essen fertig war, versammelten sich alle um das Feuer. Wir tranken kaltes Bier und aßen Lammbraten und gegrilltes Gemüse mit den Fingern. Wir hatten mehr als genug. Ich hatte alles im Voraus gekauft. Ich hatte gedacht, dass unser erstes Essen hier draußen ein echter Osterschmaus werden sollte, und es war gut, es zu teilen, ich war froh, dass wir nicht ganz allein hier draußen waren.

Es war eine sternenklare Nacht und der Wind war kalt, doch unser Feuer war groß und brannte gut.

Karl erzählte eine Geschichte über einen Indianer, den er einmal kennengelernt hatte. Der Indianer konnte ein Feuer entfachen, indem er aus mehreren Metern Entfernung in die Glut blies. Er hielt seine Hände vor den Mund, formte ein schmales Blasloch und zeigte den anderen, wie es ging. Ein paar Minuten später waren alle auf den Beinen und sprangen um das Feuer herum, die Hände an den Lippen, und versuchten, das Feuer anzufachen. Es sah aus wie ein Feuertanz. Später bauten sie eine Reuse im Fluss. Es kam mir vor, als würden die Brüder nie still sitzen.

»Man hat keine Zeit zu verschwenden«, sagte Storm lachend, als ich ihn auf diese unermüdliche Aktivität ansprach. »Das wirst du bald merken.«

Später sprachen sie über die Vergangenheit und sagten, dass sie sich Sorgen um die Zukunft machten. Anna erzählte mir voll

Nachdruck, dass in der industriellen Landwirtschaft Hühner in mehreren Etagen übereinander gehalten und die Tiere so stark gemästet würden, dass sie sich nicht auf den Beinen halten könnten: »Da kann man nicht einfach die Augen vor verschließen«, sagte sie. »Nicht mehr.«

Die Brüder nickten ernst. »Die falschen Sachen entwickeln sich zu schnell und die richtigen zu langsam; das muss umgekehrt werden«, sagte Storm ernst, und ich verstand, dass das der Grund dafür war, dass sie ständig in Bewegung waren. Es hatte mit der Zeit zu tun.

Als ich am Abend die Augen schloss, summte mein Körper noch von den vielen neuen Eindrücken. Es war, als sei ich den ganzen Tag auf dem Tivoli gewesen und noch ganz erfüllt vom *Funhouse* und der Achterbahn.

Ich konnte noch immer nicht ganz begreifen, dass wir jetzt wirklich hier waren. Konnte nicht begreifen, dass wir es wirklich getan hatten. Es war, als sei ich auf einem anderen Planeten gelandet. Es war, als wären wir Raumzeitreisende.

# 7

Hände. Es fängt mit den Händen an. Die Furchen werden tiefer, ausgeprägter, die Erde setzt sich überall hinein, ich änderte die Farbe. Asche, Erde, Rotz, Essensreste, Staub, Schlamm, Kohle, Fischschuppen. Überall. Ich bekam es nicht mehr ab. Es war in den Furchen, in den Zwischenräumen und unter den Nägeln. Wir hatten keinen Spiegel, darum sah ich mich durch meine Hände. Es waren die Hände einer alten Frau. Staub und Asche bildeten einen Film, der mich bedeckte, wie ein Pflaster auf meiner dünnen, zarten, weißen Haut. Kohle. Ruß. Waldboden. Wurzeln. Und es war nicht nur auf der Haut, es war überall, im Wasser, das ich trank, es war in der Bettwäsche.

Nachts lief ein Elch um die Hütte. Groß und schnaubend.

Ich lag angespannt im Bett und lauschte ihm. Ich glaube, er hat uns inspiziert, uns gewittert, uns tief eingeatmet. Er hinterließ tiefe Hufspuren im schwarzen Waldboden, aber nur ein paar Tage lang, dann war er fertig mit seiner Inspektion. Trotzdem wurde ich dieses Gefühl nicht los … das Gefühl, dass uns jemand beobachtete. Als wären da Augen in der Nacht oder Wesen im Verborgenen.

Sie beobachten uns, da war ich sicher.

Und es waren nicht nur die Tiere, die uns beobachteten. Sondern auch der Staat.

Und Gott.

Ich hatte Angst.

Im Blog hatte ich geschrieben, dass wir *off grid and under the radar* seien, doch in Wirklichkeit zeigte das Radar direkt auf uns. Wie ein großer, gelber Lichtkegel, gerichtet auf einen Gefangenen, der verzweifelt versucht, über den Zaun zu klettern.

Am Tag waren wir diejenigen, die schnaubend und keuchend herumliefen. Wir suchten nach einer geeigneten Stelle, wo wir unsere Kote bauen könnten. Der Kapitän hatte uns gesagt, wie eine geeignete Stelle beschaffen sein sollte. Bei der Auswahl eines Lagerplatzes musste man folgende Punkte beachten: 1) Lichtverhältnisse, 2) Verfügbarkeit von Wasser, 3) Bodenbeschaffenheit.

Der Waldboden war steinig und voller Wurzeln, der Wald war dunkel, aber es gab überall Wasser, es rann die Hügel hinunter und sprudelte aus Löchern empor. Wir liefen im Kreis herum wie kopflose Hühner, den Fluss entlang, dessen Wasser wir aus grünen Trekkingtassen tranken, wenn wir durstig wurden.

Jeppe ging mir voraus, mit Sigurd in der blauen Kindertrage, die wie eine Satteltasche hin und her schwang. Sigurds winzige weiße Arme ragten aus der Trage. Ab und zu verlor er seinen Schnuller, und ich bückte mich, um ihn aufzuheben.

Jeppe hatte sich verändert. Sein Schritt war entschlossener und er hatte mehr Schwung. Seine Oberarme waren kräftiger geworden. Er hatte seinen Bart wachsen lassen und sich die Haare zum Iro geschnitten. Er hatte die Axt in der Hand und hackte Zweige ab, damit sie uns nicht ins Gesicht schlugen. Der Wald erschien mir fast ein wenig feindselig; er wollte uns ärgern und schlug uns immer wieder diese Zweige ins Gesicht.

Ich hatte nur ein Paar Schuhe. Es waren schwarze Wanderschuhe. Die meiste Zeit sah ich auf meine Schuhe hinunter, weil ich fürchtete zu fallen. Während ich nach unten sehend lief, wurde mir etwas klar: Ich hatte immer gedacht, ich sei anders. Ich hatte immer gedacht, dass ich nicht sei wie die anderen. Doch als ich jetzt da langging, mit den Zweigen, die mir um den Kopf sausten, wurde mir klar, dass ich genauso war.

Ich hatte vom Unmöglichen geträumt, damit ich weiter träumen konnte. Ich hatte von Dingen geträumt, von unmöglichen Dingen, anstatt das zu tun, was möglich war.

Egal, wo wir langgingen oder wie viele Steine wir umdrehten, wir würden nie den perfekten Ort finden – weil es den perfekten Ort nicht gab.

Zu Hause war es das Geld gewesen. Es war klar, dass man sich den perfekten Ort nicht leisten konnte; ich hatte von Palästen und Privatinseln geträumt, die wir uns nie hätten leisten können.

Hier waren es die Standortfaktoren. Ich stapfte weiter, auf der Jagd nach einem Ort, an dem ich mich niederlassen konnte. Es war eigentlich das Gleiche wie immer, nur auf eine andere Art. Ich kam mir dumm vor. Und war verbittert.

Die Kinder gingen hinter mir her; sie traten in die Fußstapfen, die meine schwarzen Schuhe hinterlassen hatten.

Victoria ging ganz hinten, sie blieb immer ein Stück zurück, immer komplett von der Welt um sie herum absorbiert. Sie hatte sich so verändert. Sie wirkte selbstbewusster, viel gelassener. Sie verbrachte die Tage damit, in ihrem gelben Kleid herumzuspazieren, schöne Blumen zu pflücken und die Wassertropfen in Spinnennetzen zu studieren. Sie lauschte den Fledermäusen und tauchte ihre Finger in Flüsse und Bäche, verfolgte die Elchspuren zurück bis tief in den Wald hinein.

Sie wirkte so friedlich.

Silas redete ununterbrochen. Er fragte ständig irgendetwas und wartete nicht auf die Antwort, bevor er die nächste Frage stellte. Das überraschte mich, weil er zu Hause eher still gewesen war, er hatte kaum etwas gesagt, und nun redete er wie ein Wasserfall, die Worte sprudelten nur so aus ihm heraus.

Sebastian ging immer ganz dicht hinter mir. Ich spürte seine Ungeduld; er wollte mich überholen und mit den Männern vorausgehen.

Ich habe immer gedacht, dass es eine Schande sei, dass meine Kinder mich als Mutter haben. Ich konnte nicht vergessen, wie oft ich sie im Stich gelassen hatte. Ich konnte die Vergangenheit nicht vergessen, nein, ich war noch komplett darin gefangen, ich hatte mich kein Stück nach vorn bewegt. Ich stapfte weiter und ließ meinen Ärger an Jeppe aus.

»Wir müssen Regale und Schränke bauen. Kinder brauchen Ordnung. Und ich hätte gern eine schöne Sitzecke mit bunten Kissen. Es ist alles so chaotisch!«

»Kannst du nicht einen einzigen Moment im Hier und Jetzt leben?«, gab er gereizt zurück und hackte einen großen Ast ab. Ich glaube, er machte es mit Absicht halbherzig; der Ast sauste mir direkt ins Gesicht. Swusch!

Wir wanderten den Fluss entlang gen Norden. Große Felsblöcke im Wasser bildeten kleine Dämme, Wasserfälle und tiefe, gurgelnde Felstümpel. Wir setzten uns, um auszuruhen. Ich tauchte Sigurds kleine Füße in das kalte Wasser; er quiekte vor Freude.

Der Kapitän zog alle seine Kleider aus und sprang von Stein zu Stein, bis er die perfekte Stelle gefunden hatte, um ins Wasser zu gehen. Sebastian sah entsetzt zu, doch kurz darauf folgte er dem Kapitän zögernd, behielt aber seine Unterhose an.

Silas beobachtete die beiden mit Interesse, doch seine Schüchternheit obsiegte und er verdrückte sich in den Schatten. Ich sah, wie er nach Tüpfelfarn suchte, einem kleinen Kraut, das auf Steinen wächst und dessen Wurzeln süß wie Lakritz sind.

Victoria ging stromaufwärts. »Wartet nicht auf mich«, rief sie, während sie von Stein zu Stein sprang. Sie war wie ein Fisch im Wasser – ganz in ihrem Element. Sigurd saß auf meinem Schoß und streichelte meine Hand. Er hing an mir und wollte ständig Körperkontakt. Ich streichelte ihm langsam übers Haar.

Jeppe: »Ich überlege, ob wir nicht einfach bleiben sollten, wo wir sind. In Svensäter. Das würde uns eine Menge Zeit und Ärger sparen.«

»Wie meinst du das?«

»Wir können unsere Kote einfach danebenbauen. Das Gelände ist bereits urbar gemacht worden und wir könnten einfach Beete anlegen.«

»So hatte ich mir das nicht vorgestellt«, sagte ich und dachte daran, wie wir einmal unser Traumhaus gefunden hatten. Es hatte unweit von Kopenhagen an einem See in einer locker bewaldeten Gegend gelegen und vier Millionen Kronen gekostet, und wir hatten gedacht, dass wir es wahrscheinlich hinbekommen könnten, wenn ich etwas mehr arbeitete und wir einmal wöchentlich Haferschleim aßen. Damals hatte ich eine genaue Vorstellung davon, wie unser Leben sein würde, wenn wir dort lebten. Alles würde eine Nummer besser sein; wir hätten weniger Sorgen, würden uns weniger streiten und mehr lieben. Wir wären bessere Menschen; ich würde anfangen, Yoga zu machen, und meine ganze Familie wäre eine wandelnde Reklame für Achtsamkeit und dafür, wie man seine Ziele erreicht, aber natürlich wie echte Bohemiens – wir wären Künstler. Wir wären glücklich!

»Ich glaube nicht, dass es auf den Ort ankommt. Ich glaube nicht, dass Orte Menschen glücklich machen können«, sagte Jeppe. »Ich glaube, es ist ein Gemütszustand. Und man kann lernen, sich in diesen Gemütszustand zu versetzen.« Er war der Meinung, dass Freiheit ein Gefühl war und nichts mit den Umständen zu tun hatte. »Wenn man die ganze Zeit nach dem Perfekten sucht und es nicht findet, tut man am Ende nie etwas«, fuhr er fort.

Würden wir ewig im Wald im Kreis laufen können?

Nein. Vielleicht zu Hause, wo es Zerstreuungen und Komfort und Pausen gab, aber nicht hier draußen. Hier draußen konnten wir nicht weiter im Kreis laufen und suchen. Innerlich verabschiedete ich mich von der Kote, die bereits in meinem Kopf existierte; ich hatte eine sehr detaillierte Vorstellung davon.

»Okay, abgemacht, wir bleiben auf dem Gelände von Svensäter.«

Er zog sich aus und sprang zu den anderen in den Fluss. Sie schrien laut und tauchten hinunter, die Strömung war stark und das Wasser schlug ihnen gegen die Oberkörper.

»Ich hatte mir einfach nur vorgestellt, dass wir in einer Kote in der Wildnis wohnen und eine Art Indianer werden«, sagte ich laut zu mir selbst.

Als wir von unserem Ausflug zurückkehrten, sah ich die Lichtung, auf der Svensäter stand, mit anderen Augen. »Okay. Hier werden wir also wohnen.«

Es war gut, den Stress los zu sein, einen perfekten Platz in der optimalen Umgebung finden zu müssen. Svensäter war angenehm und schön in der Sommersonne. Ich konnte mir gut vorstellen, hierzubleiben.

Silas wollte weitergehen, weiter den Fluss entlang in die andere Richtung; Sebastian, Jeppe und der Kapitän saßen am Feuer. Sigurd war in der Babytrage eingeschlafen, und ich beschloss, zum Felsen zu gehen und unsere ersten Monate im Wald zusammenzufassen.

*Ich erinnere mich nicht wirklich an den Anfang, meine Erinnerungen sind lückenhaft und unzusammenhängend. Ansonsten kann ich nur sagen, dass ich überwältigt war, einfach nur überwältigt. Und ich erinnere mich an die Probleme: Abfall. Wäsche. Aufbewahrung. Es hat lange gedauert, all das organisiert zu bekommen. Ich wusste nicht, wie man all das ohne Kanalisation und Müllabfuhr macht. Woher sollte ich das auch wissen?*

*Ich erinnere mich an den Frühlingsregen und die Flecken auf den Kleidern; ich erinnere mich daran, wie still die Kinder waren, wenn sie ums Feuer herum saßen. Ich erinnere mich daran, wie Jeppe sich nachts im Bett zu mir gedreht und mich in den Arm genommen hat. Ich erinnere mich daran, dass ich mich ständig gefragt habe: »Kann man das wirklich machen? Und ist es eigentlich erlaubt?«*

*Ich erinnere mich an die Wärme der Sonne und das Sommersalz auf der Zunge.*

*Mein Körper fühlte sich schwer an und mir schwirrte der Kopf. Ich fuhr immer wieder erschrocken herum; plötzliche Bewegungen, all diese Eindrücke und Geräusche, das Kreuchen und Fleuchen und die absolute Stille.*

*Und dann die Gedanken, bei denen es mir eiskalt den Rücken hinunterläuft. Rente! Steuern! Die Polizei! Die Behörden!*

*Ich versuchte, diese bürokratischen Gedanken abzuschütteln, wie ein nasser Hund, doch es gelang mir nicht, sie hatten sich in meinem Kopf festgesetzt: »Ziviler Ungehorsam gehört nicht hierher, wir haben es so gut hier in diesem Teil der Welt; wir leben ja nicht in einer Diktatur oder so.«*

*Ich schwankte. Ich weiß noch, wie ich schwankte. Mein Gehirn arbeitete auf Hochtouren, aber ich fand keine Antworten, nur Fragen, und die Fragen prasselten auf mich ein wie große harte Hagelkörner.*

*Das Wetter war das Einzige, was klar und deutlich war. Das Wetter änderte sich ständig, und ich dachte: »Vielleicht ist Veränderung eine Grundbedingung«, und dieser Gedanke war absolut nicht beruhigend.*

*Er widersprach allem, was ich gelernt hatte. Mein Leben lang. Die Dinge sollten vorhersehbar sein. Von Dauer. Beherrschbar. Exceltabellen. Digitale Signaturen. Ein geregeltes Einkommen. Ein geordnetes Familienleben. Eine gefestigte Persönlichkeit.*

*An einem einzigen Tag konnte man einen Tornado, eine frische Brise, eine Hitzewelle, Regen und Sonnenschein haben. Manchmal vollzog sich der Wechsel binnen Minuten, manchmal traten die Veränderungen unmerklich über den Tag verteilt ein. Man konnte sich nie sicher sein, und nichts war vorhersehbar. Ich wiederhole: Vorhersehbarkeit, Stabilität, Kontinuität, Kontrolle ... Produktivität, Optimierung, Systeme, Pläne. Diese Dinge haben mich von klein auf geprägt, mein Erwachsenenleben und meine Träume bestimmt, das erkenne ich jetzt. Selbst meine Träume waren vom Streben nach Wachstum beeinflusst: Mehr! Mehr!*

*Und die Kinder sollten nicht die Schule wechseln, ich sollte mich nicht scheiden lassen, ich sollte den Beruf nicht wechseln, wir sollten nicht ständig umziehen, aber trotzdem anpassungsfähig, innovativ, flexibel und effizient bleiben.*

*Ich habe das Gefühl, belogen worden zu sein.*

*Ich habe das Gefühl, betrogen worden zu sein. Als hätte ich mein ganzes Leben in einer Fabrik verbracht, wie ein Huhn oder ein Schwein in der Massentierhaltung, und als sei ich nun frei ... aber die Freiheit kommt mir nicht vor wie eine Wohltat, Freiheit, oh Gott, Freiheit ... Freiheit ist Angst und Schrecken und Paranoia!*

*Allein die Vorstellung, dass sich die Freiheit ständig ändert, wie das Wetter.*

*Und genau wie die Liebe.*

Das Wetter und seine Auswirkungen auf uns, die Tatsache, dass es uns zwang, unsere Pläne zu ändern, dass es uns immer wieder überraschte, gab mir ein Gefühl der Unsicherheit.

In meinem alten Leben hatte das Wetter keine große Rolle gespielt. In geschlossenen Räumen, im Büro oder wenn man im Stau steckte.

Jetzt spielte das Wetter eine Rolle. Die Natur fühlte sich so unvorhersehbar an. Ja, sie hatte ihr eigenes Tempo und ihre eigenen Abläufe, Sonnenaufgang, Sonnenuntergang, aber wenn man sich damit nicht auskannte, wirkte das alles so unvorhersehbar, und ich konnte das Gefühl nicht abschütteln, dass das nur ein Urlaub war, ein Ausnahmezustand, nicht das wahre Leben.

Ich wartete darauf, dass es vorüberging. Ich wartete darauf, dass der Alltag wieder einkehrte.

Die Tage wurden länger und die Luft wurde trockener. Der Wald fing an, anders zu riechen, intensiver. Es roch nach trockenem Holz, feuchtem Moos, warmem Fels, weicher Erde, strömendem Fluss und nach uns, wir fingen an, anders zu riechen, wie Tiere hatten wir unsere eigenen Duftmarken. Jeppe roch intensiv und dunkel, Sigurd roch nach Regen. Sebastian hatte vorher nach nichts gerochen, jetzt fing er an, nach Schweiß und Brennholz zu riechen. Silas roch nach Rauch, und Victoria roch nicht mehr nach Seife, Shampoo, Spülung, Bodylotion, Hautcreme, Deo, Parfüm und Waschmittel. Wir rochen nach Menschen. Wir trugen ungewaschene Kleidung.

Wir atmeten den Wald ein, wir nahmen ihn in uns auf. Ich war ständig in Aktion und wurde zwischendurch von diesen Gedankenexplosionen unterbrochen: *Was ist der Sinn des Lebens, ist das der Sinn des Lebens, wer bin ich?*

Ab und zu saß ich auf den Stufen vorm Eingang und sah zu, wie die Sonne hinter den Baumstämmen wanderte, vom Fluss über die Lichtung bis zu meinem Füßen, zu meinen Augen, und dann weinte ich, ich gebe zu, dass ich weinte, und ich weiß immer noch nicht, ob es vor Glück oder vor Schreck war.

Fichten bilden kleine neongrüne Triebe, die wir pflückten und direkt aßen. Sie explodierten im Mund wie Bomben. Der Kapitän nannte sie *Vitaminbomben*; er hat eine Vorliebe für Kriegsmetaphern.

Er sprach von der Widerstandsbewegung, von Rebellen und Partisanen (das waren wir) und dem Fall von Babylon, während wir durch den Wald liefen und Vitaminbomben pflückten. Er erzählte mir, wie die Leute früher aus ihren kleinen dunklen Hütten gekommen waren, um Fichtentriebe zu pflücken und sie gierig zu verschlingen. Fichtentriebe enthalten mehr Vitamin C als Orangen; sie wirken desinfizierend und stärken das Immunsystem. Ich musste immer wieder darüber nachdenken, dass die Natur den Menschen genau das gibt, was sie brauchen – dann, wenn sie es brauchen. Mit dem Birkensaft war es das Gleiche; wir fingen ihn in Eimern auf. Der Birkensaft enthält genau die Mineralstoffe, die der Körper nach einem langen kalten, dunklen Winter benötigt.

Wir brachen Äste von den Bäumen ab und schnitten Löcher in die Stämme, als wäre ständig Winter, als sei unser ganzes Leben lang Winter gewesen; wir zapften Birkensaft in rauen Mengen. Wir bereiteten Kaffee zu mit Birkensaft, Pfannkuchen mit Birkensaft, wir tranken ihn und gossen ihn in unser Haar. Und über unsere Hände.

Die Hände.

Es hat mit den Händen angefangen.

Mit meinen Händen wusch ich ab, ich berührte die Gesichter meiner Kinder, ich strich mit den Händen über zweihundert Jahre alte Holzwände, ich legte meine Hände auf Steine und Felsen, ich hielt damit Zweige beiseite, wenn wir draußen unterwegs waren. Ich verbrannte sie mir am Feuer.

Jeden Tag. Jeden Tag benutzte ich jeden Muskel und jede Faser meiner Bürohände.

Sie wurden schwarz, sie wurden faltig, trocken und fremd. Ich hielt sie vor mein Gesicht und betrachtete sie.

# 8

Svenn, der Besitzer des Waldes, kam oft auf einen Kaffee vorbei. Svenn mit seinen großen orangefarbenen Sicherheitsstiefeln, seinem dünnen Haar und seinem Tick; beim Einatmen sog er die Luft durch die Zähne, wobei ein zischender Laut entstand. Svenn war Millionär, doch das sah man ihm nicht an. Er fuhr ein altes Auto und trug Waldarbeiterkleidung. Er mochte unser *Projekt*. Er war der Meinung, dass der Staat zu mächtig geworden war und sich zu sehr in die alltäglichen Angelegenheiten einmischte. »Es gibt keine persönliche Freiheit mehr«, sagte er. »Aber die Leute brauchen ihre Freiheit.«

Seine Vorfahren waren seit dem 14. Jahrhundert im Besitz dieser Wälder; er entstammte einer alten, einflussreichen Familie.

Es ging die Legende, dass drei Wikinger in Streit mit ihrem Häuptling gerieten. Es war ein unfairer Häuptling. Ein fauler, arroganter und unwürdiger König. Die drei Wikinger wurden des Landes verwiesen und ließen sich im angrenzenden Wald nieder – in diesem Wald. Sie fällten Bäume und holten die Steine aus der Erde. Sie säten und ernteten. Einer dieser drei Wikinger war ein Vorfahre Svenns gewesen; Svenns Haus stand an einem der ersten Felder, die hier angelegt worden waren. Der Boden, auf dem Svenn jeden Tag ging, war jahrhundertelang von seinen Vorfahren beackert worden.

Es gibt noch Menschen mit Wurzeln.

Vielleicht wäre Svenn gern Hippie gewesen, oder er wäre gern auf seinem Motorrad um die Welt gereist, aber solche Freiheiten hat man nicht, wenn man aus einer alten Familie stammt; wenn man Wurzeln hatte, dann hatte man Verpflichtungen. Man musste sich um sein Land kümmern. Svenn sagte, dass der Wald gedieh, wenn

Menschen darin lebten, wenn die Bäume Gesellschaft hatten. Er sagte außerdem, dass die Menschen im Wald leben sollten, wie sie es seit Ewigkeiten getan hatten; erst seit sehr, sehr kurzer Zeit seien die Wälder so leer.

Svenn liebte den Wald. Er bretterte mit seinem Geländewagen über die kleinen Straßen tief in den Wald, auf die Berge, wo er sich setzte und auf alles hinuntersah.

In seiner Freizeit arbeitete er als Versicherungskaufmann. Ich glaube, er sah uns als eine Art Versicherung. »Es ist gut, dass Leute im Wald leben. Der Wald profitiert davon«, sagte er; wir dienten einem höheren Zweck.

Wenn ich ihn fragte, ob er mehr Kaffee wollte, sagte er immer: »Ja, gern«, hielt mir mit beiden Händen seine Tasse entgegen und lächelte schüchtern.

Es war Svenn, der uns von der großen Auswanderungswelle erzählte. Im späten 19. Jahrhundert wanderten sechzig Prozent der Bevölkerung Värmlands nach Amerika aus. Sechzig Prozent!

Sie flohen vor Armut, Überbevölkerung sowie strengen Moralvorstellungen und hinterließen eine entvölkerte Landschaft und eine Menge zerrissener Familien. Ihre Hütten findet man noch überall im Wald, und ihre Geschichten schweben wie große, weiße Engel über den Baumwipfeln; sie sehen aus wie Wolken.

Svenn vermisste sie. Jene, die ausgewandert waren. Nicht, dass er das je direkt gesagt hätte, aber man spürte es, wenn er über die verlassenen Orte und die alten Bräuche, die althergebrachte Lebensweise redete.

Jedes Mal, wenn er uns besuchte, erzählte er von vergangenen Zeiten. Er erzählte, dass auf dem Gipfel eines Berges, den wir *Wolfsberg* nannten, ein Tanzpavillon gestanden habe. Ich konnte mir das nicht vorstellen – diesen Wald voll mit Menschen, die dort samstags zum Tanzen hingegangen waren.

Ich denke oft an die Auswanderer.

Die meisten Leute wissen nicht, wie es den Siedlern ergangen ist. Dass sie in Erdlöchern lebten. Das erste Jahr in der neuen Welt lebten sie in Erdhöhlen. Davor fuhren sie natürlich in romantischen Siedlerwagen herum, aber wenn sie einen Ort gefunden hatten, an dem sie sich niederlassen wollten, parkten sie ihre Wagen und gruben Löcher in die Erde. Warum?

Weil sie keine Supermärkte hatten.

Die Nahrung hatte die höchste Priorität. Darum verbrachten sie ihre gesamte Zeit auf den Feldern. Sie brachen den Boden und brachten Saat auf unfruchtbarer Erde aus; es dauerte Jahre, bis sie sich den Luxus leisten konnten, ein Haus zu bauen. Wenn die Ernte gut war, konnten sie *Unsere kleine Farm* spielen, aber bis dahin mussten sie in Höhlen leben, umgeben von Erde und Dreck und Staub. Die Erde verschlingt die Siedler. Das ist so, und es ist nichts Romantisches daran.

Wir hatten Supermärkte. Wir hatten Glück. Alle zwei Wochen fuhren wir dorthin, am Anfang war es jedes Mal ein großes Ereignis, für das wir uns schick machten.

Ich muss etwas zum Geld sagen. Wir hatten – und haben – kein festes Einkommen, wir hatten kein Erspartes, keine Altersvorsorge, hatten kein Anrecht auf Arbeitslosengeld und auch keine Schatztruhe in einem geheimen Versteck. Unsere finanzielle Situation war schon erbärmlich gewesen, bevor wir aufgebrochen waren.

Im Dänemark sorgt man sich um die Kinder, den Nachwuchs, die Zukunft, weshalb der Staat den Familien tausend Kronen pro Monat pro Kind zahlt. Davon lebten wir. Von viertausend Kronen im Monat.

Was nur möglich war, weil wir ohne fließend Wasser, Heizung, Strom, Miete, Versicherungen und all diese Dinge lebten. Und dann hatten wir noch die gelegentlichen Schreibjobs und

Beratungstätigkeiten. Ab und zu ein Vortrag. Das Blog wurde im Laufe der Zeit ebenfalls eine Art Einnahmequelle. Wir bekamen Spenden und Geschenke, Pakete und manchmal Besuch – die Leser brachten uns Lebensmittelkörbe und schwarze Säcke voll mit Resten aus ihren Kellern mit.

Wir sammelten Nahrung in der Natur. Wir hatten gelernt, die Ressourcen maximal zu nutzen.

Wir hatten von Höfen in der Umgebung Hähne geschenkt bekommen, niemand will Hähne, alle wollen Hennen. Einmal hatten wir sogar eine Schafherde. Es herrschte ein ständiger Austausch zwischen uns und anderen Menschen; es gab eine Art Handel, bei dem kein Geld im Spiel war. Wir gaben ihnen unsere Geschichte, erzählten ihnen, wie wir versuchten, unseren Traum wahr werden zu lassen – für manche Leute hatte es einen Wert, aus den Erfahrungen anderer zu lernen.

Die Erfahrung war: Es ist schwer, den Lebensstandard zu senken. Man merkt erst später, dass sich das lohnt.

Der Kapitän kam meistens mit, wenn wir in den Supermarkt fuhren. Es saß auf dem Beifahrersitz neben Jeppe, ich saß hinten bei den Kindern. Wir redeten die ganze Zeit über Essen. Über Steak, Süßigkeiten, Eis, über Gerichte, die wir auf Reisen gegessen hatten, traditionelle saisonale Gerichte, Festessen, bei denen wir gewesen waren. Von viertausend Kronen im Monat zu leben bedeutete, dass wir am Ende immer nur das Nötigste kauften: Benzin, Mehl, Haferflocken, Bohnen, geschälte Tomaten und Dinge, die auch ohne Kühlschrank nicht schlecht wurden: Erdnussbutter, Marmelade, Thunfisch in der Dose.

Der Kapitän bezog Rente, weshalb er wesentlich mehr Geld hatte als wir, doch das verkomplizierte die Dinge nicht für ihn. Er hatte ein einfaches System gefunden: Ein halbes Jahr am Stück immer dasselbe essen. In jenem Sommer war es Bohneneintopf.

Er kaufte kleine, scharfe Salamis aus Italien, die er in Scheiben schnitt und in den Eintopf gab. Manchmal, wenn wir es uns leisten konnten, kaufte ich auch so eine Wurst.

Normalerweise kaufte der Kapitän eine Tüte Chips, die er großzügig im Wagen teilte, und manchmal eine Packung Schokoladenkekse und Saft. Damit bezahlte er sozusagen die Fahrt, aber niemand von uns sprach das aus, so lief das nicht zwischen uns.

Wir teilten alles miteinander, was wir hatten. Am Ende des Monats kam er normalerweise mit seinem Fahrrad zu uns und brachte uns ein großes Plastikgefäß voll eingelegtem Gemüse. Und eine Packung Eier. Manchmal ein paar Konserven.

Wir waren arm.

Wir waren die Armen.

Manchmal riss ich erschrocken die Augen auf und schnappte nach Luft. *Was, wenn das kein vorübergehender Zustand ist?*

Mit dem Supermarkt kamen die Plastiktüten, und mit den Plastiktüten kam das Müllproblem.

So hatten wir uns das nicht vorgestellt.

Wenn man in den Wald flieht, lebt man schön und natürlich, mit Wildblumen auf dem Tisch, man trinkt Tee, fühlt sich naturverbunden und ist ein besserer Mensch. Ist gerettet. Ist rein. Man ist umgeben von selbst geschnitzten Dingen. Man verachtet moderne Technik, weil moderne Technik überflüssig und narzisstisch ist. Man ist systemkritisch, vielleicht ein bisschen paranoid, etwas unangepasst, man ernährt sich gesund, ist weise und schreibt Gedichte über den Sinn des Lebens. Man trägt ein Messer. Man kämpft mit Bären. Man badet in kalten Waldseen.

Man hat *keine* Plastikprobleme.

Man hat keine schwarzen Säcke voll Müll hinter der Hütte liegen. Ich hatte das Gefühl, von schwarzen Säcken verfolgt zu werden. Die Figur *Andrea* spähte ab und zu hinter den Säcken hervor wie ein Kastenteufel und schrie wie in einem Horrorfilm, darum sah ich die Säcke nie an. Ich verschloss meine Augen davor.

Ich verschloss meine Augen auch vor dem olivgrünen Zelt, in dem wir unsere Bücher aufbewahrten.

Ich verschloss die Augen vor dem Tipi, das Victoria mit dem Kapitän baute. Plastikplane, keine Leinenplane.

Das Müllproblem wurde schlimmer, als es heißer wurde. Wir versuchten, es zu ignorieren. Wenn ich nicht abwusch oder Laub harkte oder versuchte, unseren Kram umzuräumen, lag ich mit Sigurd in der Hängematte. Wir hatten sie zwischen zwei großen Fichten aufgehängt, und es war entspannend, darin zu liegen und seine Füße oder die Wolken am Himmel anzusehen. Von hier aus konnte man die schwarzen Säcke nicht sehen.

Wir hatten Wochen gebraucht, um unser erstes Beet anzulegen. Alles, was wir dafür brauchten, hatten wir im Wald gesammelt. Das Erste, was aufging, war der Salat. Er stand leuchtend grün da wie ein kleines grünes Juwel. Nie zuvor habe ich etwas so Grünes gesehen. Der Salat erhellte die gesamte Umgebung mit seinem grünen Leuchten.

Wenn ich in der Hängematte lag, stellte ich mir vor, wie die ursprünglichen Siedler, die echten Siedler, ihre erste Ernte erlebt haben mochten. Welch Ehrfurcht.

Es ging eine leise Brise, und Sigurd streichelte meine Hand, wie er es so gerne tat. Ich hörte Silas unten bei seinem Fort. Er hatte einen verlassenen Biberdamm gefunden und all die schönen glatten Biberstöcke eingesammelt und benutzte sie, um den Boden seines Forts zu bauen. Die Biber waren weiter stromabwärts gezogen, wo sie einen neuen Damm gebaut hatten; sie arbeiteten unermüdlich, und wir lebten unser Leben zum Klang des ihren. Die echten Siedler hatten wahrscheinlich keine Zeit, in Hängematten zu liegen und zuzuhören, wie Jungs Forts und Biber Dämme bauen, aber wir hatten Zeit, und ohne diese Auszeiten wäre ich eingegangen.

Langsam im Sonnenschein und unter den flirrenden grünen Blättern hin- und herzuschwingen beruhigte mich, es holte mich aus der Schockstarre.

Irgendwann habe ich den Kapitän gefragt, wie wir mit dem Abfallproblem umgehen sollten. Ich habe ihn damals eine Menge gefragt. Er sagte, wir sollten den Müll einfach verbrennen. »So macht man das im Wald«, sagte er. »Das meiste verbrennt ihr natürlich am besten in der Feuerstelle. Dann ist es noch zu etwas nutze, die Energie wird wiederverwertet«, fuhr er fort. »Milchtüten, Eierschachteln, Knäckebrotpackungen ... das könnt ihr alles in der Feuerstelle verbrennen. Den Rest schmeißt ihr ins Lagerfeuer.«

»Aber Dosen brennen nicht.«

»Doch, wenn das Feuer groß genug ist ...« Er lächelte.

»Aber entstehen dabei nicht total viele Schadstoffe?«, fragte Victoria.

Der Kapitän straffte sich und machte ein verkniffenes Gesicht; nun hatte er wieder Angst vor Frauen. »Doch, das könnte man schon so sagen. Aber man verschmutzt die Umwelt genauso sehr, wenn man mit seinem Müll bis zur Deponie fährt. Außerdem muss man Geld dafür bezahlen, dass sie einem den Hausmüll abnehmen; man kann ihn da nicht einfach abladen.«

»Warum muss alles so schwierig sein?« Ich kam mir vor wie ein Idiot. Wie ein Idiot, der nicht einmal ein Müllproblem lösen kann. »Was sollen wir denn machen?« Und ich war entmutigt. Ein entmutigter Idiot.

»Na ja, das Beste wäre, wenn du den Müll erst gar nicht herbrächtest«, sagte der Kapitän. »Die Supermärkte sind dafür verantwortlich, dass alles in Plastik verpackt ist. Im Grunde genommen sind sie schuld an der Plastikproblematik.«

Früher war das Essen in Wachspapier eingewickelt und die Milch war in Mehrwegflaschen. Man hat nicht jede Traube einzeln eingepackt und es gab keinen Käse in Scheiben. Der

Räucherschinken hing in der Vorratskammer und die Butter wurde lose gekauft. Der Kapitän erzählte weiter vom *plastikfreien Leben*. Es gibt Leute, die Plastik komplett meiden, weil Kunststoffe Substanzen an Lebensmittel abgeben und irgendwann im Meer landen. »Es sind kleine Plastikpartikel im Shampoo. In der Creme. Plastik ist überall. Und dann die Plastiktüten! Wenn man überlegt, wie viel Energie man benötigt, um sie herzustellen, und wie kurz man sie benutzt!« Er war ehrlich empört. »Das ist ein Unding.« Er betonte jedes Wort einzeln.

Leute, die radikal plastikfrei leben, kaufen keine Einwegflaschen, Plastiktüten und Plastikzahnbürsten. Und wenn sie einkaufen, packen sie alles im Laden aus und füllen die Lebensmittel in Dosen und Gläser. Ich will unsere privaten Probleme aber nicht zu einer aufsehenerregenden Aktion im Laden machen, einer politischen Demonstration, ich will die Aufmerksamkeit der Leute nicht; ich will mich nur um meinen eigenen Kram kümmern.

»Als ich in meinem Tipi gewohnt habe, habe ich ein plastikfreies Leben geführt«, sagte er. »Ich konnte es nicht ertragen, Plastik anzufassen, ich konnte den Anblick von Plastik nicht ertragen. Wusstest du, dass die meisten unserer Anziehsachen auch aus Plastik hergestellt sind?«

»Nein«, antwortete ich.

»Haha, damals hatte ich Haare bis zum Arsch, ich war ein echter Hippie, du würdest mich nicht wiedererkennen. Damals habe ich nur Blumen gegessen.«

Wir lachten alle – außer Sebastian. »Aber warum ist so viel Plastik überall?«, fragte er und sah älter aus.

»Ich glaube nicht, dass wir den Müll verbrennen sollten«, sagte Silas.

»Ich auch nicht«, pflichtete Victoria bei und fügte hinzu: »Wir müssen nur zur Deponie fahren und bezahlen, um ihn loszuwerden.«

»Und wir müssen auch an den Salat denken«, sagte Silas. »Wenn du den Müll hier verbrennst, verpestet der Rauch den Salat.«

Ich dachte über meinen Rückzugsort, die Hängematte, den Biberdamm, den Salat, den Fluss, das andere sprießende Gemüse (Kohl, Bohnen, Karotten) und uns hier mitten in der Wildnis nach und darüber, dass wir all unseren Müll mit hierher gebracht hatten, darüber, wie zerstörerisch wir waren. Ich dachte über die Autoabgase und die $CO_2$-Bilanz nach und kam mir schon wieder wie ein Idiot vor, weil ich über Autoabgase und die $CO_2$-Bilanz nachdachte.

Ich kam mir die ganze Zeit vor wie ein Idiot. Ich hasste dieses Gefühl.

Eines Nachts, nachdem die Kinder eingeschlafen waren, schlichen wir nach draußen und verbrannten Müll. Wir hatten keinen Anhänger und der Müll war nicht getrennt geworden; wir mussten diese Last loswerden.

Wir entzündeten ein normales Feuer und warfen die schwarzen Säcke hinein, doch der Inhalt war zu durchgeweicht und nass und brannte nicht gut. Jeppe holte einen Kanister Benzin aus dem Auto.

Der Müll spotzte beim Brennen. Die glühende Asche flog erbost gen Himmel, und die kalte Asche fiel langsam herab; sie landete in unserem Haar und überall um uns herum. Auch auf den grünen Salatblättern.

Der Rauch ragte wie eine dicke, schwarze Schlange aus unserem Paradies hervor.

»Morgen bauen wir ein Kompostsilo.«

Ich bewunderte Jeppes Willenskraft und seine Belastbarkeit, die ich nicht besaß. Wir hatten sehr unterschiedlich auf die Veränderungen reagiert. Während er aufrechter geworden war, war ich gebückter, während er stärker geworden war, war ich schwächer geworden. Wenn ich über Platzmangel und andere Sachen schimpfte, die mich wahnsinnig machten oder von denen ich nicht wusste, wie ich sie handhaben sollte, wenn ich Weltuntergangsängste hatte, wenn ich zusammenbrach und mich das Gefühl der Vergänglichkeit von innen zerriss, legte er seine Arme um mich.

Wie ein Bär. Ein großer starker Bär, immer bereit, mich und die Kinder zu verteidigen. Gegen alle Gefahren. Aber dann wurde auch das zu einem Problem, und ich kam mir wieder wie ein Idiot vor. »Zum Teufel mit den Geschlechterrollen!«

Er fällte Bäume und baute ein Haus, er hing mit seinem Freund ab und rauchte Zigaretten unter freiem Himmel und sein Leben war Rock 'n' Roll, und ich war diejenige, die nie zufrieden war, diejenige, vor der sich die Probleme wie Berge von Müllsäcken auftürmten und die nur die Dinge bemerkte, die nicht funktionierten.

Er legte seinen Arm um meine Schulter. In diesem Moment, während die Asche auf uns rieselte wie Schnee, fanden wir zueinander. Ohne jeden Grund. Wir hielten uns lange in den Armen, ich schloss die Augen, wir waren zusammen, alles war gut.

Ein lauter Knall kam aus dem Feuer; erschrocken lösten wir uns voneinander.

»Da muss irgendetwas unter Druck gewesen sein«, sagte er.

Am Tag darauf fällten wir ein paar kleine Bäume, entfernten die Äste und banden die Stämme zu einem Rechteck zusammen – unser Kompostsilo nahm Form an.

Während wir zusammen arbeiteten, stritten wir uns kaum, hauptsächlich, weil er der Designer und der Handwerker war und ich diejenige, die das Holz für ihn festhielt und ihm den Hammer reichte, wenn er ihn brauchte.

Die Fichtennadeln stachen und meine Hände waren klebrig und braun vom Harz, doch das störte mich nicht. Ich wollte nie wieder nachts heimlich Müll verbrennen und mir wie ein Sünder vorkommen. Was unseren ganzen anderen Schrott betraf, unsere Ausrüstung und unseren ganzen Kram ... Er schlug vor, dass wir unseren Bettrahmen auseinandernehmen und ein Regal aus dem Material bauen sollten.

»Aber dann haben wir kein Bett«, wandte ich ein.

»Man muss Prioritäten setzen.«

Regale zu kaufen war jenseits unserer finanziellen Möglichkeiten, und keiner von uns wusste, wie man ein Regal ohne Bretter baute. Das Bett bestand aus Brettern. Also verwendete er unser Bett, um ein Regal daraus zu bauen, und vielleicht war es eine romantische Geste; jetzt, wenn ich zurückdenke, glaube ich das, aber damals hat es sich so angefühlt, als sei er genervt, dass er es tun musste. Er hat Sigurd angefaucht, als der ihm in die Quere gekommen war, und hatte Silas nicht geantwortet, als der wegen seines Forts um Rat gebeten hatte.

Ich bin mit den Jungs an den Fluss runtergegangen, während Jeppe weitergearbeitet hat. Es gab eine spezielle Stelle am Ufer, an der wir badeten und unsere Kleider wuschen. Wir nannten sie *Teufelsellenbogen*, weil der Fluss an dieser Stelle eine große Biegung machte und am einen Ende tief und am anderen Ende flach und verlockend glitzernd war. Es gab einen schönen Strand mit feinem Sand und Sigurd liebte es, dort herumzulaufen, die kleinen Füße im warmen Sand und im kalten Wasser. Wenn er gründlicher gewaschen werden musste, nahm eines seiner Geschwister ihn in die Arme und sprang am tiefen Ende mit ihm ins Wasser. Er klammerte sich glücklich an sie.

Victoria liebte es, im tiefen Wasser zu baden, sie tauchte und machte Handstand, wusch ihr Haar und schwamm stundenlang im Fluss auf und ab.

Sebastian ging immer alleine hinunter, er verschwand von der Lichtung und kam erfrischt und mit nassem Haar zurück.

An jenem Tag legte ich mich auf die Böschung, schloss die Augen und lauschte. Der Fluss strömte sanft dahin, Sigurd und Silas waren laut, glücklich, beschäftigt, ihre Fröhlichkeit färbte auf mich ab, ich setzte mich auf und betrachtete die beiden.

Sie gingen gebückt im flachen Wasser; sie suchten besonders schöne Steine. Die Sonne schien und wurde vom Wasser reflektiert, sie waren von Sonnenschein umgeben, wurden von der Sonne angestrahlt. Shorts. Braune Jungenbeine. Hellblondes Haar. Lächeln. Nach einer Weile setzten sie sich auf einen warmen Felsen im Fluss. Sie lachten laut und Silas legte einen Arm um seinen kleinen Bruder.

Sie saßen einfach nur da, Schulter an Schulter, mitten im Fluss, mitten in einer Welt voller Leben. Eine große und sehr blaue Libelle senkte sich wie ein blauer Engel vom Himmel hinab. Ich hörte das Summen ihrer Flügel von Weitem. Es klang wie ein kleiner Hubschrauber. Die Libelle glänzte metallisch und kobaltblau, ihre Flügel waren transparent wie das Wasser des Flusses. Sie erhellte alles. Wie ein fliegender Diamant. Ein Segen. Sie landete auf Silas' Schulter. Beide Jungen betrachteten sie fasziniert, und ich spürte, wie sich das Glück wie Wärme in meinen Gliedern ausbreitete. Ich sah die Jungs an, auf dem Felsen im Fluss, ich sah die blaue Kreatur an, und ich war dankbar. Die Jungs griffen nach der Libelle, nach dem Glück, doch sie hob ab und verschwand summend und kreisend flussabwärts.

Dieser Moment wird für immer bei mir bleiben. Ich erinnere mich noch immer deutlich daran. Der Moment mit der Libelle gehört zu den Dingen, die nicht so waren, wie ich sie mir vorgestellt hatte. Es war ein Glücksmoment, und er war tausend Tränen wert.

Für diese Momente lebte ich im Wald. Für diese kurzen Einblicke in die Ewigkeit – wie in der Hängematte. Den Rest der Zeit hatte ich Angst.

Ich zog die Libellen-Erinnerung auf meine Perlenkette von *Dingen, die nicht so waren, wie ich dachte*, und diese Erinnerung war die größte, schönste Perle. Blau. Blau und glücklich.

Ich ging zu Jeppe hinauf, um ihm von dem eben erlebten Glück zu erzählen, doch er war wütend, weil er nicht wusste, wie man ein Regal baut, und er dachte, dass es meine Schuld sei, dass ich ihn dazu gezwungen hatte, weil ich nicht bereit gewesen war, mich auf einen Kompromiss einzulassen. Also behielt ich die Erinnerung für mich.

Der Sommer war hektisch und betriebsam, im Sommer schwirrten wir umher wie rastlose Schmetterlinge, die hungrig alles in sich aufsaugten, den ganzen Wald, alle Blumen, all die Erfahrungen und Gefühle. Wir sammelten Erinnerungen. Kostbare Momente.

Der Kapitän zeigte uns, wo das Johanniskraut wächst, dessen Blüten einen leuchtend gelben Teppich auf einer im Wald verborgenen Wiese bildeten. Wir pflückten Körbe voll gelber Blüten. Wir pflückten sie, weil sie eine antidepressive Wirkung haben; der Kapitän nannte sie *natürliche Glückspillen* und erntete die Blüten sehr sorgfältig, als hätte er vor irgendetwas Angst.

Sigurd schlief auf der gestreiften Babydecke inmitten des gelben Blütenmeers ein. Er trug eine hellblaue Cordhose und Victoria saß neben ihm und flocht Girlanden aus Antidepressiva. Ein Glücksmoment. Ein echter Glücksmoment.

Die Entscheidung, dort zu bleiben, wo wir waren, hatte alles einfacher gemacht. Wir kannten uns in der Umgebung aus, hatten eine Feuerstelle, ein Kompostsilo, Salat und hatten Abläufe, die funktionierten. Vielleicht macht der Sommer übermütig, vielleicht kommt es einem im Sommer so vor, als sei alles möglich – also beschlossen wir, keine Kote zu bauen, sondern ein echtes Blockhaus.

»Wenn wir ohnehin ein Holzfundament anlegen, können wir auch gleich etwas Größeres und Stabileres bauen«, sagte Jeppe.

Der Kapitän war seiner Meinung. Außerdem hatte er in seinem Leben schon einige Blockhäuser gebaut, mehr als zehn; er wusste, wie man es macht. »Kein Problem«, sagte er lächelnd.

Er erzählte mir von *Eden*. Damals, als er in seinem Tipi im Wald gelebt hatte, war er mit Hippies befreundet gewesen. Die Hippies hatten viel darüber gesprochen, was man tun könnte. »Aber getan haben sie nix.« Der Kapitän wippte auf der Stelle, während er sprach. »Ich wollte ihnen beweisen, dass wir wirklich großartige Sachen hinbekommen konnten – wenn wir zusammenarbeiten.« Und er hatte mit einem Typen aus einem nahe gelegenen Dorf *Eden* gebaut, fünf Wikingerhäuser aus Baumstämmen. Niemand lebt in Eden. Eden steht leer. Manchmal wird es an Geschäftsleute aus Stockholm vermietet, die dort ihre Teambuilding-Seminare abhalten.

Die Figur *Andrea* streckte den Kopf aus den Müllsäcken; die Ambitionen umfingen ihre Schultern wie ein grauer Bolero. »Hey, ich könnte Kurse in Eden geben. Damit könnten wir ein bisschen Geld verdienen.«

Ich schrie sie an, ich sagte ihr, dass sie verschwinden soll.

Plötzlich hörte ich ein Auto. Es war Svenns Auto. Im Wald lernt man, den Autos zu lauschen, als wären sie Tiere, man lernt, ihre Spuren zu lesen, man kennt ihre Wege und ihren Klang.

Svenn hatte angefangen, uns als Kantine zu benutzen.

Wir erzählten ihm von unseren Plänen, ein richtiges Blockhaus anstelle einer Kote zu bauen. Er nickte. Lächelte.

»Dann wäre es das Beste, wenn ihr diese Kiefern stehen lasst«, sagte er und zeigte auf vier große Kiefern, die direkt vor unserem zukünftigen Haus standen.

»Äh, wie jetzt?«, fragte Jeppe verwirrt.

»Ein Blockhaus ist leichter von der Straße aus zu sehen.«

Einen Moment lang dachte ich, er hätte wie ich das Gefühl, beobachtet zu werden, aber das war es nicht.

»Wenn jemand von der Bauaufsicht vorbeifährt, kann er von der Straße aus nichts sehen, wenn ihr die Bäume stehen lasst.«

Ich konnte mir kaum vorstellen, wie jemand von der Bauaufsichtsbehörde im Wald herumfuhr, und ich wollte es auch nicht. Ich wollte mein Leben nicht damit verbringen, mir Sorgen über Bauaufsichtsbeamte zu machen.

Der Kapitän, der auf eine Harke gestützt dastand, ließ die Harke fallen und ging ein paar Mal im Kreis, bevor er anfing, lebhaft zu sprechen. »Bei unserem Projekt geht es ja gerade darum, dass wir nichts mit den Autoritäten zu tun haben wollen. Es gibt zu viel Kontrolle überall. Zu viele Videokameras, zu viel Überwachung, zu viele Sanktionen. Es muss doch Freistätten geben auf der Welt, Svenn, es muss doch Orte geben, wo man sich all dem nicht fügen muss.«

Svenn nickte. Er war gut darin, direkte Antworten zu vermeiden. Wie Jeppe hatte er die seltene Gabe, nach oben zu gucken, nach rechts, und den Blick ins Unendliche gleiten zu lassen, bis die Frage von selbst verschwand.

Ich kannte diesen Blick. Ich rief Svenn aus der Unendlichkeit zurück, indem ich sagte: »Also ... früher konnten die Leute wirklich mehr alleine machen – heute sind wir so abhängig und hilflos; alles muss irgendwelchen Vorgaben entsprechen, man muss bis zu seinem Lebensende Genehmigungen einholen und Formulare ausfüllen. Das ist wirklich eine gefährliche Entwicklung, Svenn. Umso mehr Macht der Staat bekommt, desto machtloser werden die Leute.«

Die Figur *Andrea* – ich zog sie an wie einen Rollkragenpullover, der sich eng um den Kopf spannt, sie spannte sich um meinen Kopf, und ich räusperte mich: »Wir sind eine Art Speerspitze, Svenn.«

»Hmm.«

»Wir machen das nicht nur für uns selbst. Wir machen das auch, um den Leuten zu zeigen, dass es möglich ist. Dass es möglich ist, freier und einfacher zu leben. Die Menschen haben Hunderte von Jahren so gelebt, aber aus Sicht des modernen Menschen ist das einfach nicht machbar ...«

Der Kapitän unterbrach mich, bevor ich Luft holen konnte. »Wenn niemand das alte Wissen pflegt, wird alles vergessen. Die Handwerkskunst und all diese Fertigkeiten. Wir dürfen dieses ganze Wissen nicht einfach verschwinden lassen. Und wir dürfen verdammt noch mal nicht wie die Duckmäuser hier herumlaufen und Angst vor irgendwelchen Bauaufsichtsfuzzis haben.«

Svenn sagte: »Okay.« Er sagte: »Ihr könnt hier draußen bauen, was ihr wollt, solange ihr natürliche Materialien verwendet und dem Wald nicht schadet.«

Eine halbe Stunde nachdem er gegangen war, war eine der großen Kiefern gefällt.

Der Kapitän sprang jubelnd um den Stamm herum. »Wir sind wild und frei«, rief er. »Sebastian! Was wir hier draußen tun, ist wichtig! Hörst du mich, Silas?« Er drehte sich um sich selbst, um nach Silas Ausschau zu halten, der sich in einem Loch vor dem stürzenden Baum verborgen hatte. »Wir sind der Widerstand, Jungs!«

Sebastian räusperte sich. Und lächelte. Es war ein Lächeln, das ich noch nie gesehen hatte.

# 9

Eines Tages kamen die Hippies vorbei. Ich hörte, wie sich ein unbekanntes Auto auf der Schotterstraße näherte, und rief den anderen zu, dass sie ihre Arbeit unterbrechen sollten. Wir standen alle beieinander, als die Hippies die Böschung hinaufkamen – Eva in grünen Tarnhosen, Sonny im weiten weißen Hemd. Sie hatten beide langes Haar, ihres leuchtete rot, er trug Pferdeschwanz.

Wenn man es von außen betrachtete, war es wohl offensichtlich, dass hier zwei Heere zum ersten Mal aufeinandertrafen. Man erkannte es daran, wie wir uns bewegten. Wie wir einander observierten. An den ersten Worten, die wir wechselten – so diplomatisch.

Der Kapitän kannte Eva und Sonny von früher; er ging lächelnd auf sie zu und bot ihnen Kaffee an. Dann stellte er uns einander vor.

Eva und Sonny setzten sich auf das Sofa im Tipi. Ich setzte Wasser auf, Jeppe holte Kekse, die Kinder lächelten die Hippies höflich an.

Zuerst sprachen der Kapitän, Eva und Sonny über die Vergangenheit und gemeinsame Bekannte. Der Kapitän erzählte, wie Storm uns geholfen hatte, in die Hütte zu kommen. Storm war der Sohn einer Freundin von Eva, und sie sprachen über seine Mutter, bis der Kapitän das Thema wechselte und sagte: »Ich muss euch etwas erzählen...«

Und dann erzählte er ihnen die Geschichte. Von der Brandstiftung und vom Gefängnis, von der Frau und den Kindern, er erzählte ihnen alles.

Er hatte sich das zum Prinzip gemacht und ich verstand, warum: Leute, die nichts wagen, Leute, die sich verstecken, sind

Feiglinge. Und Leute, die wütend werden oder Angst bekommen, wenn man ihnen die Wahrheit sagt ... das sind Leute, mit denen man nicht befreundet sein will. Der Kapitän benutzte seine Geschichte als eine Art Test.

Eva und Sonny hatten Verständnis für die Brandstiftung.

»Du hattest immer so ein großes Herz«, sagten sie. »Du hättest einfach besser auf dich aufpassen sollen.«

»Ja!«, schrie er. »Und darum freut es mich so, dass ich euch Jeppe und Andrea und ihre fantastischen Kinder vorstellen kann.«

Er erzählte ihnen, dass wir hier draußen dabei wären, eine alternative Gesellschaft zu schaffen. Ich wusste nicht, wovon er da redete, aber ich lächelte Eva und Sonny höflich an, und sie lächelten höflich zurück. Kaffee. Kekse. Sofa. Das hier hätte ebenso gut in einem ganz normalen Wohnzimmer in einem ganz normalen Viertel stattfinden können. Es hätte genauso gut ein Nachbarschaftstreffen können.

Der Kapitän war stolz auf uns. Er erzählte ihnen, was wir alles vorhatten. Was für eine außergewöhnliche Familie wir seien. Ganz besondere Menschen. »Die Leute machen so etwas nicht mehr, aber *sie* tun es!«, sagte er und zeigte auf uns, als seien wir seltene Tiere in einem Zoo.

Jeppe räusperte sich, die Kinder lächelten tapfer weiter, ich goss Kaffee nach.

»In den Siebzigern haben viele Leute so etwas gemacht.« Evas langes Haar umrahmte ihr rundes, freundliches Gesicht mit den kleinen blauen Augen.

Der Kapitän klatschte in die Hände wie ein kleines Kind. »Ja, das haben sie wirklich!«

Dann sprachen sie über gefährliche Tiere, giftige Pflanzen und Handystrahlung. Anschließend redeten sie über den gefährlichen Staat, die gefährlichen Ärzte und das gefährliche Schulsystem.

Solche Unterhaltungen kannte ich aus meiner Kindheit. Damals haben die Leute über solche Dinge gesprochen. Materialismus, Kapitalismus, Konsumismus, den Mangel an Zusammenhalt in der Gesellschaft – doch dann haben sie gute Festanstellungen bekommen und Gefallen an Macht und Rotwein gefunden, und was ist dann passiert? Nichts ist passiert!

Und jetzt beklagen sie sich mit ihren rotweinroten Zähnen auf den Familienfeiern: »Du und deine Generation, warum rebelliert ihr nicht?« und »Ihr seid so verdammt prüde. Ihr heiratet kirchlich und gründet Familien und werdet bürgerlich!«, solche Sachen sagen sie, die Hippies, bevor sie die nächste Flasche entkorken, die Füße auf den Tisch legen und *Eat Pray Love* auf ihren Flachbildfernsehern ansehen.

Also sind wir zynisch geworden, ich und meine Generation. Die Kinder der Blumenkinder. Weil Worte ohne Taten nur leere Slogans sind. Mein Problem mit den Hippies ist, auf den Punkt gebracht: Sie sind verschwunden. Where have all the hippies gone? Long time passing.

Jetzt saßen sie plötzlich vor mir. Die letzten beiden Hippies der Welt. Eva und Sonny. Sie hatten einen Hof weiter oben im Wald. Früher war es mal eine Kommune gewesen, dreißig Personen hatten dort gelebt, aber jetzt lebten nur noch die beiden dort.

Ich konnte mir nicht helfen. Ich musste sie fragen. »Wo sind all die Hippies hin?«

Die Stimmung wurde ein wenig angespannt.

»Ich weiß nicht«, antwortete Eva und sah hilfesuchend den Kapitän an.

»Ich liebe diese Familie! Da ist so viel Energie, spürt ihr das? Jetzt passiert endlich mal was. Auf einmal ist so viel Liebe an diesem Ort.«

Es war ein bisschen seltsam, ihn so reden zu hören, sonst redete er nicht so, er klang wie jemand anders, vielleicht wie der, der er einmal gewesen war.

»Glaubst du an Spiritualität?«, fragte Eva mich und sah mir in die Augen.

»Ja«, antwortete ich, weil ich daran glaube, aber es war nicht zu übersehen, dass sie hier die Hexe sein wollte, und da ich sie nicht herausfordern mochte, sagte ich: »Erzählst du mir ein bisschen davon?«

Und das tat sie.

Nachdem sie gegangen waren, sprach der Kapitän wieder ganz normal. Er sagte mir, dass ich geschickt agiert hätte.

»Wie meinst du das?«

»Du bist eine starke Frau. Genau wie sie. Aber hier im Wald sind wir aufeinander angewiesen.« Seine Stimme klang ernst. »Wir müssen zusammenhalten. Sie sind in Ordnung, die Hippies. Sie haben beide ein großes Herz«, sagte er und hielt seine Hand vor sein Herz, während er mir in die Augen sah.

Der Kapitän hatte mit Sonny einen Arbeitsplan aufgestellt. Wir würden einander helfen, indem wir jeweils einen Tag pro Woche bei einem der anderen mit anpackten. Er lud auch Storm ein.

»Ich habe so oft versucht, so etwas im Wald auf die Beine zu stellen«, sagte er. »Aber es klappt nie, die Leute sind viel zu sehr mit ihrem eigenen Kram beschäftigt und der Sommer ist so kurz.«

Am ersten Arbeitstag arbeiteten wir bei Sonny und Eva. Wir hackten Brennholz für den Winter und legten ein neues Kartoffelbeet an. Wir arbeiteten hart an dem Tag, und nachdem wir den Kapitän bei sich abgesetzt hatten und er uns verschwitzt und müde hinterhergewunken hatte, fuhren wir den langen Weg durch den Sommerwald, über die Berge, an den versteckten Waldseen und der Försterhütte vorbei.

»Ich weiß, dass wir damit auf gewisse Weise Energie verschwenden«, sagte Jeppe. »Wahrscheinlich wäre es besser, wenn wir uns stärker darauf konzentrieren würden, unser eigenes Haus zu bauen, bevor es Winter wird. Aber andererseits ... wenn man bedenkt, wie viel man an einem Tag schafft, wenn wir drei Männer mehr bei uns unten haben ...«

Ich nickte abwesend. Eva hatte unter dem Apfelbaum Kaffee in kleinen Porzellantassen serviert und mir ihre Scheune gezeigt; da drin sah es aus, als sei bis eben gefeiert worden. Tassen und halb volle Gläser. Lange Bänke und große Tische. An der Wand hing ein Banner: *Solidarity with the indigenous people of America*, stand dort unter einem Regenbogen.

*Where have all the hippies gone?* Die Frage ging mir nicht aus dem Kopf. Wer hatte sie getötet? Und warum?

Aber da war noch etwas anderes, das mir keine Ruhe ließ. Es war etwas, das die Schweden ständig sagten. *Der Sommer ist so kurz. Er wird bald vorbei sein.*

Mir kam es so vor, als hätte er gerade erst angefangen.

An dem Tag, als sie zum Arbeiten zu uns kamen, standen wir früh auf und warteten kaffeetrinkend im Tipi, während der Wald selbst ächzte und summte und sich streckte und aufstand.

Der Kapitän war der Erste; er kam pfeifend auf seinem Rad angefahren. Keine fünf Minuten später kam Storm auf seinem Quad angebrettert; der Schotter spritzte seitlich hoch wie das Wasser um ein Motorboot. Er sprang von dem Gefährt. »Ahoi!«, rief er dem Kapitän zu und spuckte seinen Kautabak aus. Hier kamen die Profis.

Zehn Minuten später kam Sonny. Auch er fuhr schnell, wie in einem Rennwagen, mit durchdrehenden Reifen. Er stieg aus dem Auto und sah aus wie ZZ Top mit seinem langen Bart, seinen langen Haaren und seiner dunklen Sonnenbrille. In den Händen hielt er eine Kettensäge und einen orangefarbenen Helm.

Svenn hatte uns erlaubt, zweihundert Bäume zu fällen. Tote Bäume. Sie waren von Borkenkäfern befallen und stellten eine Gefahr für den Rest des Waldes dar. Es war eine Win-win-Situation. Wir konnten das Holz für unser Haus benutzen. Totholz. Unser Haus würde aus Totholz gebaut werden.

Ich servierte den Männern Haferbrei und Kaffee; danach schnappten sie sich ihre Sachen, um gemeinsam auf den Berg zu gehen. Ich gab ihnen mit Käse belegtes Roggenbrot und Thermoskannen mit kaltem Wasser mit. Sebastian begleitete sie, ohne zu fragen; als sei es das Normalste auf der Welt, schloss er sich ihnen einfach an. Ich sah, wie der Kapitän sich umwandte und ihn einen Moment lang schweigend musterte, bevor er ihm eine Forstaxt reichte, nickte und weiterging. Ich sah ihnen hinterher, bis sie im Wald verschwanden. Fröhliche Männerstimmen, Äxte, Kettensägen, belegte Brote. Sigurd rannte um meine Beine und hängte sich an meinen langen Rock. Es dauerte nicht lange, bis ich das Kreischen der Motorsäge durch die Bäume hallen hörte.

Ich vermutete, dass Victoria zum Wasserfall hinuntergegangen war und dort auf den warmen Felsen lag. Silas war in die andere Richtung gegangen, an den See, zum Angeln.

Nach ein paar Stunden versiegte der Lärm und ich hörte, wie die Männer vom Berg herunterkamen. Jeppe war schweißgebadet, der Kapitän wirkte in sich gekehrt, aber die Stimmung war gut, sie rülpsten und furzten, sehr männermäßig.

Ich hatte den Tisch gedeckt. Ein großer Stapel Pfannkuchen, eine Schale geschlagene H-Sahne, eine Schale frische Walderdbeeren, ein Glas Marmelade und zwei Sorten Sirup.

Sie aßen gierig. Binnen fünf Minuten hatten sie fast alle Pfannkuchen vertilgt, für die ich den ganzen Vormittag gebraucht hatte, übers Feuer gebeugt, rauchvergiftet, schwitzend in der Sommerhitze, mit einem am Rockzipfel hängenden Kind.

Sie erzählten mir, wie Storm auf dem Haufen gefällter Bäume gesessen hatte; die Stämme hatten ohne jede Ordnung aufeinandergelegen. Sie erzählten mir, wie sie eine Zigarette geraucht hatten, wie der Kapitän die Fallrichtung eines Baumes falsch eingeschätzt hatte und der Baum auf das Ende des Stammes gefallen war, auf dem Storm gesessen hatte, woraufhin der mehrere Meter in die Luft katapultiert worden war. Hebelwirkung. Wie ein Tennisball flog er gen Himmel.

Storm lachte aus vollem Hals, als sie die Geschichte erzählten, steckte sich Kautabak in den Mund, erhob sich und sagte: »Also dann. Ich muss zurück nach Hause zu Anna, bis zum nächsten Mal.«

Er war ein rastloser Mensch; er blieb nie lange an einem Ort.

»Es ist ein bisschen gefährlich, wenn drei Männer mit Kettensägen am selben Ort ohne großen Plan einfach drauflosarbeiten«, sagte Jeppe besorgt und sah abwechselnd mich und Sebastian an.

Der Kapitän erhob sich und verschwand im Wald.

»Was denkst du, wie lange es dauert, genügend Bäume zu fällen?«, fragte ich. »Wann könnt ihr mit dem Blockhaus anfangen?«

Er schüttelte den Kopf und sagte, dass er es nicht wusste.

Nach der Pause machten sie sich bereit, um zurück auf den Berg zu gehen. Diesmal waren sie weniger ausgelassen. Sebastian ging voran und trug Jeppes Motorsäge. Sonny rollte die letzten Pfannkuchen zusammen und steckte sie in den Mund, dann lächelte er und lief den anderen hinterher.

Die Abläufe etablierten sich ganz von selbst. Langsam kam Routine in unser Leben im Wald. Zwei Tage pro Woche arbeiteten wir für jemand anderen, einen Tag pro Woche arbeiteten die anderen für uns. Wir lernten eine Menge bei ihnen, Dinge, die wir nicht wussten, Abläufe, die wir nicht kannten. Es war ein wichtiger Lernprozess, aber gleichzeitig verzögerte es die Arbeit an unserem Blockhaus.

Morgens wachten wir langsam auf. Keine Klingeltöne – nur das Anschwellen des Gesangs der Vögel und des Winds in den Weiden unten am Fluss. So wachten wir auf. Langsam.

Jeppe stand normalerweise als Erster auf. Er machte Kaffee und rief nach Victoria, die in einem Tipi schlief, das sie selbst gebaut hatte, und Sebastian, der in dem olivgrünen Zelt schlief, umgeben von Büchern. Silas schlief in dem kalten Zimmer. Sigurd lag bei uns.

Dann kam der Kapitän. Nicht immer zur gleichen Zeit; manchmal kam er, bevor wir aufgestanden waren, manchmal erst gegen Mittag. Wir aßen Haferbrei mit Nüssen und Zimt zum Frühstück.

Jeppe, der Kapitän und Sebastian gingen in den Wald, um Bäume zu fällen, und Victoria passte auf Sigurd auf, während ich sauber machte, abwusch, Teig knetete, Wasser holte, Feuerholz holte, fegte. Sie machten lange Spaziergänge, Victoria und Sigurd, Hand in Hand. Sie erzählte ihm fantasievolle Geschichten über Eichhörnchen und Trolle und Feen, die unter dem Moos lebten. Silas verbrachte den Tag normalerweise mit der Arbeit an seiner Festung. Es war anstrengend, die Biberstöcke aneinanderzunageln, und er brachte viel Zeit damit zu, am Fluss auf und ab zu gehen und die Stöcke zu sammeln. Er fand Federn und hängte sie an die Wand neben seinem Bett und ging oft alleine angeln.

Ich fragte mich, warum ich so viel Zeit für so etwas Banales wie die Hausarbeit brauchte. Ich kapierte es nicht. Ich hatte gedacht, die Arbeit der Hausfrau wäre früher etwas gewesen, auf das man stolz sein konnte, eine Kunst, ein Handwerk. Immerhin hatte es Schulen gegeben, an denen man diese Arbeit hatte lernen können ... aber nein, für mich fühlte sich das nicht so an.

Ich habe mehrere Tage für die Konstruktion einer Dusche gebraucht: Ich habe eine Gießkanne in einen Baum gehängt, aus Biberstöcken eine Matte angefertigt, auf der man stehen konnte, und ich habe eine Plane als Sichtschutz aufgehängt, aber niemand hat mein Badezimmer benutzt, sie sprangen alle einfach in den Fluss.

Wir aßen Bohneneintopf. Meiner war besser als der des Kapitäns und ich empfand schon ein bisschen Hausfrauenstolz darauf, aber ich musste mir eingestehen, dass ich leichtes Spiel hatte, da der Kapitän neuerdings versuchte, den Bohneneintopf mit Makrele in Tomatensoße zu verfeinern.

Abends nach dem Essen tranken wir Grog oder Tee und redeten. Wenn wir über die Gesellschaft sprachen, fühlte ich mich nicht außen vor, wenn wir über die Gesellschaft sprachen, redete ich laut mit. Jeppe war dann irritiert und sagte, ich würde unterbrechen.

Wir saßen jeden Abend um das Feuer herum. Sigurd schlief zum Klang unserer Stimmen ein; wir redeten mit unseren Kindern, wir redeten miteinander, mit uns selbst. Es gab kein Fernsehen und keine Computer; ich hatte erwartet, dass uns die Themen ausgehen würden, doch das passierte nicht.

»Geht schlafen, Kinder«, sagte ich irgendwann, und sie verschwanden zu ihren Schlafstätten.

Jeppe fuhr den Kapitän nach Hause.

Vom Berg klang Wolfsgeheul herüber, auf der anderen Seite des Sees gab es ein großes Reservat, aber wir waren noch nicht tot. Weder der Hunger noch die wilden Tiere noch unsere Fehleinschätzung hatten uns umgebracht. Noch nicht.

Ich hatte nicht gedacht, dass wir viel Besuch bekommen würden, wenn wir so weit in den Wald rauszogen, doch wir bekamen Besuch. Viel Besuch. Da waren die Waldleute, die nach und nach kamen, um uns zu begutachten: Der Einsiedler, der sechs Stunden am Stück geredet und uns nie wieder besucht hat, das alte Paar, das schon sein ganzes Leben im Wald gewohnt hatte, ein großer halb nackter Norweger mit einer Kiste Honig. Und da waren die anderen. Da waren die Leser – je nach Auffassung ein Vorteil oder ein Nachteil des Bloggens.

Da war zum Beispiel der Ex-Elitesoldat. Jetzt arbeitete er irgendwo als Geschäftsführer. Sein Keller war vollgestopft mit militärischer Ausrüstung, und das ertrug er nicht, er wollte das Zeug loswerden, aber er konnte es nicht einfach wegwerfen; die Sachen waren kriegsbelastet, und er war sich sicher, dass diese negative Energie ihn verfolgen würde, dass man diese Energie nicht einfach auf der Deponie abladen konnte. So hat er es erklärt.

»Ich muss diese Sachen jemandem geben, der Gutes tut«, sagte er; er redete wie ein echter Hippie, doch er hatte kurze Haare, eine Krawatte um den Hals und keine Illusionen.

Er gab uns all die Sachen; die Kleidung, die Socken, die Sauerstoffmaske, Feldbetten, Taschen, Behälter, einen Kompass, Nähgarn, Stiefel und so weiter.

Die Jungs fanden das witzig; sie verkleideten sich sofort als Soldaten und liefen mit schlammverschmierten Gesichtern im Wald herum. Der Soldat lachte, doch später, als es ganz still geworden war im Wald und wir um das Feuer herum saßen, fing er an zu weinen. Und dann erzählte er uns alles. Er erzählte uns all das, was er nie zuvor erzählt hatte. Er erzählte, was er im Krieg erlebt hatte. Der Soldat blieb genau vierundzwanzig Stunden. Dann fuhr er zurück zu seiner lieben Frau und seinen schönen Kindern.

Und der Hausmeister. Auch ein Besucher. Er hat eine höfliche E-Mail geschrieben und gefragt, ob er ein paar Tage vorbeikommen und uns helfen könne, was wir gern bejaht haben, und dann kam er mit einem mit Werkzeugen, Lampen, Batterien und Farbe vollgepackten Auto. Es war sein großer Traum gewesen, zu tun, was wir getan hatten, aber seine Frau und seine Kinder hatten ihm vor langer Zeit gesagt, dass sie da nie mitmachen würden. Er hatte die vergangenen Jahre damit verbracht, 3-D-Skizzen von seinem Traumhaus anzufertigen – von dem Haus, das er gern draußen im Wald mit seinen eigenen Händen gebaut hätte. Er arbeitete das ganze Wochenende hart mit uns. Er half uns beim Bäumefällen und dabei, die Äste aufzustapeln, und er half mir bei den Beeten.

Als er abreiste, sagte er: »Danke, dass ich herkommen durfte. Das hat mein Leben verändert.«

Es gab auch weibliche Gäste. Die Taucherin zum Beispiel. Sie konnte den Atem unglaublich lange anhalten. Sie brachte Victoria bei, wie man es machte. Die Taucherin hatte eine Sehnsucht nach der Natur, die stärker war als die Universität und die Freunde, sie musste draußen sein, es ging einfach nicht anders. Sie schlief mehrere Wochen lang unter freiem Himmel auf dem Felsen. Wir sahen sie selten.

Wir bekamen vier Schafe, weil einer der Bauern in der Umgebung pleite ging. Wir ließen die Schafe frei im Wald laufen, direkt neben dem Wolfsreservat. Damals war es mir wichtig, keine Zäune zu bauen. »Wir sind verdammt noch mal nicht in den Wald gezogen, um Zäune zwischen uns und die Natur zu bauen«, hatte ich mit meiner Anführerinnenstimme gesagt.

Das Problem waren nicht so sehr die Wölfe an sich, die machten uns keine Sorgen, sie fraßen unsere Schafe nicht, unsere Hühner nicht, unsere Kinder und auch unseren Salat nicht. Das Problem waren die Schafe. Sie richteten Unordnung im Tipi an und kamen ständig in die Hütte. Manchmal, wenn ich vom Wasserholen am Fluss zurückkam, standen sie alle vier in der Hütte und guckten mich dumm an.

Ich jagte sie mit einem Stock nach draußen, berührte sie aber nicht, weil ihre Wolle dreckig und voller Zweige und Moos war.

»Wir müssen die Schafe scheren!«, schrie ich, während ich sie mit dem Stock jagte – und die Kinder lachend zusahen.

Es war Ende des Monats und ich hatte ein sehr leckeres Brot aus dem letzten Rest Mehl gebacken. Ich hatte es mit Nougat gefüllt, damit wir keinen Aufstrich brauchten. Ich nannte es *Nutellabrot*. Wir hatten draußen beim Tipi einen Steinofen gebaut, und während das Brot backte, machten wir alle zusammen einen Spaziergang. Einen kurzen Spaziergang.

Als wir zurückkamen, war der Ofen offen und das Brot nicht mehr da. Der Rand des Ofens war voll mit Schafwolle. Als die Schafe abends zurückkamen, hatten sie Nugatmäuler und Rußkrägen. Da wurde mir klar, dass wir entweder einen Zaun bauen oder alle Schafe schlachten mussten. Wir entschieden uns für eine Zwischenlösung: Wir würden sie zum Kapitän nach Bondsäter bringen und sie erst im Herbst schlachten. Also trugen Jeppe, der Kapitän und die Zwillinge je ein Schaf über die Brücke, steckten die Tiere ins Auto und fuhren los. Seit diesem Tag roch unser Auto nach Wolle und Schafmist, und der Geruch ist nie wieder verschwunden.

Es war eine hektische Zeit. Es gab so viel, was wir lernen mussten. Schnell lernen mussten. Wir mussten lernen, zu akzeptieren, lernen, Prioritäten zu setzen, uns an die Abläufe gewöhnen, die praktischen und die emotionalen. Mussten lernen, mit all dem Neuen umzugehen. Mussten lernen, wie man sich entprogrammiert. Und alles mussten wir aus der Erfahrung lernen, oder, genauer, aus dem Scheitern. Es war so frustrierend. Aber gleichzeitig fühlte es sich an, als würden wir in der Mitte der Welt leben, als wären wir nirgendwo als hier, und die Welt außerhalb des Tals hörte auf zu existieren. Und die Glücksmomente – wie sollte man dieses Glück würdigen, dieses erfüllte Leben? Und wie kommunizierte man es? Wie wird man dem Umstand gerecht, dass alles lebt, die Steine, die Bäume, die Berge selbst, wenn man sein ganzes Leben lang zynisch gewesen ist?

Wir hatten ein Bett ins Tipi gebaut. Abends lag ich auf einer meterdicken Schicht aus isolierenden Kiefernnadeln und mehreren Matratzen. Ich lag da und sah das Feuer an; ich lauschte der Sprache, die wir sprechen, während mein Kind langsam einschlief, sein Ohr an meinem Herz. Wie sollte man das verstehen? Wie sollte man das kommunizieren? Es roch nach Harz und glücklicher Kindheit.

Die Nacht kam langsam angekrochen, wie ein Tier im hohen Gras. Alle Düfte waren verstärkt. Ich spürte die Nacht auf der Haut. Ich atmete. Ich atmete alles ein. Ich atmete alles aus.

Mein Körper war diese Art von Erschöpfung nicht gewohnt. Ich lag schwer auf meinem Bett und betrachtete meine Familie unter einem Himmel voller Sterne. Ich hatte noch nie so viele Sterne gesehen, ich verstand nicht, wo all die Sterne herkamen, warum hatte ich sie früher noch nie gesehen?

Victoria blühte auf. Sie war eins mit der Natur. Ich beneidete sie um ihre Zeit und ihre Erfahrungen; ich hätte gern mehr Zeit für mich selbst gehabt. Aber es beruhigte und entspannte mich, dass sie aufblühte. Wenn sie nicht spazieren ging, half sie mir, ohne zu murren, sie war mir wirklich eine große Hilfe, ohne sie hätte ich es nicht geschafft. Auch Sebastian ging es gut. Er arbeitete mit den Männern im Wald und sagte, er möge es, gebraucht zu werden. Silas baute seine Festung, lief mit Äxten herum, angelte und saß nachts am Feuer und stellte uns all die Fragen, die zu beantworten wir in unseren alten Leben keine Zeit hatten. Sigurd verbrachte seine Tage nackt, Beeren essend, Blumen pflückend, Steine findend und Äste stapelnd. Jeppe arbeitete hart und konzentriert, es ging also allen gut, nur ich ... die körperliche Erschöpfung und die psychische Belastung waren zum Dauerzustand geworden, ich war zu dünnhäutig, die Glücksmomente erlebte ich wie ein Zuschauer in einem fremden Film und die kleinsten Dinge ließen mich zusammenbrechen.

Wie zum Beispiel das Wäscheproblem.

Das Wäscheproblem ist einfach auf den Punkt zu bringen: Ich wusste nicht, wie ich unsere Kleidung waschen sollte. Ich hatte nie ohne Waschmaschine gewaschen, nie. Ich erinnerte mich an Fernsehsendungen über Unzivilisierte und arme Leute – die Unzivilisierten und die armen Leute können ihre Wäsche selbst waschen. Ich erinnerte mich daran, dass gezeigt wurde, wie sie ihre Sachen im Fluss waschen, also packte ich all unsere Sachen in eine Schubkarre und ging runter zum Fluss. Unten am Fluss hockte ich mich hin. Das hatte ich in den Fernsehsendungen so gesehen. Ich schüttete Waschpulver auf die Sachen und begann zu rubbeln.

Es dauerte nicht lange, bis ich eiskalte Füße und Rückenschmerzen hatte, also erhob ich mich und stampfte mit den Füßen auf der Wäsche herum. Es war kalt und langweilig, darum ließ ich die Wäsche am Ende einfach im Fluss liegen, vielleicht legte ich noch ein paar schwere Steine darauf, vielleicht dachte ich, das Wasser würde durch die Fasern strömen und so würde der Dreck von selbst herausgespült.

Ein Teil der Wäsche landete in der Reuse, die Storm und seine Brüder gebaut hatten. Die meisten Sachen waren noch dreckig, als ich sie aus dem Wasser holte, doch ich wrang sie aus und warf sie wieder in die Schubkarre. Ich spannte ein Seil zwischen ein paar Baumstämme und hängte die Sachen auf. Sie waren klamm und muffig. Das gebe ich zu.

Ich hörte Jeppe durch die Heidebüsche kommen. Die Insekten flogen auf, und die trockenen Pflanzen zerbröckelten in der zerstörerischen Sommerhitze.

»Hej.«

»Hej.«

Einen Moment lang waren wir zwei junge Birken, die einfach nur dastanden und im Wind schwankten.

»Es ist so unfair, dass ich immer die Wäsche machen muss. Ich hasse das! Ich hasse diese Scheiße! Ich hasse, hasse, hasse es.«

Er lachte, und dann lachte ich auch, und dann war es ein Witz, und dann nahmen wir uns in der Sommersonne in die Arme, und

Sigurd kam hinterhergekrabbelt und ich hörte die Kinder ein Stück weiter spielen.

Wie gesagt: Alles ändert sich. Alles ändert sich ständig.

Manchmal kamen die Veränderungen binnen Sekunden. Eine schwarze Wolke schob sich vor die Sonne.

»Also, in Zukunft hat jeder nur zwei Sätze Klamotten. Ich will nicht mein ganzes Leben mit Waschen zubringen.«

Und damit, das Zeug aufzuhängen.

Das Problem an meinen Aufgaben war, dass sie einfach nicht interessant waren. Es waren sich wiederholende Handlungen, nichts wurde geschaffen, es war ein reines Abarbeiten. Meine Arbeit war unsichtbar. Definiert durch die Abwesenheit von Chaos, und das, wo ich doch früher die Vizechaosgöttin gewesen war.

»Wir müssen unsere Kleidungsgewohnheiten ändern. Es ist doch absurd, hier draußen jeden Tag etwas anderes anzuziehen.«

»Ja.« Er nahm ein klammes, muffiges T-Shirt und hängte es auf die Leine.

»Außerdem macht mein Rücken mich fertig. Ich halte diese Schmerzen nicht mehr lange aus.«

Nachdem er das T-Shirt aufgehängt hatte, lehnte er sich mit der Schulter an einen Baum und drehte sich eine Zigarette. Ich betrachtete seine Hände. Es waren mal Klavierspielerhände gewesen, und er hatte mich mit ihnen berührt. Das tat er nicht mehr. Seit Wochen hatten wir einander nicht mehr berührt. Die Erschöpfung. Und eine Frage des Platzes.

»Warum muss ich immer die ganzen langweiligen Sachen machen?«

»Na ja, es ist ja nicht so, dass du dich zu Hause allein um die Wäsche gekümmert hättest, ich habe das auch gemacht, und ich habe gekocht.«

Dagegen konnte ich nichts einwenden. Jetzt kam die Aufrechnerei. Das wurde auch Zeit – das letzte Mal war lange her.

»Ich fälle Bäume, hole Wasser, hacke Holz, baue das Haus, trage den Müll zum Feuer, fahre den Kapitän abends nach Hause und stehe morgens als Erster auf. Ich habe die Sträucher abgeschnitten, ich mache alles, worum du mich bittest. Ständig!«

»Ich spüle, wasche die Wäsche, putze, koche und kümmere mich tagein, tagaus um die Kinder, während du auf dem Berg mit deinen Freunden abhängst und dich amüsierst.«

»Darf ich meine Arbeit nicht genießen? Soll ich darunter leiden, ist es das, worum es dir geht?«

Ich wusste nicht, ob seine Frage ernst gemeint war. Und ich wusste nicht, was ich antworten sollte.

Ja. Vielleicht. Nein.

»Jetzt aber mal im Ernst«, sagte ich. »Deine Arbeit ist cool und männlich, und ich spüle und wasche, das ist scheißlangweilig.« Ich hielt inne und atmete tief durch, bevor ich fortfuhr: »Ich bin total aufgeschmissen damit.« Ich sah zu Boden. »Und ich bin allein, während du trällernd durch die Gegend läufst und so *wichtige* Arbeit machst. Warum verstehst du nicht, dass das ein Problem für mich ist?«

»Aber was soll ich denn machen? Soll ich mich jetzt schlecht fühlen? Soll ich jetzt Depressionen kriegen?«

Arschloch.

Der Kapitän sagte immer, dass der moderne Mann amputiert, entmannt und domestiziert sei. Er sagte, dass der Mann in diesen Strukturen in Gefahr und sehr unglücklich ist, und ich habe ihm zugestimmt, vor allem, weil ich als Coach und Paartherapeutin gearbeitet und es mit eigenen Augen gesehen hatte: eine Menge Leute mit einer Menge Sorgen.

Aber wir? Uns sollte es doch gut gehen! »Ich bin unglücklich«, sagte ich. Ich senkte den Kopf und sah meine Füße in den schwarzen Turnschuhen, das Heidekraut, die Preiselbeeren, die Himbeeren und meinen braunen Rock.

Und dann weinte ich. Wie eine Frau.

Und er konnte das nicht ertragen. Wie ein Mann.

»Ich will nicht, dass du Depressionen kriegst ...«, sagte ich.

»Andrea.« Er nahm mich in die Arme. Beugte seinen Kopf und lehnte seine Stirn an meine. Es war wie ein gemeinsames Gebet.

»Das hier ist Freiheit. Das hier ist das, wovon du immer geträumt hast. Kannst du nicht einfach mal versuchen, das ein bisschen zu genießen? Es ist doch nichts dabei, wenn du genießt. Du darfst das.« Er lächelte.

»Ich habe Angst.«

»Wovor?«

Ich sah zum Himmel hinauf. Die schwarze Wolke bewegte sich Richtung See. Der Wind wurde stärker.

»Ich weiß nicht, ob ich das kann. Ich habe wirklich Rückenschmerzen und ich weiß nicht ... ich weiß nicht, ob ich die Frau sein will.«

Er lachte. Damals lachte er noch, als könne man das alles auf die leichte Schulter nehmen.

»Wir müssen dafür sorgen, dass es funktioniert – für uns alle«, sagte ich, und er nickte. »Ich war einfach nicht darauf vorbereitet, wie hart das hier werden würde«, seufzte ich.

»Was hast du denn erwartet?«, fragte er.

»Ich habe erwartet, dass es hart wird. Natürlich. Ich habe erwartet, dass es das Härteste wird, was wir je gemacht haben, aber ich hatte geglaubt, dass wir es schon schaffen werden.«

Jetzt war er es, der seufzte. Er sagte: »Ich hatte nicht erwartet, dass es so hart wird, echt nicht, aber ich finde, dass es grandios ist hier draußen. Es macht mir Spaß, meinen Körper zu benutzen, hier, guck mal.« Er spannte seinen Bizeps an, und ja, es stimmte, er hatte mehr Muskeln bekommen.

»Idiot.« Ich lachte und boxte ihm in den Bauch. Seinen festen Bauch.

»Ich fühle mich gerade nicht so wohl in meinem Körper«, sagte ich und fuhr fort: »Es fühlt sich eher so an, als wäre er mein Feind. Ich fühle mich wie mein eigener Feind. Ich bin komplett überlastet, psychisch und physisch …«

Sigurd fing an zu quengeln und Jeppe hob ihn hoch. Nackt und sicher in Papas Armen sah Sigurd mich an.

»Willst du zurück nach Hause?«, fragte Jeppe.

Ich konnte mir nicht vorstellen, nach Hause zurückzuziehen.

Und ich wollte nicht ohne die Glücksmomente leben. Ich hatte inzwischen eine Sammlung von Glücksmomenten angelegt – dem Stoff, aus dem die Träume sind, dem Stoff, für den man alles tun würde. Diese Momente waren wie eine Droge für mich. Ich konnte mir nicht mehr vorstellen, ohne sie zu leben. Ich konnte mir nicht vorstellen, zu unserem alten Leben zurückzukehren.

»Nein, ich will nicht zurück nach Hause. Wir müssen das hier nur besser regeln. So, dass es mir ein bisschen besser damit geht.«

»Aber was genau ist es denn, womit es dir nicht gut geht? Kannst du da ein bisschen konkreter sein?« Er räusperte sich und fuhr fort: »Wesentlich konkreter?« Er sah mir in die Augen.

»Es ist … na ja, ich weiß, dass du Bäume fällen musst, damit du unser Haus bauen kannst, es wäre albern, wenn du dich obendrein auch noch um den Haushalt kümmern müsstest.«

Inzwischen wusste ich – das war mir wohl klar geworden, ohne dass ich es gemerkt hatte –, dass jede Sekunde, jede Minute zählte, dass man seine Ressourcen optimal nutzen musste; wir mussten das Beste aus allem machen.

Ich konnte keine Bäume fällen. Ich konnte kein Haus bauen. Ich hatte Rückenschmerzen. Und schließlich musste jemand kochen.

»Es liegt auch daran, dass das hier so eine Übergangssituation ist«, sagte ich. »Ich kann dieses Provisorische nicht leiden. Das belastet mich.«

Er nickte.

»Wahrscheinlich müssen wir da einfach durch«, sagte ich. »Wir müssen das Haus vor dem Winter fertig bekommen. Danach können wir neu planen«, sagte ich.

»Klar. Wenn das Haus erst einmal gebaut ist, wird alles anders.« Er küsste mich auf die Wange. »Und mach dir keine Sorgen wegen der Wäsche«, sagte er. »Jeder behält zwei Sätze Klamotten, den Rest werfen wir weg.« Er berührte seine Hose und fuhr fort: »Die habe ich jetzt schon seit zwei Wochen an, und es fühlt sich super an. Die fühlt sich an wie eine zweite Haut, wenn man sie so lange anbehält.«

Etwas Ähnliches hatte ich mal in einem Buch gelesen.

»Dabei fällt mir ein …« Er setzte Sigurd auf den Boden und ich nahm ihn. »Der Kapitän hat einen großen schwarzen Kessel, den wir bestimmt leihen können. Da drin könntest du die Wäsche machen.«

Am nächsten Tag holten sie den Kessel und bauten unten am Teufelsellenbogen mit Steinen eine rechteckige Basis, auf die man den Kessel stellen konnte, um darunter Feuer zu machen.

»Du solltest die Sachen einweichen, bevor du sie wäschst«, sagte der Kapitän in sonderbar sanftem Ton. Jeppe hatte ihm wohl von unseren Problemen erzählt. Sie standen beide neben dem Kessel und warteten darauf, dass ich ihnen sagte, was sie tun sollten.

Ich bat sie, mir trockenes Feuerholz zu bringen und die Wäscheleine strammer zu spannen.

Sie sagten mir, dass ich gut aussähe heute.

Das war alles sehr süß von ihnen. Aber das Wäscheproblem war ich trotzdem nicht los.

## 10

Svenn kam mit seiner Forstmaschine vorbei, die monströs groß und grün war. Er fragte die Jungs, ob sie einmal drinsitzen wollten. Sie wollten. Blinkende Lämpchen und bunte Knöpfe – oberflächlich betrachtet sah die Forstmaschine aus wie ein Spielzeug, aber wir hatten alle gesehen, wie sie Bäume fraß und wieder ausspuckte, wie sie Wunden auf der Erdoberfläche hinterließ.

»Diese Maschinen sind so teuer«, erzählte Svenn uns, »dass jemand aus Norwegen per Hubschrauber kommt, um sie zu reparieren, wenn etwas damit nicht stimmt.«

Ich hatte noch nie eine Forstmaschine aus der Nähe gesehen, nur einmal von Weitem; sie hatte sich wie ein riesiger Dinosaurier zwischen den Bäumen bewegt, eine einsame Kreatur, unersättlich, ich hatte gesehen, wie sie alles kahl und zerstört zurückgelassen hatte.

Svenn fuhr auf den Berg, um die Bäume aufzuladen, die Jeppe und die anderen gefällt hatten, und sie zu uns hinunterzubringen; anders hätten wir sicher ein Jahr dafür gebraucht. Staunend sah ich zu, wie die Maschine mit ihren Raupenketten unbeeindruckt von dem rauen Terrain den Berg erklomm. Svenn winkte uns lächelnd zu, als er an uns vorbeifuhr. Sigurd vergrub sein Gesicht an meinem Hals; er hatte Angst vor Monstern.

Hier waren wir also mit unserem Gebrüll und unserem Geschrei, mit unserem Müll und unseren Maschinen. Ich wusste, dass wir das natürliche Gleichgewicht durcheinanderbrachten, aber ich hatte kein schlechtes Gewissen deswegen ... weil die Vögel Nahrung bei uns fanden. Und dadurch, dass wir das Gras mit einer Sense abgemäht hatten, waren mehr Schmetterlinge da, mehr seltene Blumen, eine größere Artenvielfalt. Es ist wohl eine Frage der Menge und des Umfangs: Wir fingen nicht mehr Fisch, als wir selbst essen konnten, wir fällten nicht mehr Bäume, als wir benötigten. Trotzdem ließen mich diese fremdartigen Geräusche erschaudern: die knackenden Äste, der ächzende Boden, der knatternde Auspuff.

Svenn kam mit all unseren Stämmen vom Berg herunter. Er lud sie ab, trank Kaffee und aß ein belegtes Brot. Danach fuhr er wieder ab, ich sah das Monster durch den Fluss pflügen, der Schlamm spritzte rundherum hoch. Ich betrachtete den Haufen Mikadostäbe, den er zurückgelassen hatte.

»Das sind aber ziemlich dicke Stämme«, sagte ich zu Jeppe.

Er sagte nichts.

»Sind die nicht ziemlich dick?«, wiederholte ich.

»Doch, schon. Svenn hat gesagt, dass man so dicke Stämme nicht benutzen kann. Da konnte ich einfach nicht anders.« Er kratzte sich zerstreut den Kopf und ging weg.

Der Kapitän war nicht da. Er war für ein paar Tage verreist, es gab wohl irgendwelche Probleme mit seiner Exfrau; es hatte irgendetwas damit zu tun, dass er seine Kinder wiedersehen wollte, aber es nicht ertragen konnte, Kontakt zu ihr zu haben. »Sie zwingt mich, zu betteln und zu flehen und zu kriechen wie ein Hund«, hatte er gesagt.

Während dieser Tage hackte Jeppe von früh bis spät Holz. Er arbeitete wie ein Verrückter; ich hatte nicht gewusst, dass er sich so schnell bewegen konnte und so viel Kraft hatte. Hinter ihm war der Haufen Baumstämme. Er konnte sie nicht heben, nicht allein, er war auf Hilfe angewiesen, vom Kapitän oder Sebastian. Ich bin sicher, dass er sich das anders vorgestellt hatte.

Als der Kapitän schließlich wiederkam, saßen wir einen ganzen Morgen zusammen und unterhielten uns. Wir besprachen alles in Ruhe, planten die anstehenden Arbeiten und kamen überein, dass wir die Kooperation mit Storm und Sonny aufkündigen würden –

wir hatten weder die Zeit noch die Kraft, an anderen Projekten zu arbeiten. Wir hatten keine andere Wahl, wir hatten keinen Plan B; wenn wir das Haus nicht vor dem Winter fertig bekommen würden, wären wir verloren. Und der Sommer war schon fast vorbei.

Nach dem langen und konstruktiven Gespräch liefen wir stundenlang kopflos herum; keiner von uns wusste, was er tun sollte oder wie er das angehen sollte, was zu tun war.

Der Kapitän kommandierte uns herum. »Andrea, du musst die Wäsche waschen, während die Sonne scheint, dann trocknet sie schneller auf der Leine. Sebastian, fällst du ein paar kleine Bäume? Dann können wir einen Kran bauen, mit dem wir die Stämme heben können.« Währenddessen strich Jeppe alleine um den Holzschuppen herum, das erste Gebäude, das er je gebaut hatte.

Ich ging zu ihm hinüber und setzte mich auf einen Hackklotz. Wir saßen eine halbe Stunde da, ohne ein Wort zu sagen. Als der Kapitän, der uns gesucht hatte, erschien, atmeten wir erleichtert auf. Keiner von uns kochte Essen. Wir aßen Knäckebrot mit Butter zum Abend.

Später zog ein Gewitter auf. Es donnerte über dem dünnen Blechdach, es war der lauteste Donner, den ich je gehört hatte; es klang, als würde Thor auf dem Dach sitzen und hämmern, um uns aus unserer Betäubung zu reißen.

Am nächsten Tag kam Sonny vor dem Kapitän.

»Ich habe gehört, dass ihr aus unserer Arbeitsgemeinschaft aussteigt«, rief er, bevor er die Böschung heraufgekommen war.

»Ja, wir müssen jetzt am Haus arbeiten«, sagte Jeppe und ging auf ihn zu.

Sonny klopfte ihm auf die Schulter. »Ja, ich habe gestern mit dem Kapitän gesprochen. Es ist eine gute Entscheidung. Habt ihr das Gewitter gehört?«

»Ja.«

»Das hier ist eine ganz besondere Gegend«, erklärte Sonny.

»Hier gibt es viele Gewitter. Das liegt an den Bergen.« Lächelnd zeigte er auf die hohen Berge um uns herum.

Ich wurde plötzlich ganz nostalgisch und dachte daran, wie nett es immer gewesen war; es machte mich traurig, dass wir Sonny in den kommenden Wochen nicht oft sehen würden, und ich beschloss, die Pfannkuchen zuzubereiten, die er so liebte. Es war gemütlich.

»Übrigens haben wir einen alten Holzofen, der in der Scheune verrostet. Wollt ihr ihn? Ich habe ihn mitgebracht, er ist im Wagen«, sagte Sonny mit dem Mund voll Pfannkuchen.

Es war ein tolles Geschenk, das Sonny da mitgebracht hatte. Eine wirklich große Geste. Die offene Feuerstelle in der Hütte bereitete mir seit Langem Sorgen; Funken stoben daraus hervor, was mich wegen des hölzernen Bodens nachts nicht ruhig schlafen ließ. Außerdem würde der Holzofen das Kochen erleichtern. Ich würde keinen Rauch mehr ins Gesicht kriegen und keine Rückenschmerzen bekommen, weil ich mich über das Feuer bücken musste.

Ja. Dieser alte Holzofen war das beste Geschenk, das ich je bekommen hatte.

Ich weiß nicht, wo die Tränen herkamen; es war eine Naturgewalt, wie das Gewitter. Sonny nahm mich in die Arme, und es fühlte sich so an, als würden die alten Hippies den jungen Hippies helfen, anstatt ihnen zu erzählen, dass alles gefährlich und nichts möglich sei. Es fühlte sich an, als seien die Hippies einen kurzen Moment lang zurückgekehrt. Es fühlte sich an wie Frieden, Liebe und Verständnis.

Sie brauchten drei Stunden, um den Holzofen zur Hütte raufzutragen; sie hatten rote Köpfe, waren schweißgebadet und bewegten ihn immer nur wenige Zentimeter am Stück. Währenddessen kehrte ich die Asche aus der alten Feuerstelle und bereitete den Schornstein vor. Als der Holzofen schließlich an seinem Platz stand, klatschten wir alle vor Freude in die Hände und tanzten herum. Bis auf den Kapitän, der im Wald verschwand.

Der nächste Tag war bedeckt, und die Stämme lagen immer noch auf einem Haufen und ragten in alle Richtungen. Silas saß darauf. Dicht über seinem Kopf kreiste ein glänzender schwarzer Rabe.
»Nach der nordischen Mythologie ist das ein Zeichen für Krieg«, sagte Silas und zeigte auf den schwarzen Vogel.
»Es kann auch heißen, dass Odin ein Auge auf uns hat«, sagte ich. »Die Raben sind Odins Gesandte.«
»Nein, ich glaube, es geht um Krieg«, erwiderte er.
Seine Interpretation des Raben beunruhigte mich, doch ich verdrängte den Gedanken daran, dafür war kein Platz, ich musste waschen und putzen und kochen, Sigurd war unruhig, und es musste Wasser geholt werden.
»Also, alleine kriegen wir diese Stämme nicht von der Stelle«, sagte Sebastian und versuchte, einen der Stämme zu bewegen.
»Nee«, antwortete Jeppe und zündete sich eine Zigarette an.
Bei meinem ersten Treffen mit Jeppe, am allerersten Abend, hatte er gesagt: »Ich weiß, dass man sich in einer Beziehung anpassen und Kompromisse machen muss, und das will ich auch tun, ich will dich, definitiv, wir müssen über alles reden können, müssen bereit sein, uns zu ändern – aber versuch nie, mich dazu zu bringen, mit dem Rauchen aufzuhören. Du musst mir versprechen, das bleiben zu lassen.«
Damals, in den ersten paar Jahren, war er anders gewesen, klarer und stärker, er hat mich herausgefordert, er hatte einen starken Willen gehabt. Im Laufe der Jahre war er immer resignierter und gleichgültiger geworden; die Kompromisse hatten ihm Ecken und Kanten genommen. Nur was die Zigaretten betraf, hatte er sich nicht geändert. Wir redeten nie darüber, doch Victoria sprach es an. »Im Ernst«, sagte sie wütend, nachdem er sich eine Zigarette

angesteckt hatte, »was, wenn du an Lungenkrebs stirbst und wir hier draußen leben? Wie soll Mama dann klarkommen? Und was ist mit uns?«

Er guckte sie böse an, sie guckte böse zurück.

Nach unseren Schätzungen hätte das Haus mittlerweile halbwegs fertig sein sollen, doch im Wald ticken die Uhren anders und alles dauert doppelt so lange, wie man denkt.

Der Rhabarber war groß geworden, der Salbei hatte sich ausgebreitet, aber das waren die einzigen Pflanzen, die übrig geblieben waren, nachdem die Schafe den Salat und der Elch in der Nacht darauf die Bohnen, die Erbsen und den Kohl aufgefressen hatten. Inzwischen war der Garten umzäunt.

Ich sah die aufgehäuften Baumstämme an, sah unseren zerstörten Garten und murmelte: »Wir sind keine besonders guten Siedler.«

»Hör auf«, schrie Jeppe. »Das macht mich wahnsinnig! In dir muss es ja komplett dunkel und schwarz aussehen! Kannst du nicht einen positiven Gedanken hegen? Nicht einen?«

Er rauchte seine Zigarette zu Ende, bevor wir weitersprachen. Ich atmete heftig, mein Wille und mein Stolz rumorten in mir; ich wusste, dass er recht hatte, aber ich hasste ihn dafür, dass er es laut aussprach.

»Mit diesen Stämmen werden wir ein Denkmal bauen«, sagte Jeppe leise, mit eindringlicher Stimme.

Der Rabe flog höher und höher, bis er in den schweren dunklen Wolken verschwand.

Jeppe sprach davon, wie es sein würde, in einem Haus zu leben, das man selbst gebaut hatte. Er zeichnete ein schönes Bild von einer Familie, die Unmögliches geschafft hatte und nun am Rand eines Waldes auf Fellen saß, bei Kakao und bullerndem Ofen in der Winterstille. Sprach von Willenskraft und Stärke.

»Wann kommt der Kapitän?«, fragte Sebastian.

Keiner von uns antwortete.

»Wir haben keine Nägel mehr«, sagte Silas.

Er brauchte Nägel für sein Fort; er war es leid, die Biberstöcke mit Seil zu einem Boden zu verbinden.

»Wir können uns keine Nägel leisten«, antwortete Jeppe ernst.

»Wie sollen wir dann ein Haus bauen?«, fragte Victoria.

»Für ein Blockhaus braucht man keine Nägel. Nur für das Dach. Wir bauen das Haus komplett aus natürlichem Material, das wir im Wald finden.«

Victoria nickte und sah in den Wald hinaus, den sie inzwischen wie ihre Westentasche kannte; sie wusste, was man dort alles finden konnte.

»Geht das denn?«, fragte Silas skeptisch.

»Klar geht das. Was meinst du denn, wie man das früher gemacht hat?«

Schweigen. Die Ruhe vor dem Sturm.

»Los, lasst uns zur karibischen Bucht fahren«, sagte ich.

Die karibische Bucht war ein Sandstrand mit flachem Wasser und Abendsonne. Der riesige Waldsee, die Berge, die am Horizont im Nebel verschwanden – nichts lag zwischen uns und der Ewigkeit, und wir hatten das alles für uns. Wir nannten die Stelle *karibische Bucht*, weil sie so exotisch war – mit dem klaren Wasser und dem Sandstrand sah sie aus wie ein tropisches Paradies.

»Aber es ist total bedeckt«, sagte Sebastian stirnrunzelnd. Mein momentanes positives Denken drang offenbar nicht durch, aber über den Wolken schien immer die Sonne.

Also fuhren wir hin.

Jeppe und ich saßen auf großen Badetüchern, während die Jungs schrien, weil das Wasser so kalt war, und Victoria sich zur Mitte des Sees aufmachte. Die große Kiefer am Ufer neigte sich über das

Wasser, als sei sie hoffnungslos in ihr eigenes Spiegelbild verliebt. Ab und zu fiel ein einzelner Sonnenstrahl zwischen den spitzen Nadeln des Baumes hindurch.

Jeppe hatte schlechte Laune. Aus irgendeinem Grund hatten wir nie mehr dieselbe Laune zur selben Zeit, einer von uns war dem anderen immer voraus oder hinterher.

Er sagte nichts. Er saß nur da, die Beine abwehrend vor sich ausgestreckt. Rauchend. Mit verkniffenem Gesicht. Ich sah ihm an, dass er fand, dass die Kinder zu laut waren.

»Hey, Schatz.« Ich klopfte ihm auf die Schulter.

»Es wird bald Herbst«, murmelte er.

Eine Sorge folgte der anderen; er brach zusammen unter dem Gewicht der dicken Stämme, die zu Hause auf uns warteten, er brach zusammen unter dem Gewicht der Gewitterwolken.

»Können wir darauf zählen, dass der Kapitän uns hilft?«

»Ja, hundertprozentig«, antwortete er.

Zurück zu Hause wickelte ich meinen strahlend weißen Marzipanjungen in die blaue Decke und hielt ihn in den Armen, bis er einschlief.

Der Kapitän kam etwa um die Abendessenzeit angeradelt. Ich hatte den Holzofen befeuert. Es hatte mehrere Stunden gedauert, ihn zum Laufen zu bringen, es gab eine spezielle Technik, die man lernen musste und die ich noch nicht beherrschte, und außerdem haben Holzöfen ihre Tücken; das wusste ich damals nicht, darum fielen meine Tränen wie Sommerregen, während ich im Topf rührte, und meine Haut war so dünn, wie die Stämme draußen dick waren. Der Kapitän aß drei, vier Schalen Kartoffeln mit Butter und frischem Salbei – als hätte er den ganzen Tag nichts gegessen. Wir saßen um das Feuer herum und die Kinder lasen im Licht der Flammen. Silas: *National Geographic*, Victoria: *Shakespeare*, Sebastian: *Chris Ryan's Ultimate Survival Guide*.

Jeppe saß am Ende des Sofas und bereitete seinen Tabak auf dem runden Tisch zu. Er hatte herausgefunden, wie man billiger an Tabak kam: Rohtabak kostete nur zweihundert Kronen pro Kilo; man musste ihn allerdings selbst klein schneiden. Als er damit fertig war, drehte er sich mit seinen großen, zerschundenen, schwieligen Händen die feinste kleine weiße Zigarette. Er lehnte sich zurück und heftete den Blick auf die Stämme.

»Und jetzt ist das Spiel vorbei«, sagte der Kapitän ein wenig zu laut. Er hatte mir immer wieder gesagt, dass alles, was wir taten, nur ein Spiel sei. Ein Kinderspiel. »Wir haben das Recht, zu spielen«, pflegte er zu sagen. Am Anfang hat es mich aufgeregt, ich fand seine Äußerung verantwortungslos und naiv. Nach einer Weile kapierte ich, was er meinte. Man darf nicht vergessen, dass es ein Grundbedürfnis des Menschen ist, zu experimentieren, Dinge auszuprobieren, zu spielen. So entdeckt man Neues, so entwickelt man sich weiter. Doch es war kein Spiel mehr. Das war kein Witz. Ich sah ihn an; sein Gesicht war versteinert.

»Der Herbst steht vor der Tür«, sagte er sehr leise. Dann stand er auf, setzte den Kessel aufs Feuer und holte drei Tassen und den Rum, den er vor ein paar Tagen mitgebracht hatte.

Brauner Zucker. Zitronensaft. Heißes Wasser. Rum. »Grog.«

Keiner sagte ein Wort. Jeppe sah immer noch die Bäume an, die er gefällt hatte.

Grog macht einen schnell beschwipst, durch die Wärme geht einem der Alkohol direkt ins Blut; ich entspannte mich auf der Stelle. Den ganzen Tag lang war ich angespannter gewesen als sonst, darum nahm ich die beruhigende Wirkung dankbar an. Ich lehnte mich zurück, sah zu den Sternen auf und war wie immer überwältigt davon, wie viele es waren. Zehn Milliarden Trillionen leuchtende, funkelnde oder gedämpft glimmende Sterne, Sternwolken und Sternspiralen standen über uns am Himmel. Unzählige Sterne.

Dann hörte ich seine Stimme.

»Kinder!«, forderte der Kapitän ihre Aufmerksamkeit, und sie legten ihre Bücher beiseite und sahen ihn an, ich sah ihn an, alle sahen ihn an.

»Ihr müsst euch zusammenreißen. Von jetzt an wird alles anders. Ich meine das ernst. Vor allem ihr, Sebastian und Victoria. Ich bin enttäuscht von euch. Ihr seid fast erwachsen, es wird Zeit, dass ihr Verantwortung übernehmt. Ihr könnt nicht erwarten, dass andere alles für euch machen!«

Erschrocken sah ich Jeppe an; der atmete den Rauch aus und sah den Kapitän abwartend an.

»Ihr müsst beweisen, dass ihr zu etwas gut seid und dass ihr eure Aufgaben meistern könnt«, fuhr der Kapitän fort.

»Äh...« Ich wusste nicht, was ich sagen sollte. Das war eindeutig eine Grenzüberschreitung, eine Provokation.

»Ihr macht gar nichts. Ihr sitzt einfach nur hier rum und lasst euch bedienen. Hier sieht es aus wie in einem Saustall. Es ist respektlos. Ihr habt keinen Respekt. Irgendetwas liegt herum, aber ihr hebt es nicht auf, ihr hängt nur rum und tut nichts. Ich gehe euch am Arsch vorbei. Ich interessiere euch nicht. Es interessiert euch nicht, was wir hier zu tun versuchen. Wir versuchen, eine Alternative zu schaffen! Aber ihr scheißt darauf.«

»Es reicht jetzt«, sagte Jeppe mit schneidender Stimme. »Es geht hier nicht nur um dich.«

»Schön, die Gesellschaft hat sich darauf geeinigt, nichts von den Kindern zu verlangen, die Kinder sitzen einfach nur da, während die Eltern wie Sklaven umherflitzen, um die Bedürfnisse ihrer Kinder zu befriedigen. Die Kinder werden auf Händen getragen und bekommen alles auf dem Silbertablett serviert. Aber wisst ihr, was dann passiert? Bäm! Das passiert!« Der Kapitän schlug die Hände zusammen, als würde er eine Mücke totschlagen. »Dann schlägt die Realität zu. Und die Kinder haben nie gelernt, ihre Kleider zu waschen oder zu putzen oder Geschirr zu spülen oder irgendwie für ihr Überleben zu sorgen, es sind komplette Zombies!«

Er stand auf und ging neben dem Feuer auf und ab. »Aber hier draußen geht das nicht so! So läuft das nicht! Hier draußen *brauchen* wir einander, hier muss jeder mit anpacken. Man muss verantwortungsvoll handeln und die Konsequenzen tragen.«

Er setzte sich und stützte den Kopf in die Hände.

»Ich bin euch egal. Eure Eltern sind euch egal. *Ständig* geht ihr an etwas vorbei, was ihr tun könntet – aber ihr tut nichts.«

Victoria erhob sich und guckte mich an; man sah, dass sie sich ungerecht behandelt fühlte. Der Kapitän bemerkte es und beugte sich vor; mit den Ellenbogen auf den Knien starrte er mich an, abwartend, herausfordernd. Ich sah den wilden Mann in ihm, unter dem lockigen, struppigen Haar, hinter seinen Stahlaugen, ein Tier.

»Du magst recht damit haben, dass die Kinder in unserer Gesellschaft bedient werden, und du magst auch recht damit haben, dass das ein großer Fehler ist«, sagte Jeppe, »aber diese Kinder haben sich tapfer in ein komplett neues Leben gestürzt, und sie arbeiten jeden Tag. Es steht dir nicht an, so mit ihnen zu reden.« Er aschte ab.

Drei Sekunden. Victoria schnaubte verächtlich, machte auf dem Absatz kehrt und stampfte zum Fluss hinunter. An ihren Schritten konnte ich hören, dass sie dem Kapitän nie würde verzeihen können. Nie. Sebastian und Silas saßen mit zu Fäusten geballten Händen da und starrten ins Feuer. Der Kapitän goss mehr Rum in seine Tasse. Seine Bewegungen waren weich; er lehnte sich zurück und atmete laut aus, so, als hätte er eine schwere, aber notwendige Aufgabe erfüllt. Er lächelte mich an, aber ich lächelte nicht zurück, ich bebte. Hass.

Ich war nie in der Lage gewesen, mit Attacken innerhalb meiner vier Wände umzugehen, in diesem Fall: innerhalb der flatternden

Wände des Tipi. Ich war nie in der Lage gewesen, mit dieser Art von Verrat umzugehen, dieser Art von Gewalt. So etwas durfte nicht passieren.

»Kommt, Kinder, wir gehen ins Haus«, sagte ich. Ich hob Sigurd hoch. Die Jungs folgten mir.

Während ich Sigurd ins Bett legte, blieben die Jungs mitten im Zimmer stehen. »Was ist los?«, fragte Silas. »Ich versteh das nicht. Was sollte das?«

»Nehmt euch nicht zu Herzen, was er sagt. Es ist nicht wahr. Wahrscheinlich hat er heute mit seiner Exfrau gesprochen und ist total neben der Spur.« Ich versuchte, das Verhalten des Kapitäns zu erklären, aber es gelang mir nicht so richtig.

»Aber das gibt ihm nicht das Recht, so mit uns zu reden.« Sebastian war kreidebleich. »Er hat einfach kein Recht, so mit uns zu reden.«

»Nein, das hat er absolut nicht«, versicherte ich.

Silas setzte sich. Ich fuhr fort: »Vielleicht liegt es an seiner Kindheit. Sie haben ihn in den Schrank gesperrt und ihn gezwungen, im Bad zu essen. So was wird man nie los. Das kommt immer wieder hoch.«

Sebastian setzte sich neben mich, nun saßen wir alle drei in einer Reihe und zitterten wie ein einziger Körper.

Ich sagte: »Es ist ein Zeichen von Schwäche, wenn man nach unten tritt. Es ist ein Zeichen von Schwäche, wenn man Kleinere angreift. Das war schon immer so.« Es fühlte sich an, als wäre Krieg und ich würde ihnen ein Geheimnis anvertrauen. Ich fuhr fort: »Leute, die nach unten treten, sind die eigentlich Schwachen. Sie sind in der Defensive. Das bedeutet, dass ihr in der stärkeren Position seid, wenn sie euch angreifen. Ihr seid diejenigen, durch die sie sich bedroht fühlen.«

»Aber warum fühlt er sich bedroht von uns? Das verstehe ich nicht«, sagte Silas, der noch immer ganz blass war.

»Vielleicht, weil ihr ihn daran erinnert, dass er Vater ist? Vielleicht, weil er ein Teil der Familie sein will? Ich weiß es nicht.«

Ich war in einer Zwickmühle. Wenn wir nicht auf den Kapitän zählen konnten, waren wir auf uns selbst gestellt, und auf mich selbst konnte ich momentan nicht zählen.

»Kopf hoch, Mutter.« Sebastian nahm mich in die Arme. Vielleicht hatte er mich früher schon einmal traurig gesehen und versuchte, mich auf seine unsichere Art zu trösten, aber wir waren nicht mehr Elternteil und Kind und jetzt war nicht früher, jetzt war jetzt, wir waren älter geworden. Vielleicht war das der Moment, in dem mein Sohn zum Erwachsenen geworden ist.

Die Familie sollte ein sicherer Ort sein. Das war alles, was ich im Leben hatte erreichen wollen: Ich wollte einen sicheren Ort schaffen. Und jetzt? Ein Angriff von innen. Ich hatte nicht aufgepasst, sondern die Sterne angesehen.

Wir saßen im Dunkeln. Keiner von uns zündete eine Kerze an.

»Vielleicht hat er ja recht damit, dass Kinder in der Gesellschaft kaum praktische Aufgaben übernehmen ... aber es kann trotzdem passieren, dass sie massiv unter Druck stehen«, sagte Sebastian. »Sie müssen gut in der Schule sein und alles Mögliche andere machen und gut darin sein.« Man merkte, dass ihm die Anschuldigungen des Kapitäns nahegingen. Eine Weile saßen wir schweigend da. Dann fuhr er fort: »Und es kann schon sein, dass wir damals zu Hause nicht so viel getan haben, und das war vielleicht nicht so cool von uns, aber das ist lange her. Jetzt sind wir im Wald, und hier draußen tun wir ständig etwas!«

»Ja«, pflichtete Silas bei. »Wir tun andauernd etwas.«

Kurze Zeit später hörte ich das Auto auf der Schotterstraße wegfahren. Jeppe fuhr den Kapitän nach Hause.

Kurz danach kam Victoria zurück; sie stampfte nicht mehr, sie rannte, sie riss die Tür auf.

»Ich habe einen Wolf gesehen!«

»Wo?«, fragten wir wie aus einem Mund.

»Oben an der Kreuzung. Er stand mitten auf der Straße. Ich habe ihm in die Augen gesehen. Wir haben uns ganz lange angeguckt.«

»Und was ist dann passiert?«, fragte ich besorgt.

»Nichts! Wir standen einfach eine Weile da, und dann ist er weggelaufen.«

Als sie klein war, habe ich sie *Wolfsmädchen* genannt. Sie hat sich sehr für Wölfe interessiert. Sie hat geschrien und um sich getreten, als ich sie vom Wolfsgehege im Zoo weggezerrt habe, sie hat mit den Wölfen gesprochen, von ihnen geträumt und hat Bücher mit Zeitungsausschnitten über Wölfe gebastelt. Der Wolf in ihr ist in der Grundschulzeit verschwunden. Er ging verloren. Um sie zu bestärken, sagte ich ihr eines Abends, dass ich hoffte, dass sie zum Wolfsmädchen zurückfinden würde, weil die Welt hart sei und man manchmal knurren können müsse. Ich weiß noch, dass sie gelächelt hat, als ich ihr das gesagt habe.

»Ich hasse den Kapitän«, knurrte sie.

Am folgenden Tag kam der Kapitän früh. Ich lag noch im Bett und trank Kaffee. Er hatte eine Packung Kaffee und eine Packung Butter dabei und legte beides auf die Küchenzeile, nickte und ging hinaus, um am Feuer darauf zu warten, dass wir aufstanden. Die Stimmung war angespannt, und weil ich nicht in seiner Nähe sein wollte, blieb ich mit Sigurd im Haus.

Als ich später Wasser aus dem Fluss holte, beobachtete ich sie. Mit ein paar Latten und Seil bauten sie einen Kran, Sebastian und Victoria banden kleinere Bäume zu Stützen zusammen, der Kapitän war gerade dabei, einen hohen, schlanken Baum zu fällen, der als Ausleger dienen sollte, Jeppe stand mit einem kleinen zerfetzten Zettel da und rechnete, den Zimmermannsbleistift an die Stirn gedrückt, Silas stand neben ihm und beobachtete ihn; keiner sagte etwas, es herrschte Schweigen, es war nichts zu hören als der Fluss und das letzte sommerliche Gesumm der Insekten.

Wir hatten kaum noch zu essen, nur noch ein bisschen Mehl, ein paar Karotten und ein paar Dosen, also beschloss ich, Pfifferlinge zu sammeln und Fladenbrot zu backen. Ich nahm Sigurd mit in den Wald; er kletterte auf große Steine, und ich erinnere mich, wie erstaunt ich darüber war, wie agil er geworden war, wie gut er das Gleichgewicht hielt und wie unerschrocken er sich im Wald bewegte. Der Wald war sanft und freundlich und voller Nahrung, mein Korb war schnell voll ... aber ich machte mir Sorgen. Die Sorgen waren trüb wie das Wasser in dem schwarzen Kessel, nachdem ich darin die Wäsche gewaschen hatte. Auch mein Inneres war trüb, fast schwarz vor Sorge. Doch mein Kleiner kam immer wieder angerannt, um mir all die verschiedenen Grüntöne zu zeigen.

Ich backte Fladenbrot über dem Feuer und servierte es mit gebratenen Pfifferlingen, Butter und viel Salbei. Der Fluss klang lauter als sonst, er donnerte über die Steine, und das stresste mich. Ich aß zu hastig und ließ mich danach in die Kissen sinken. Sigurd flitzte aus dem Tipi, so, als spürte er die gedrückte Stimmung. Keines der Kinder sagte etwas, keiner sah den anderen an – außer Jeppe. Er redete laut und schnell. Er erzählte von einem Stamm, den er heute aus dem Haufen gewuchtet hatte. Es war der größte Baum, den er je gefällt hatte. »Er war perfekt«, sagte er. »Ich habe den Baum perfekt gefällt, und jetzt werde ich ihn für das Fundament unseres Hauses verwenden. Das ist der Stamm meines Lebens«, sagte er mit vollem Mund und zeigte auf den Haufen hinter sich. »Den kann ich mit ins Grab nehmen. Das ist wirklich etwas, worauf ich stolz sein kann.«

Der Kapitän lächelte und nickte, klatschte in die Hände und hob sein Glas in Richtung Jeppe; wie zwei Verschwörer saßen sie da, sahen nichts, merkten nichts, und ich hasste sie.

»*Wo ist Sigurd?*«, rief ich und sprang auf. Ich hatte ihn schon eine ganze Weile nicht mehr gesehen oder gehört. Alle stellten ihr Geschirr beiseite und rannten hinaus, jeder in eine andere Richtung. Ich flog förmlich zum Fluss. Ich war fast dort, als ich Jeppe rufen hörte: »Er ist hier!«

Sie standen alle hinter dem Haus. Ich schrie, als ich Sigurd sah. Er war mit Teer bedeckt; sein kleiner weißer Körper war komplett schwarz, er hatte Teer in seinen Augen, in seiner Nase, seinem Mund und seinen Ohren.

»*Sigurd!*« Er stand ganz reglos da und sah aus wie ein kleiner schwarzer Geist. Neben ihm stand ein Eimer unseres selbst gekochten Teers. Der Kapitän hatte ihn vor einiger Zeit mitgebracht; er hatte gesagt, dass wir ihn für das Dach brauchen würden.

»Fahr den Waldweg rauf und ruf einen Arzt. Sofort!«, schickte ich Jeppe los und zeigte Richtung Fluss. Er rannte los.

»Sebastian, bring mir ein Glas Milch.« Die Milch war nicht mehr ganz frisch, aber ich zwang Sigurd, sie trotzdem zu trinken. Er weinte. Seine Zunge war schwarz.

Ich versuchte, den Teer abzuwischen, aber er hing zu fest. Victoria saß weinend neben Sigurd, versuchte, seine Wange zu streicheln, und sang ihm vor, ich schrie, dass sie aufhören solle; ich brauchte Platz, um ihn sauber zu machen.

Nichts half. Ich hob ihn hoch und rannte zur Schotterstraße, hoch zu Jeppe, der im Wagen ins Telefon schrie: »Teer! Teeeer! Tar! Tar!«

Er sah mich, legte das Telefon beiseite und fuhr auf mich zu; ich setzte mich mit Sigurd auf den Beifahrersitz.

»Los, fahr!«, schrie ich.

»Wohin?«, schrie er zurück.

»Ins Krankenhaus!«

»Was ist mit den Kindern?«

»Der Kapitän wird sich um sie kümmern. Jetzt fahr schon!«

Nachdem wir ein paar Minuten schweigend gefahren waren, sagte ich: »Wir müssen uns auf ihn verlassen. Er muss jetzt einfach für uns da sein.«

Jeppe fuhr so schnell er konnte, doch ich sagte ihm, er soll noch schneller fahren. Ich rief das Krankenhaus an. Sie sagten, wir sollten uns beeilen. Wenn es dem Kind während der Fahrt schlechter gehen sollte, wenn irgendetwas auf dem Weg passierte, sollten wir noch einmal anrufen, damit sie uns einen Notarztwagen entgegenschickten. Unser Tank war fast leer, wir hatten nicht genug Geld für Benzin dabei und auch nichts auf dem Konto.

»Fahr, verdammt«, schrie ich.

Bis Karlstad fuhr man eine Stunde. Im Auto lag eine halbe Packung Schokoladenkekse; ich gab sie Sigurd. Nach einer halben Stunde wurde er müde und wollte schlafen. Mein T-Shirt war voller Teer. Ich versuchte, ihn wach zu halten.

Sie untersuchten ihn. Ich wusste nicht, wonach sie suchten; sie wussten es auch nicht. »Mit Vergiftungen durch Teer haben wir es hier nicht so oft zu tun«, sagte einer von ihnen. Sie berieten sich und beschlossen, ihn zur Beobachtung dazubehalten. Sie fragten, was für ein Teer es war. Als sie hörten, dass es selbst gemachter Teer war, kein gekaufter mit vielen Zusatzstoffen, sagten sie: »Gut.« Selbst hergestellter Teer ist weniger gefährlich.

Sie sagten, dass er ruhig schlafen könne. Nachdem er eingeschlafen war, versuchte ich wieder, den Teer abzuwischen.

»Pass du auf ihn auf«, sagte ich schließlich zu Jeppe und ging in die Cafeteria. Ich musste einen klaren Kopf kriegen. Durchatmen. Es gab einen Automaten mit heißer Schokolade. Als ich klein war, hat meine Mutter mich immer mit in die Uni genommen. Ich war jeden Tag dort. Ich bin in der Uni aufgewachsen. Ich glaube, das war eine Art Statement. Es ging wohl um Gleichberechtigung, darum, dass die Frauen nicht ans Haus gefesselt sein sollten, die Kinder ein Teil des Alltags sein sollten und dass Wissen für alle frei verfügbar sein sollte. Das Einzige, woran ich mich aus der Zeit an der Uni erinnere, ist der Kakaoautomat. Ich erinnere mich an den dünnen weißen Becher, der fast in der Hand schmolz, daran, wie heiß er war; ich erinnere mich an den Geruch des Kakaos und die Bläschen auf der Oberfläche.

Der Geruch von Automatenkakao beruhigte mich, wie ich da in der Krankenhauskantine stand. Ich dachte an meine Mutter. Ich wünschte, sie wäre da gewesen. Ich wünschte, mein Vater wäre da.

Jeppe saß komplett zusammengesunken da und starrte seinen Sohn an. Er sah aus wie der alte Jeppe. Mit fiebrigem Gesicht und hängenden Schultern. Ich tröstete ihn nicht. Ich war hart. Hart wie seine dicken, tonnenschweren Baumstämme.

Sigurd war noch überall ganz schwarz – in seinen Nasenlöchern und in den Ohren und in den Fältchen um seine Augen.

»Du musst deine Mutter anrufen und sie bitten, eine Blitzüberweisung zu machen«, sagte ich.

»Ja.« Er nickte. Wir wussten beide, dass sie die Einzige war, die wir anrufen konnten.

Nach ein paar Stunden wachte Sigurd auf und war gesund und munter. Wir brachten ihn ins Spielzimmer. Er hatte noch nie so viel Spielzeug oder so viele Kinder gesehen. Zuerst war er still und schüchtern, aber nach ein paar Minuten sprang er über die Stühle, als seien es Steine im Wald, ging zu den anderen Kindern und sagte: »Hallo.«

Ich ging raus zum Arzt, um ihn zu fragen, was ist. »Sie können in zwei Stunden nach Hause fahren. Zum Glück ist nichts Schlimmes passiert«, sagte der Arzt und fuhr fort: »Und es ist gut, dass Sie Dänen sind, da läuft das alles ganz glatt, weil die Krankenversicherung die Leistungen für alle Skandinavier übernimmt.« Er lächelte.

Ich fühlte mich, als wären wir eine Einwandererfamilie. Ich fühlte mich, als sei ich nur als Weiße verkleidet. Ich sah unsere dreckigen Anziehsachen, wir rochen nach Teer, wir gehörten nicht hierher, alle beäugten uns, wir waren nur auf dem Papier Dänen. Unsere Papiere retteten uns, sie sorgten dafür, dass man freundlich zu uns war.

Im Auto auf dem Weg nach Hause weinte ich. Ich schrie. Sigurd saß ganz still auf meinem Schoß.

»Wir sind einfach nur Heuchler! Alle beide! Verdammt! Wir sind erbärmlich! Ich kotze! Wir sind nichts als verfickte Schwächlinge, die abgehauen sind, als es zu schwierig wurde! Das Problem ist nicht die Gesellschaft. Es liegt an uns. Mit uns stimmt etwas nicht. Wir sind total verantwortungslos. Aber so was von! Was zum Teufel haben wir denn erwartet? Was ist das hier? Was machen wir hier? Oh Gott, was haben wir getan?«

Ich fuhr fort: »*Du* hast mich dazu gebracht. Du hast mich dazu gebracht, das zu machen. Hast du auch nur ein Mal darüber nachgedacht, was das für die Kinder bedeutet? Du machst nur, wozu du Lust hast. Es geht immer nur darum, was *du* willst. Und ich bin kein Stück besser. Wir sind einfach nur verwöhnte Arschlöcher, und wir dürften keine Verantwortung für die Kinder haben. Man sollte sie uns wegnehmen. Wir sind Loser! Wir sind nichts weiter als zwei verdammte Loser! Und von wegen, dass die Kinder nichts tun! Sie tun eine Menge mehr als der Kapitän! Es ist zum Kotzen.« Mein Herz klopfte heftig, und ich schlug gegen die Windschutzscheibe. Sigurd fing an zu weinen; ich drückte ihn an mein Herz.

»Wir sind so verdammt egoistisch.« Ich versuchte, leiser zu sprechen, aber das Schreien saß mir noch in der Kehle. »Verdammt! Was hast du dir denn dabei gedacht? Man kann nicht einfach mit vier Kindern in die Wildnis ziehen! Wir haben keine Ahnung, wir sind total unvorbereitet, wir sind so verdammt dumm!«

Er weinte still vor sich hin, während wir auf der Autobahn fuhren. Sein Blick war starr. Es regnete. Die Scheibenwischer wischten unermüdlich die Tropfen weg. Ich zeigte keine Gnade. »Wir sind hoffnungslos naive Träumer.« Jetzt weinte auch ich. Keine Gnade. Keine Gnade. »Genau, wie dein Vater gesagt hat.«

## 11

Die Kinder kamen die Böschung heruntergerannt, über die Brücke; ihre Gesichter waren rot und verheult.

»Geht es ihm gut?«, flüsterte Victoria bang.

»Geht es ihm gut?«, schrie Silas.

»Ja, es geht ihm gut«, sagte ich, und dann fingen wir alle zusammen an zu weinen.

Ich glaube, wir hatten vorher nie alle zur gleichen Zeit geweint. Wir sind nie so synchron gewesen. Vielleicht lag es am Wald. Vielleicht hatte der Wald uns synchronisiert.

Svenn besaß einen Bauernhof im Wald. Er wohnte nicht dort; er war nur dort, wenn er eine Auszeit brauchte. Wir hatten ihm geholfen, dort eine Sauna zu bauen. Es hatte nur eine Woche gedauert; es war ein Bausatz gewesen, eine Fertigsauna.

Wenn man ein Bad in der Sauna nimmt, wird der Körper bis in den letzten Winkel warm, genau wie die Seele. Verspannungen lassen nach. Man spürt seinen Körper.

Es ist ganz anders als duschen. Wenn man duscht, wäscht man sich von außen, man schrubbt die Haut oberflächlich ab, die Wassertropfen gleiten wie eine Liebkosung über den Körper, aber sie gehen nicht tief wie die Liebe; das Wasser dringt nicht bis in die Poren vor. Vom Duschen wird man nie richtig sauber.

In der Sauna ist das anders. In der Sauna schwitzt man, die Poren stoßen all den Dreck aus, und später, wenn man sich mit kaltem Wasser übergießt, vibrieren alle Nervenenden und Härchen.

Die Tränen auf dem Parkplatz an jenem Tag waren wie ein Saunagang. Sie kamen von tief drinnen und drangen durch unsere Poren nach draußen. All das Wasser, all die Sorgen.

Ich bin sicher, dass wir nicht sehr lange dort standen. Ich bin sicher, dass es uns unangenehm und ein bisschen zu vertraulich wurde und dass einer von uns, wahrscheinlich Sebastian, irgendetwas gesagt hat, um uns zum Lachen zu bringen und uns einen Schritt auf Abstand gehen zu lassen. Es war, als könnten nur Sorgen eine Familie zusammenhalten.

Der Kapitän gehörte nicht zur Familie. Er stand mehrere Meter entfernt von uns an der Brücke – ausgestoßen. Auch er weinte. Ich sah es aus den Augenwinkeln. Er hob den Handrücken an die Augen, hob das Kinn und straffte sich.

Ich rief ihm zu: »War alles in Ordnung hier?«

»Ja, ja. Kein Problem.«

Er ging zu seinem Fahrrad. An dem Tag ist er drei Stunden bergauf geradelt, nur um nach Hause zu kommen. »Der einzige Ort, an dem ich mich je sicher gefühlt habe«, hatte er einmal zu mir gesagt.

Er machte sich schneller auf den Weg als sonst. Normalerweise stand er noch ein paar Minuten da und trat gedankenverloren gegen Steine oder redete mit Jeppe, und seine Anwesenheit hing noch eine Weile in der Luft, nachdem er weg war, doch an jenem Tag war es anders.

»Ich bin froh, dass dem kleinen Zigge nichts passiert ist«, rief er im Wegfahren.

»Tschüß!«, riefen wir ihm hinterher.

An jenem Abend saßen wir lange um das Feuer. Es führte ein Theaterstück für uns auf, erzählte uns von Landschaften, die von Lava geflutet wurden, von untergehenden Dörfern, strömenden Flüssen, schwarzen Gesichtern mit offenen Mündern, einäugigen Weisen und Menschen, die zum Klang von Trommeln tanzten. Ich erinnere mich deutlich daran.

»Weißt du, warum wir keine schlechten Eltern sind?«, flüsterte ich Jeppe zu.

»Nein.«

»Weil wir ständig darüber nachdenken, wie wir es besser machen können. Immer. Das haben wir schon immer getan. Wir sind okaye Eltern.«

Die Kinder hörten uns nicht. Sie saßen in Decken gewickelt da, die Gesichter erhellt von den Flammen; keines unserer Kinder war einen dramatischen Tod gestorben, keines war unseretwegen gestorben. Keines war von wilden Tieren angegriffen worden oder hatte giftige Pflanzen gegessen, keines hatte sich verirrt, keines war ertrunken. Von all dem, was hätte passieren können, war etwas passiert, das genauso gut in der Stadt hätte passieren können. »Die Natur ist nicht gefährlich«, sagte ich zu den Kindern, die abwesend nickten.

In Nächten wie dieser schlich sich der Wald in mich ein. Alles war erfüllt mit Synchronizität.

Irgendwann ging ich raus, um zu pinkeln, und als ich zurückkam, fiel es mir zum ersten Mal auf. Ich sah es ganz deutlich. Unser Tipi aus grauer Plane, erleuchtet vom Feuer darin, sah exakt aus wie ein Aluhut.

Am nächsten Tag warteten wir lange auf den Kapitän, doch er kam nicht. Der Weg zum Fluss blieb leer, es waren nur Spuren vom Elch, vom Wolf und vom Wild dort, die ganzen Ameisen auf ihren Straßen, die Preiselbeeren, die den Abhang hinunterrollten, heruntergefallene Kiefernzapfen und eine von Sigurds roten Plastikschaufeln.

Wir gingen ruhelos umher, während wir auf den Kapitän warteten, und erst am späten Vormittag beschlossen wir, ohne ihn anzufangen.

Wir begannen, die Stelle freizuräumen, an der wir das Haus bauen wollten, so wie wir vor einer gefühlten Ewigkeit die Stelle für das Lagerfeuer freigeräumt hatten, nur dass es diesmal keine

Himbeerranken waren, sondern junge Birken, die Zuflucht im Wald gesucht hatten und nun ungezähmt und frei wuchsen, als wollten sie den gesamten Raum einnehmen. Im Wald gibt es keine Lücken.

Die Kinder liefen mit ihren Äxten herum und fällten kleine Bäume, befreiten tote Bäume aus der Erde, hackten die dicken Äste der größten Bäume ab und warfen alles auf das große Feuer, das langsam immer größer wurde. Dicker Rauch stieg aus dem Feuer und driftete mal zur einen, mal zur anderen Seite, wie eine Nebelbank, die sich nicht entscheiden konnte, und meine Aufgabe war es, um das Feuer herumzugehen, in den Nebel, den Rauch hinein. Ich hielt die Zweige und Stöcke von der Glut fern, zog brennende Äste aus den Flammen und platzierte sie strategisch günstiger nebeneinander.

Sich um das Feuer zu kümmern war eine meditative Tätigkeit, und ich dachte an das, was der Kapitän über Feuer, Sprache und die Samen gesagt hatte – Feuer ist kein Chaos, sondern Ordnung.

Mit dem Rechen harkte ich die Laubschicht weg und legte die dunkle Erde frei, die noch nie von der Sonne beschienen worden war. In ihr wimmelte es von kleinen Krabbelviechern und Würmern; der Duft von feuchter Dunkelheit schlug mir so wuchtig entgegen wie der Rauch. Mit dem Rechen erzeugte ich einen Sicherheitsrand aus Erde, einen schwarzen Kreis rund um das Feuer, der verhinderte, dass die Flammen einen Halm entzündeten und sich zu einem Waldbrand ausbreiteten. Victoria arbeitete fleißig und schnell, ihre Handschuhe waren viel zu groß und ihr Haar wehte wie ein roter Wirbelwind. Sie war stark. Tüchtig.

Silas war wütend auf Sebastian, der ihn ständig korrigierte und ihm sagte, wie man das Beil zu benutzen hatte. Immer wütender hackte Silas Bäume um, während Jeppe sich zunehmend gereizt ins Unterholz vorkämpfte und widerborstige, dornige Büsche rodete.

Ich weiß noch, wie ich mir vorstellte, dass genau an jener Stelle unser Haus entstehen würde, dass es weiß und geisterhaft im Rauch erscheinen würde wie ein Phönix.

Am folgenden Tag gingen wir auf den Berg, um vier Fundamentsteine zu holen. Jeppe wählte die Steine aus, die wir mithilfe eines langen blauen Seiles nach Hause schleiften.

Silas hielt unser Unterfangen für gefährlich und sprang vor uns nach rechts und links und warnte uns vor besonders großen Steinen und Löchern. Diese Löcher sind unsichtbar und unberechenbar, sie sind mit Moos bedeckt und im Waldboden verborgen; plötzlich bricht man ein und der Schuh steckt zwischen zwei Steinen fest, und es ist fast immer Wasser darin, man holt sich nasse Füße in diesen tiefen schwarzen Löchern. Man kann sich die Beine brechen. Und man kann sich nicht vor ihnen schützen. Das Einzige, was hilft, ist, hyperaufmerksam zu sein. Silas war hyperaufmerksam, das war er schon immer, und es war immer ein Problem gewesen; hier im Wald war es sinnvoll und notwendig.

Das Platzieren der Fundamentsteine hatte lange gedauert, wir hatten den ganzen Tag dafür gebraucht. Wir hatten sie mehrere Male umgesetzt, weil wir das Haus perfekt hatten ausrichten wollen. Wir hatten uns dabei nach dem Kompass, der Sonne und unseren jeweiligen persönlichen Einschätzungen gerichtet. Nach mehreren Stunden hatten wir die korrekte Position im Universum gefunden. Ich betete. Ja, das tat ich. Während die anderen unruhig dastanden und wegsahen, legte ich meine Hand auf jeden der vier Steine, ließ ihre Kühle in meine warmen Hände ausstrahlen, schloss die Augen und sagte: »Lass dieses Haus ein Denkmal unserer Liebe und Hingabe sein.« So etwas in der Art. Natürlich lachten sie verlegen, aber so eine Grundsteinlegung war eben eine große Sache. Wir wurden alle seltsam emotional, und obwohl ich traurig darüber war, dass der Kapitän bei diesem denkwürdigen Ereignis nicht dabei war, fühlte es sich richtig an, dass nur wir sechs hier waren.

Anschließend gingen wir zum See hinunter, um zu baden. Der Rauch und die Kiefernnadeln hingen nicht nur in unseren Kleidern, sondern auch an unserer Haut. Genau wie die Angst vor den Löchern, das Gewicht der Steine und das gemeinschaftliche Arbeiten. All das haftete hartnäckig an uns.

Sigurd liebte es, auf dem weichen Sandboden des Sees herumzuspringen und zu spüren, wie das entweichende Methan zwischen seinen Zehen emporblubberte. Sebastian blieb immer bei ihm; sie erkundeten den Boden des Sees, während Victoria die Wasseroberfläche mit langen Schwimmzügen durchpflügte. Silas und Jeppe angelten, und ich ... ich ließ mich treiben. Im See ließ ich mich immer treiben. Ich finde, es gibt nichts Besseres, als im Wasser zu schweben.

Manchmal sahen wir Biber, Eichhörnchen, springende Fische. Oder wir hörten undefinierbare Geräusche, manchmal ließ die Abendsonne das Wasser glitzern wie ein Meer von Diamanten. Manchmal fanden wir selbst gebaute Krebsfallen von früher oder ein altes gesunkenes Ruderboot, manchmal hingen die Gewitterwolken tief über dem Berg oder die Libellen summten um uns herum, die Blätter sangen ... Diese Augenblicke am See waren gute Momente, und wenn ich im Wasser schwebte, hatte ich weder Angst noch Sorgen, ich befand mich in völliger Balance und Harmonie. Mit den Ohren unter Wasser. Und geschlossenen Augen.

Die Tage vergingen, und der Kapitän kam nicht. Die Fundamentsteine standen in ihren Ecken und warteten geduldig. Sie hatten alle Zeit der Welt, sie hatten vor nichts Angst, nicht einmal vor dem Winter. Bei uns war das anders. Für uns war die Zeit etwas anderes. Sie war wie eine zur Neige gehende Ressource, wie die Ölvorräte, die in den Lagerstätten versiegten.

»Was meinst du, warum er nicht kommt?«, fragte ich Jeppe eines Abends am Feuer. Die Kinder waren früh schlafen gegangen, und ich lag inmitten der Kissen und sah die Funken an, die aus dem Feuer hinaustoben, dem dämmerblauen Himmel entgegen.

Jeppe sagte nichts.

Der Rauch hielt die Mücken fern. Wir legten feuchtes Holz nach, um mehr Rauch zu erzeugen, das war die einzige Methode, die wirklich funktionierte. Ab und zu durchbrach eine einzelne Mücke die Rauchwand. Eine, die auf meinem Oberarm gelandet war, beobachtete ich eine ganze Zeit lang, bevor ich sie totschlug. Ihre kleinen zarten Feenflügel. Ihren langen Elefantenrüssel.

»Meinst du, er weiß, dass es nicht okay ist, unsere Kinder auszuschimpfen?«

»Ich weiß es nicht.«

Ich blieb ein paar Minuten schweigend sitzen, bevor ich mich erhob, um ins Bett zu gehen. »Gute Nacht«, rief ich ihm im Weggehen zu. Die Wildenten unten am See quakten aufgeregt. Vielleicht hatte meine Stimme sie geweckt.

Der Kapitän kam früh am nächsten Morgen, und sie machten sich an die Arbeit, bevor die ersten Sonnenstrahlen vor unsere Tür fielen. Sie arbeiteten den ganzen Tag und aßen auf dem Bauplatz zu Mittag. Als die Sonne beim Internetstein auf dem Berg hinter uns angekommen war, hörte ich den Kapitän *Auf Wiedersehen* rufen, und er verschwand, ohne dass wir an dem Tag ein einziges Mal Augenkontakt gehabt hatten.

Ich kletterte über die vielen Stämme, die chaotisch herumlagen; ein einziger Stamm lag auf zwei Fundamentsteinen. Ich hatte angenommen, dass sie weiter gekommen seien; ich hatte gedacht, sie hätten mehr geschafft.

»Funktioniert der Kran nicht?«

»Doch.«

»Warum seid ihr dann nicht schon weiter?«

Er wandte mir den Rücken zu.

»Machen wir jetzt eine Pause?«, fragte Sebastian laut. Der Schirm seiner grünen Kappe schützte sein Gesicht, aber seine Arme waren ganz rot.

»Ja.«

Sebastian verzog sich schnell in den Schatten.

»Aus wie vielen Stämmen wird das Haus bestehen?«, fragte ich Jeppe.

»Ich weiß nicht.«

»Meinst du, ihr werdet vor dem Winter fertig?«

»Keine Ahnung.«

Da war es wieder, das Gefühl, dass wir nicht mehr viel Zeit hatten, also drängte ich ihn, konkreter zu werden.

»Es dauert länger, weil wir ständig unsere Pläne ändern«, sagte er.

Da hatte er recht. Das taten wir.

Je mehr wir lernten, desto klarer wurde uns, dass wir unsere Pläne anpassen mussten. Wir hatten beschlossen, das Haus höher zu bauen, um mehr Platz zu haben, ein zusätzliches Stockwerk. Außerdem hatten wir beschlossen, je einen Anbau an die Küche und den Eingang anzuschließen. Stauraum.

Der Rabe. Ein dunkler Schrei. Schwarzes Flattern. Ich wusste nicht, wo er lebt. Es kam mir vor, als würde er hier leben. Er flog im schwarzen Wald ein und aus und kreiste ständig über unserem Haus.

»Ich weiß nicht, wie man ein Blockhaus baut«, sagte Jeppe. »Ich tue mein Bestes.«

Ich sah zu den Kiefern hinunter, die noch immer wie eine Palisade dastanden und uns vor der Welt um uns herum schützten. Doch die Angriffe kamen wieder von innen.

Was, wenn er nicht stark genug war, um das durchzuziehen?

»Du darfst jetzt nicht die Zuversicht verlieren«, flüsterte ich mir mit einer Stimme zu, die heiser war wie die des Raben.

Er fing an, von Baukonstruktionen und Stützpfeilern zu reden, über das Dach und das Isoliermaterial. Sagte, dass sie nicht so viele Fenster einbauen könnten, weil diese die Stabilität beeinträchtigen würden. Zum Schluss redete er über eine Axt. Offenbar brauchte er eine Axt. Momentan lieh er sich eine vom Kapitän, und das führte zu einer unausgewogenen Dynamik zwischen ihnen.

Die Gefühle saßen wie feine Härchen an der Körperoberfläche. Ich stand da mit meinen vibrierenden Härchen und sah zu, wie sein Mund sich bewegte.

Er sagte: »Das erste Haus baust du für deinen Feind, das zweite für deinen Freund und das dritte Haus für dich selbst.«

»Wo hast du das gehört?«, fragte ich.

»Weiß ich nicht mehr«, antwortete er.

»Das heißt, wir bauen dieses Haus für unseren Feind?«

»Ja, das könnte man so sagen«, murmelte er.

»Wer ist der Feind?«

Keiner von uns wusste es. Wir wussten gar nichts. Wir wussten nicht, wer wir waren, wir wussten nicht, was wir wollten, wir hatten uns einfach in die Sache hineingestürzt, und nun gerieten wir ins Schwimmen.

»Es ist egal, wer am Ende hier wohnt«, sagte er. »Wir müssen dieses Haus bauen. Ich muss das jetzt durchziehen.« Seine Stimme zitterte. Ich musste an früher denken. Unser altes Leben. An den Fleecepulli. Die Löcher im Garten.

Aber da war noch etwas anderes. Wir haben unseren Kindern gesagt, dass wir jederzeit den Wald verlassen könnten, dass man immer eine Wahl hat und dass man immer in die Wälder, in die Wildnis flüchten und sein eigenes Ding machen könne, anstatt sich zu versklaven oder abhängig zu machen. Sich eine Behausung zu schaffen gehört zu den grundlegenden menschlichen Bedürfnissen. Wenn wir das nicht zu Ende brächten, wenn es uns nicht gelänge – was hätten wir unseren Kindern dann beigebracht? Was hätten wir dann gelernt?

Er hatte recht. Wir mussten das Haus bauen. Es musste sein. Als ein Zeichen der Willenskraft.

Wieder musste ich zurückdenken. An unsere Eltern, die nicht geglaubt hatten, dass das, was wir vorhatten, möglich wäre. An Feinde, die sich wünschten, dass wir scheiterten.

»Wie läuft es denn zwischen dir und dem Kapitän?«, fragte ich.

»Es ist ein ständiger Konkurrenzkampf«, sagte er und zuckte mit den Schultern. Er fing an, seine Axt zu schleifen. Oder, besser gesagt, die Axt des Kapitäns.

»Kannst du ihm nicht sagen, dass er so nicht mit den Kindern sprechen kann?«

»Nein.«

Ich sah ihn an. Lange. Er schliff weiter seine Axt.

»Ich brauche eine eigene Axt. Dieses Ungleichgewicht entsteht dadurch, dass ich seine Axt borgen muss.«

Abends ging ich auf den Felsen, rauf zu meinem Blog.

*Es ist wie bei der Geburt.*

*Man ist nackt, man ist ausgeliefert, um einen herum geht vieles vor, das man nicht versteht. Da ist ein Druck. Da ist ein Schrei. Da ist ein Moment, in dem man nicht weiß, wer sich um einen kümmern wird, einen bedingungslos lieben wird, wer für einen da sein wird.*

*Und dann blendet einen das Licht.*

*Das ist ein schmerzhafter Zustand, auf den mein Gehirn mit Krämpfen reagiert. Und mit Zweifeln.*

*Die Zweifel betreffen nicht die praktischen Angelegenheiten. Es ist nicht schwer, ohne fließend Wasser klarzukommen, ohne Strom, ohne*

*Kühlschrank, nein, das Problem liegt tiefer: Warum sind wir weggegangen? Und was wollen wir eigentlich?*
 *Ich dachte, ich wüsste das alles, aber ich weiß gar nichts.*
 *Gedanken wie Blitze, Gefühle wie Berge, Fleisch, Blut, Schweiß, Tränen, Berührungen.*
 *Ich weiß nicht, ob wir es schaffen werden. Ich bezweifele es. Ich bin das Epizentrum des Zweifels.*
 *Das Einzige, was ich weiß, ist: Kinder, Nahrung, Wasser, Haus.*

Der Kapitän war wieder täglich bei uns; er kam frühmorgens. Sie arbeiteten unermüdlich, konzentriert und schweigend am Haus. Sebastian war ihr Laufbursche und übernahm die langweiligen Aufgaben: Zweige und Sägemehl aus dem Weg räumen, Kaffee, Steine, Äxte und Leitern bringen und den Männern beim Heben der schweren Stämme helfen.

Der Kapitän und Jeppe standen nur da und bearbeiteten jeder ihren Stamm mit der Axt und hingen ihren Gedanken nach. Um sie herum flogen die Späne.

Die Tage vergingen und die erste Runde wurde fertig, dann die zweite; die großen, dicken Stämme drückten die Fundamentsteine tiefer und tiefer in den Boden.

Ich versuchte, mir Möbel innerhalb des Rechtecks vorzustellen, aber vor meinem inneren Auge erschien nur eine Rauchwolke, ein Phönix aus Rauch.

Jeppe und ich redeten nicht miteinander. Ich wusste nicht, warum. Wir hatten einfach damit aufgehört. Es gab nur noch die Arbeit. Sie füllte unsere Tage aus. Sigurd planschte im kühlen Wasser. Ich hörte Jeppes einsame Axtschläge herüberhallen.

»Er macht aber auch nie eine Pause, was?« Meine Stimme klang schrill und gekünstelt.

»Andrea, es tut mir leid, wenn ich eine Grenze überschritten habe, als ich deine Kinder getadelt habe. Ich habe einfach wirklich gedacht, dass das angesprochen werden müsste«, sagte der Kapitän.

Ich wusste nicht, was ich sagen sollte. Ich lächelte.

»Wie geht es dir?«, fragte er.

»Nicht so gut. Ich bezweifele, dass wir das schaffen.«

Ich sagte ihm nur die halbe Wahrheit. Ich sagte ihm nicht, dass die Zweifel in mir wuchsen, wie ein Alien, der mich von innen auffraß.

»Zweifle nicht so viel. Das wird schon!«, sagte er. »Ihr beiden seid stärker, als ihr denkt.«

Ich umarmte ihn. Ich fühlte die Wärme zwischen unseren Körpern. Ich dachte daran, dass er alleine im Wald gelebt hatte. Er kam mit allem klar, er war stark.

»Es ist schwierig«, sagte ich. »Weil … einerseits magst du ideologisch gesehen recht haben. Kinder sollten sich mehr an der Hausarbeit beteiligen. Aber ich finde, dass du zu hart zu den Kindern warst. Sie arbeiten sehr fleißig hier draußen. Es ist eine krasse Umgewöhnung für sie.«

»Wir gehören jetzt zum gleichen Stamm«, sagte er. »Für mich ist das auch eine Umgewöhnung.«

Ich hatte nicht das Gefühl, zum gleichen Stamm zu gehören wie er. Überhaupt wusste ich nicht, was ich von diesem *ein Stamm sein* halten sollte. Ich glaubte, ich wäre lieber einfach nur Teil einer Familie, aber meine Familie war auf eine Belastungsprobe gestellt, und ich wusste nicht, ob wir damit klarkommen würden.

»Wenn das hier überstanden ist«, fuhr er fort, »dann bauen wir eine Festung.«

Eine Weile lang sprach er lebhaft von der Festung, wie wir die großen Bäume am Fluss fällen und sie verwenden würden. Eine große Festung mit hohen Wänden sollte es werden, und wir würden alle zusammen mit weiteren Leuten darin wohnen und uns vorbereiten.

»Auf was?«, fragte ich, aber ich wusste schon, was er sagen würde.

Libellen schwirrten über dem Fluss umher, der inmitten von all dem Grün weißgolden glänzte. Ich zuckte mit den Schultern. Keiner von uns sagte mehr etwas. Die Stille war auf einmal ebenso bedeutsam wie das Haus, das wir bauten. Sigurd hob am tiefen Ende der Flussbiegung kleine Steine auf und warf sie ins Wasser.

Ich dachte an ein Zitat, an das ich mich nicht genau erinnern konnte, in dem es darum geht, dass man nicht zweimal im gleichen Fluss baden kann.

Wir saßen schweigend da, ich und mein Freund, und sahen beide das Kind an. Wenigstens war ich nicht allein.

Oben auf dem Platz Jeppes kräftige Axtschläge.

Als Musiker war er für seinen Rhythmus berühmt gewesen. Seinen schweren, tiefen und treibenden Rhythmus. Jetzt spielte er nicht mehr zusammen mit feinen Streichern in Konzerthäusern für feine Leute, jetzt war er im Wald, doch sein Rhythmus war derselbe geblieben. Kraftvoll, unbeirrbar und monoton.

»Meinst du, das Haus wird rechtzeitig fertig?«, fragte ich den Kapitän.

Bevor er mir antworten konnte, kam Silas angerannt. Ich hörte ihn immer lange, bevor er ankam. Er war laut bei allem, was er tat. Ich hörte ihn über die Brücke rennen, ich hörte ihn durch das Gras rennen, ich hörte ihn Zweige beiseitefegen und ich sah ihn, mit gerötetem Gesicht und außer Atem, als er sich neben uns setzte.

»Was macht ihr?«, fragte er, als sei es nicht weiter wichtig, dass er gerannt war, sondern normal.

Sigurd ging zu ihm hin und gab ihm einen Stein. Der Kapitän klopfte ihm auf die Schulter, und sie fingen an, Steine in Richtung Teufelsellenbogen zu werfen, um zu sehen, wer weiter werfen konnte.

»Wir sitzen hier nur und reden«, antwortete ich Silas.

»Worüber?«

»Darüber, dass Veränderung die einzige Konstante im Leben ist«, antwortete der Kapitän. »Hast du gehört, Silas?«

»Ja, ich höre zu«, antwortete Silas ernst und sah dem Kapitän in die Augen.

Ich hatte den Kapitän ab und zu wegen Silas um Rat gefragt. Der Kapitän schien ein Verständnis von ihm zu haben, das mir fehlte. Manchmal war der Kapitän ein Dolmetscher zwischen mir und meinem Kind. Jeppe hingegen war im Laufe der Zeit immer ungeduldiger und reizbarer geworden.

»Warum glauben die Leute an Gott?«, »Wo hört das Weltall auf?«, »Wie kommt es, dass manche Tiere Säugetiere sind und andere nicht?«, »Wenn die Banken ständig Geld drucken, warum gibt es dann keine Inflation?« Silas war der Junge mit den tausend Fragen, und der Kapitän war der Einzige, der klare und deutliche Antworten hatte.

»Wie läuft es eigentlich mit dem Hausunterricht?«, fragte mich der Kapitän.

»Nicht so gut«, murmelte ich. »Es ist schwer, Zeit dafür zu finden.«

»Außerdem ist es megalangweilig«, rief Silas. Er war immer gut in der Schule gewesen und hatte sich dort immer gelangweilt.

»Wie wäre es, wenn ich den Hausunterricht eine Weile übernehme?«

Ich wusste nicht, was ich sagen sollte. »Hmm ...« Silas brauchte Aufmerksamkeit. Wir arbeiteten zu viel. Jeppe war gestresst. Es wäre gut für Silas, wenn der Kapitän ein bisschen Zeit mit ihm verbrächte, sagte ich mir. Wahrscheinlich wäre es eine gute Maßnahme.

Silas unterbrach meine Gedanken. »Was bedeutet es, dass Veränderung die einzige Konstante im Leben ist?«

»Es ist ein Paradox«, antwortete der Kapitän. »Weißt du, was ein Paradox ist?«

»Nein.«

»Okay, dann erkläre ich es dir. Komm mit!«

Er stand auf, Silas stand auf, sie gingen stromaufwärts weiter in den Wald hinein. In die Waldschule. Ich beschloss, zu vergessen, dass der Kapitän neulich im Tipi eine Grenze überschritten hatte. Ich beschloss, es als Ausrutscher zu sehen.

Ich ging mit Sigurd zurück und machte mich wieder an die Arbeit. Kochen, aufräumen, spülen, das Unorganisierbare organisieren. Meine Arbeit verschwand, sobald sie erledigt war, sie war unsichtbar, während seine, da draußen, stetig in die Höhe wuchs.

Victoria kam von einem ihrer Spaziergänge zurück; ich kochte ihr Tee und setzte mich, um mir anzuhören, was sie gesehen hatte. Ich liebte diese Berichte. »Es brodelt da draußen«, sagte sie und erzählte mir von der Natur und den vielen verschiedenen Geräuschen, die Wasser machen kann; es kann rieseln, tropfen, strömen oder sich fast lautlos unter anderen Lauten bewegen. Sie erzählte mir von den Tieren und ihren Herbstvorbereitungen.

Ich erzählte ihr von dem Raben und davon, dass ich sein Flügelschlagen zu hören glaubte und mich sein Schrei verunsicherte.

»Ja, ich habe ihn auch gehört«, sagte sie. »Und den Adler und den Bussard und die Fledermaus.« Sie lächelte, während sie mir lebhaft und enthusiastisch von ihren Erlebnissen erzählte. Von den Höhlen, die sie gefunden hatte. Besonders schönen Stellen im Wald. Großen Bäumen. »Warum gehst du nicht selbst ein bisschen mehr spazieren?«, fragte sie mich.

Ich sagte ihr, dass es daran lag, dass ich arbeiten musste.

»Aber warum arbeitest du dann nicht einfach ein bisschen weniger?« Es klang genauso wie damals in unserem alten Leben, als sie kleiner gewesen war und nicht in den Kindergarten hatte gehen wollen.

»Weil wir das Haus vor dem Winter fertig bekommen müssen«, antwortete ich.

»Warum?«

»Weil wir sonst den ganzen Winter in dieser Hütte hier wohnen müssen.«

Sie nickte, als würde sie verstehen, und ging weg, um Feuer unter dem schwarzen Kessel zu machen, um mit mir die Wäsche zu waschen, bevor es dunkel wurde.

»Aber das ist nicht der einzige Grund dafür, dass ich so viel arbeite«, rief ich ihr hinterher. »Ich tue es auch, um euch Kindern zu zeigen, dass man sich weiterentwickeln und ändern kann. Alle Menschen verdienen eine zweite Chance.«

Jeppe unterbrach seine Arbeit, weil ich seinen Rhythmus gestört hatte; er hielt kurz inne.

Dann machte er unbeirrt weiter.

Eines Tages bekam ich eine E-Mail von einer Leserin meines Blogs. Sie war Hebamme und hatte meine vielen Einträge über meine Zweifel gelesen. »Trust the process«, schrieb sie und erzählte von Geburten, die sich nicht aufhalten ließen, und Zweifeln, die einen nicht weiterbrachten. Sie hatte früher selbst im Wald gelebt, doch als ihre Kinder groß geworden waren, war sie ihnen in die Stadt gefolgt. Nun lebte sie in der Stadt und konnte es nur schwer ertragen, aber sie war zu alt für das harte Leben im Wald.

Sie schrieb über Pflanzen. »Deine Beckenbeschwerden können durch ein hormonelles Ungleichgewicht verstärkt werden. Trink Himbeerblättertee, das wird dir helfen.«

Sie schrieb über Tiere. »Jedes Tier repräsentiert eine Eigenschaft, etwas, worauf du achten solltest. Du solltest den Tieren danken, die du siehst; sie überbringen dir Botschaften.«

Sie schrieb, dass der Rabe meine Vorbehalte und Ängste repräsentierte. »Versuch, den Raben zu verstehen, Andrea.«

Sie schrieb auch über den Kapitän, den sie aus der Zeit kannte, in der sie im Wald gelebt hatte. »Er hat ein gutes Herz«, schrieb sie.

Jeppe stand jeden Tag sehr früh auf und ging hinaus, um zu arbeiten. Ich weiß nicht, ob es Angst war, die ihn antrieb, Angst vor dem Winter und all dem, was wir zu beweisen hatten, oder ob er es nicht ertrug, in meiner Nähe zu sein.

Also machten wir weiter wie gehabt, ein Tag war wie der andere, mit einer Ausnahme: Ich wandte mich nach draußen, nicht nach innen, bewegte mich in Pirouetten, weg von ihm, hin zur Natur. Ich zog mich zurück. In den Wald. Ich weiß nicht, warum.

Ich sah, wie die Biber im Fluss immer wieder alles umräumten. Und das Kranichpaar am See – wenn man ganz leise hinunterschlich, konnte man sehen, wie die Kraniche tanzten, jeden Abend um die gleiche Zeit. Es gab die unglaublichsten Insekten, die aussahen, als kämen sie von einem anderen Planeten. Ich sah einen Hasen, ich sah einen Fuchs, ich fing an, die Vögel zu bemerken, die in den Bäumen saßen. Wenn Silas einen Fisch fing, nahm ich mir die Zeit, ihn sorgfältig auszunehmen, anstatt es einfach nur hinter mich zu bringen. Ich ging mit Schneidebrett und Messer zum Fluss hinunter und schnitt den Fisch behutsam auf. Ich hielt die Eingeweide in den Händen und betrachtete sie, bevor ich sie in den Fluss warf, stromabwärts, zu den Bibern. Betrachtete das Blut an meinen Händen. Die Schuppen, die sich mit ihren Widerhaken an meiner Haut festhielten.

Die Natur hat eine Sprache, und ich fing an, sie nach und nach zu verstehen.

Ein Baum ist nicht einfach nur ein Baum. Nehmen wir zum Beispiel die Birke: Man kann ihre Blätter essen, Seife daraus herstellen, man kann Birkenrinde zum Feueranzünden verwenden oder für das Dach; sie ist wasserdicht.

Silas machte lange Spaziergänge, um Birkenrinde für das Dach seiner Festung zu sammeln. Früher waren Birken einfach Birken gewesen, jetzt waren sie etwas anderes, jetzt waren sie mehr.

Es gab glückliche Momente mit den Kindern und bittersüße traurige Momente alleine. Ich war komplett im Überlebensmodus, und ich war ständig in Habachtstellung. Selbst wenn ich lange Spaziergänge mit den Jungs machte, wir Preiselbeeren und Heidelbeeren pflückten, war ich nie ganz bei der Sache. Angst. Paranoia. Zweifel. Und das ganz neue Gefühl, dass irgendetwas kommen würde. Das spürte ich ganz deutlich. Ich sammelte Vorräte für uns, kochte Marmelade und Säfte, trocknete Himbeerblätter für Tee, schüttelte die Teppiche und das Bettzeug aus, schrubbte den Boden, putzte unser einziges Fenster, aber es half alles nichts.

Eines Tages kamen zwei Männer zu Fuß. Einer von ihnen trug einen grünen Filzhut mit Feder, der andere einen Norwegerpulli. Sie schüttelten uns höflich die Hände und stellten sich vor. Jacob und Anders.

»Wir haben euer Blog gelesen«, sagten sie. »Es ist sehr interessant. Wir dachten, wir statten euch mal einen Besuch ab.«

»Möchtet ihr einen Kaffee?«

Jeppe, der Kapitän, Sebastian und Victoria hörten auf zu arbeiten. Silas kam angerannt, Sigurd hörte auf, Steine aufeinanderzustapeln. Der Kapitän benahm sich wie der Anführer; er wies den Gästen die zwei Melkschemel zu, die wir im Stall gefunden hatten, und schickte Victoria zum Wasserholen zum Fluss; sie zog genervt die Nase kraus, doch er merkte es nicht. Jeppe und ich sahen uns verwundert an, befremdet vom Verhalten des Kapitäns.

Als alle saßen, fragte er sie ernst, was sie hier wollten.

Ich lachte höflich, verlegen und freundlich und sagte: »Ja, also, lasst uns doch erst mal eine Tasse Kaffee trinken.«

Irgendwas ging vor. Der Kapitän warf mir einen finsteren Blick zu, setzte sich auf das Sofa und starrte über die Köpfe der jungen Männer hinweg zu den Bergen in der Ferne. Wir saßen schweigend da, bis Victoria mit dem Wasser vom Fluss zurückkam. Ich legte Feuerholz nach, goss das Wasser in den Kessel, setzte ihn auf den Rost und lächelte die beiden Fremden an.

»Silas, würdest du bitte die restlichen Flapjacks holen?«, sagte Jeppe. Haferflocken. Butter. Zucker. Normalerweise aßen wir Flapjacks als Energieriegel, wenn wir Pausen machten.

»Ja, wie gesagt, wir haben euer Blog gelesen«, sagte Anders an mich gerichtet.

»Wir sind Luffare«, sagte Jacob lächelnd. Sein Gesicht war sonnengebräunt und gerötet, seine Augen klar – ein Draußengesicht. Anders war blasser.

»Was ist ein Luffare?«, fragte Sebastian. In Gesellschaft war er immer so zurückhaltend und still gewesen, doch nun sah er unsere Gäste aufmerksam mit einem offenen Lächeln an – wie ein junger Mann.

»Luffare sind Wanderer«, antwortete der Kapitän müde.

»Früher waren Luffare eine Art Wanderarbeiter. Sie sind von Hof zu Hof gewandert. Das ist eine alte Tradition, ein Kulturerbe«, erklärte Anders. »Eigentlich sind wir eine Art Nomaden. Doch, man könnte sagen, dass wir Nomaden sind.«

Es klang fast ein wenig feierlich.

Der Kapitän erhob sich, stapfte in die Küche, holte sich die Rumflasche und goss sich gereizt Rum in die Tasse, bevor er sich wieder setzte.

»Ich wandere jetzt schon seit vier Jahren«, sagte Anders, »und im Winter ist es schwer. Das Härteste ist die Einsamkeit. Wir sind zu viert, wir haben uns auf der Wanderschaft kennengelernt und überlegt, gemeinsam ein Winterlager aufzuschlagen.« Jacob nickte, während Anders in seinem feierlichen Ton fortfuhr: »Es geht uns darum, im Einklang mit der Natur zu sein, anstatt ständig dagegen anzukämpfen. Wir wandern, ohne Spuren zu hinterlassen.«

»Und was wollt ihr hier?«

Die Luffare hatten sich bislang hauptsächlich an mich und Jeppe gewandt. Der Kapitän kämpfte um seinen Platz.

Anders und Jacob schienen unbeeindruckt von der Haltung des Kapitäns; sie fuhren mit der Präsentation ihres Anliegens fort. »Eure Vision einer Gemeinschaft im Wald hat uns inspiriert. Wir würden gern peripher an dem teilnehmen, was ihr hier auf die Beine stellt.« Jacob sprach korrekt und sah dem Kapitän direkt in die Augen. Anders vermied Augenkontakt.

»Aha«, sagte der Kapitän und lehnte sich auf dem Sofa zurück.

»Aber von was wollt ihr hier draußen leben?«, fragte Victoria leise und sah die beiden aufmerksam an.

»Wir angeln viel«, erklärte Anders lächelnd, und Jacob ergänzte: »Und wir containern.«

»Was ist containern?«

»Die Supermärkte werfen Unmengen von Lebensmitteln weg. Ihre Müllcontainer quellen über; es gibt einen solchen Überfluss von Lebensmitteln.« Er klang wie der Kapitän, wenn er sagte, dass es keinen Mangel gab in der Welt, sondern dass in diesem Teil der Welt mehr als genug vorhanden war.

Anders, erfuhr ich, war Meeresbiologe, der viele Jahre an der Universität außerdem als Manager tätig gewesen war – bis er gemerkt hatte, dass er das System nicht von innen heraus ändern konnte. Jetzt wanderte er durch die Wälder und holte Essen aus Müllcontainern. »Es geht darum, die vorhandenen Ressourcen zu nutzen, anstatt immer mehr zu wollen«, fuhr er fort. »Es ist eine Schande, wie viel Essen weggeschmissen wird. Wir bringen ein Fahrrad und einen Anhänger mit hierher und stellen einen Plan auf; reihum fährt dann einer von uns einmal pro Woche in die Stadt, um zu containern.«

»Aber bis in die Stadt ist es weit«, sagte Silas. Wir alle nickten und sahen die beiden neugierig und beeindruckt an; sie lächelten. »Dann seid ihr also eine Art Robin Hood? Ihr klaut den Reichen das Essen und gebt es euch selbst?«, fuhr Silas fort. Alle bis auf den Kapitän und die Luffare lachten.

»Ja, so ähnlich«, sagte Anders.

»Kann man so überleben?«, fragte ich die beiden, doch es war der Kapitän, der antwortete: »Locker!« Sicher dachte er an die Zeit, als er im Wald gelebt hatte, zehn Jahre im Tipi.

Die Luffare wirkten jung, jünger als wir, aber sie redeten wie alte Männer. Ich mochte sie; doch je mehr ich mich für sie erwärmte, desto abweisender wurde der Kapitän, bis er sich schließlich erhob, um zu gehen. »Ich gehe nach Hause«, sagte er. »Lebt wohl.«

Anders und Jacob standen höflich auf und nickten ihm zu.

Als die Sonne unterging, trafen wir eine Vereinbarung mit den Luffare; sie könnten ihr Winterlager in der Nähe aufschlagen, und wir arbeiteten wenn nötig zusammen. Wir würden einander helfen.

»Wenn es eins gibt, was ich auf meinen vielen Wanderungen gelernt habe«, sagte Jacob, »dann ist es, dass es den Menschen am besten geht, wenn sie zusammenarbeiten.«

Ich fragte sie, ob sie mit uns zu Abend essen und die Nacht im Tipi verbringen wollten, doch sie lehnten dankend ab und verschwanden ins Dickicht; sie gingen nicht den Weg am Fluss entlang, sondern folgten den Tierspuren.

»Wir kommen in ein paar Wochen wieder«, rief Anders und winkte uns vom Waldrand aus zu. »Wir müssen uns nur ein paar Wollplanen zusammennähen, dann kommen wir!«, fuhr er lächelnd fort.

Am nächsten Tag kam der Kapitän früh zu uns. Er machte Lärm draußen am Feuer, um auf sich aufmerksam zu machen.

»Ich traue ihnen nicht«, sagte er als Erstes. »Entweder ist man dabei, oder man ist nicht dabei, aber man kann nicht einfach herkommen und peripher teilnehmen. Wenn man nicht alles gibt, bekommt man auch nichts.« Er setzte Kaffeewasser auf, während Jeppe und ich uns setzten. »Ich finde nicht, dass wir ihnen erlauben sollten, hier ihr Lager aufzuschlagen.«

»Wir haben es ihnen schon erlaubt«, sagte Jeppe, und dann sagte keiner von uns mehr etwas. Eine Weile lang herrschte Schweigen.

## 12

Ich musste nach Dänemark reisen, um Geld zu verdienen. Ich musste ein paar Vorträge halten und an einer Diskussion im Fernsehen teilnehmen. Ich bekam nicht viel dafür, aber genug, um eine Axt für Jeppe, etwas mehr Seil und außerdem Konserven zu kaufen; unsere leere Vorratskammer löste Existenzängste in mir aus, und Jeppe brauchte diese Axt unbedingt, er redete von nichts anderem mehr.

»Man wird freier, wenn man seinen Konsum runterschraubt«, hatte er mal gesagt, als wir noch miteinander gesprochen hatten, und ich hatte ihm recht gegeben. Aber wir konnten es nicht lassen, Kaffee, Schokolade, Tabak, Trockengut, Konserven und Äxte zu konsumieren.

*Leben im Wald* war der Titel meines Vortrags, und ich weiß nicht so recht, was ich darüber sagen sollte. Das Leben im Wald war einfach nur ein Leben.

Ich setzte mich in den Zug und versuchte, nicht an die zweihundert Leute zu denken, die dort mit leeren Gesichtern sitzen und auf mich warten würden.

Ich war nicht mehr synchron. Meine Zeit stimmte nicht mehr mit der anderer Menschen überein. Ich gehörte nirgendwo hin. All diese Leute und all diese Geräusche, der ratternde Zug, die kalten Geräusche aus jemandes Kopfhörern, telefonierende Leute, dingdong, bla, bla, sagte die Dame auf Schwedisch, und alle drehten sich um und starrten mich an. *Die gehört hier nicht her*, flüsterten sie. Ich schloss die Augen.

Und da war noch etwas anderes. Früher hatte ich kein Problem, sie zu verlassen. Ich musste arbeiten. Gar keine Frage. Jetzt hatte ich ein Problem damit, sie zu verlassen. Ich musste arbeiten. Und ich stellte mir Fragen.

Während ich *hier* saß, waren sie *dort*, frei und draußen an der frischen Luft, während ich jetzt in der Öffentlichkeit saß, in eine Blechdose eingeklemmt, in zwei Hälften gerissen von Pferden, die in unterschiedliche Richtungen rannten.

Die anderen Leute saßen zu nah bei mir.

Ein Falke flog neben dem Zug her, direkt neben meinem Fenster. Er blieb dort eine ganze Weile lang, fast auf Augenhöhe.

Leute mit gepflegten Händen, die nach Seife und billigem Parfüm rochen, Bürobrillen, Aktenkoffer, Hipster-T-Shirts. Handtaschen und Krimis, tratschende junge Frauen, Männer, die laut in ihre Telefone sprachen. Ferienhäuser, Schlösser, Villen. Seen, Flüsse, Felder und große graue Gebäude. Alles wird verfrachtet, vorwärts, hinauf, mehr – und ich wollte einfach nur zurück.

Ich wollte den Zug anhalten. Und die Zeit. Schneller! Mehr!

Ich konnte nicht hier sein. Ich war ein schwarzer, offener Mund auf einem Achterbahnfoto.

Ich versuchte, die Figur *Andrea* zu wecken, weil ich sie brauchte, sie konnte mich trösten, aber die Figur *Andrea* lag in meinem Rucksack und schlief, mein Zwischenzustand interessierte sie nicht, und außerdem war sie sauer auf mich. Wegen der Sache auf der Müllkippe.

Als ich aus dem Zug stieg, betrat ich eine Welt, in der ich plötzlich verstehen konnte, was die Leute sagten. Am Anfang hörte ich jedes einzelne Wort, aber es dauerte nicht lange, bevor es das altbekannte Gemurmel war. Am Anfang sah ich in jedes einzelne Gesicht, doch bald waren es einfach nur Gesichter. Es dauerte nur wenige Minuten, und ich war in die alte Stadt-Routine zurückgefallen.

Ich wusste, welchen Bus ich nehmen musste. Ich wusste, wo ich den besten Kebab bekam. Ich kannte die Verkehrsregeln. Ich konnte einen Auftrag erteilen und einen Befehl entgegennehmen. Ein Kinderspiel.

Kopenhagen war schön, sonnendurchflutet, die Leute saßen in den Cafés. Alles war fast normal, ich genoss es, ich badete darin und vergaß schnell die Gedanken aus dem Zug. Ja, ich roch nach Feuer, hatte schwarze Hände und verfilzte Haare, aber ich fühlte mich nicht fehl am Platz, als ich da eisessend und lächelnd herumlief.

Ich ging zu meiner Schwester, und das Erste, was ich tat, war, ausgiebig heiß zu duschen. Ich stand stundenlang unter der Dusche. Es war, wie von Gott umarmt zu werden.

Abends ging ich los, um meinen Vortrag zu halten.

Ich war nicht auf die Reaktionen vorbereitet. War nicht vorbereitet auf die ältere Dame, die in der Pause mit Tränen in den Augen zu mir kam. Sie nahm meine Hand und sagte ganz ruhig: »Du tust das Richtige für die Kinder. Die Gesellschaft wird …« Sie beendete ihren Satz nicht, sondern sah mir nur in die Augen und verschwand in der Menge.

Auch auf den Skeptiker war ich nicht vorbereitet. Welliges Haar, Arme und Beine überkreuzt. Er fasste unsere Entscheidung als Kritik an sich auf. Er dachte, dass es entweder oder sein müsste. Entweder man besorgte sich Arbeit und tut seine Pflicht, oder man hörte auf, die Straßen zu benutzen und zum Arzt zu gehen. Beides konnte man nicht haben.

Er war der Meinung, dass wir uns Arbeit suchen und mit dem Träumen aufhören mussten. »Die Gesellschaft ist eine Grundlage, die ihr zu akzeptieren habt«, sagte er, und ich widersprach ihm.

Ich sagte: »Ich wurde in ein System hineingeboren, das ich nun nicht verlassen darf. Macht mich das nicht zu einem Sklaven?«

Das ist Totalitarismus, dachte ich. Aber ich sprach es nicht aus.

Er meinte, ich würde übertreiben. Und was, wenn alle es so machten wie wir?

»Vielleicht würde es dem Planeten bessergehen?« Ich bin noch nie mit einem meiner Zuhörer in Streit geraten. Nie. »Auf einem Planeten mit begrenzten Ressourcen kann es kein grenzenloses Wachstum geben«, fuhr ich fort.

»Ziviler Ungehorsam hat in einer Gesellschaft, die so gut funktioniert wie unsere, nichts zu suchen«, sagte er.

»Soll das heißen: Pass dich an oder stirb?«

»Wer sich einfach aus der Gesellschaft abmeldet, ist ein unsozialer Egoist. Es wäre besser, wenn man versucht, sie von innen heraus zu verändern.«

»Aber das haben wir ja versucht – es geht nicht!«

»Ihr seid der Allgemeinheit verpflichtet, ihr könnt nicht einfach abhauen und alles hinter euch lassen«, sagte er; das war der skandinavische Schmerz, der da aus ihm sprach.

Ich entgegnete: »Aber wir mussten uns beweisen, dass wir keine hilflosen Idioten sind, und wir mussten den Kindern zeigen, dass man sich entscheiden kann im Leben, dass man sich entscheiden muss. Außerdem ist es ja nicht so, dass wir nichts mit anderen Leuten zu tun haben wollen. Diese Gesellschaft hat kein Patent auf zwischenmenschliches Handeln. Ich will gern Teil einer Gemeinschaft sein, aber nicht dieser Gesellschaft, denn an die glaube ich nicht mehr. Ich glaube, sie ist auf dem falschen Weg.«

»Ach«, sagte er und machte eine wegwerfende Handbewegung. »Ihr spielt doch nur. Für euch ist das Leben ein Spiel.«

»Ja«, antwortete ich.

Er lächelte triumphierend.

Plötzlich vermisste ich den Kapitän. Der hätte stolz gesagt: »Kapiert ihr das nicht? Ihr Narren! Das Imperium geht unter! Wir müssen alles ausprobieren und Wege aus dem Schlamassel finden, in dem wir sind!« Er hätte laut und deutlich gesprochen und hätte vor nichts Angst gehabt. Er hätte etwas darüber gesagt, dass das Spiel eine grundlegende Art menschlichen Lernens und der Entwicklung und Veränderung förderlich sei.

Ich hingegen erlebte ein professionelles Fiasko; weder vorher noch danach bin ich je so sehr ins Schleudern geraten wie dort.

»Also gut, ich versuche, es zu erklären: Heute können wir noch nach Alternativen suchen, wir haben noch die Wahl. Aber es ist sicher, dass diese Gesellschaft nicht zukunftsfähig ist und wir irgendwann an die Grenzen stoßen. Und dann haben wir keine Wahl mehr. Was würde passieren, wenn in Kopenhagen großflächig der Strom ausfiele? Und die Heizungen im Winter nicht warm würden? Die Leute würden erfrieren, es würde kein Licht geben, nichts. Wir würden so ungeschützt und verwundbar sein. Wir alle haben das trügerische Gefühl, in Sicherheit zu sein, aber es ist nur eine Frage der Zeit, bis alles zusammenbricht, wirklich – alles!«, sagte ich und zeigte in alle Richtungen.

Es wurde ganz still im Raum.

»Ich meine …«

Shit.

Ich sah an mir hinunter. Grüne Bluse, braune Hose, schwarze Wanderschuhe auf Linoleum. Ich versuchte, mir meine Schuhe auf einem Moosteppich vorzustellen, doch es half nicht; ich hatte mich in eine Weltuntergangsverkünderin verwandelt. Ich hätte genauso gut ein Schild hochhalten können, auf dem *Das Ende ist nah!* steht. Ich wusste nicht, was ich sagen sollte. Was sagte man nach dem Weltuntergang?

»Irgendwelche Fragen?«

Eine Frau fragte, ob wir viel meditierten. Fönfrisur, blond, blaue Augen, rosa Nagellack, italienische Schuhe.

»Nein«, sagte ich. Sie sah enttäuscht aus. »Für so etwas haben wir keine Zeit«, fügte ich hinzu.

Die Figur *Andrea*, die das Ganze bis jetzt ungläubig beobachtet hatte, beschloss, zu übernehmen. Sie wusste, wie man hier redete, sie kannte die Regeln – sie musste nur mit den Armen herumfuchteln und etwas Lustiges sagen. Vielleicht würde sie eine Skizze an die Tafel zeichnen, wie damals, als sie an der Universität gelehrt hatte. Vielleicht dachte sie, dass es toll war, etwas anderes zu tun, mehr zu tun, als nur zu spülen. Sie mit ihren Ambitionen!

Sie erzählte dem Publikum von den Glücksmomenten, sie erzählte ihnen von der Natur und dem einfachen Leben, und ich sah, wie die Farbe in die Gesichter der Zuhörer zurückkehrte und ihre Augen leuchteten; das war es, was die Leute hören wollten, sie wollten von den schönen Dingen hören. Die Figur *Andrea* erzählte ihnen von der Parallelwelt, und obwohl ich sie für ihre schöngefärbten Geschichten hasste, musste ich einsehen, dass ihre Geschichten wesentlich besser funktionierten als meine Weltuntergangsszenarien.

Also vergab ich ihr.

Nach dem Vortrag gingen wir essen und ins Kino, im Hotel schlangen wir weiße Handtücher um unser Haar, und ich klopfte ihr kameradschaftlich auf die Schulter und sagte »Gut gemacht«, worauf sie antwortete: »Du auch.« Und dann versöhnten wir uns.

Man kann gleichzeitig Waldfrau und die Figur *Andrea* sein. Wenn man es wirklich will, geht das.

Am folgenden Tag nahm ich an einer Diskussion im Fernsehen teil. In der Maske herrschte große Aufregung; es hatte mit meinen Haaren zu tun.

Die Maskenbildnerin bat um Verstärkung, und plötzlich umschwirrten mich drei Maskenbildnerinnen wie Libellen; sie griffen in mein Haar und sahen einander vielsagend an.

»Du wohnst also ohne Badezimmer im Wald.«

»Ja.«

»Heißt das, dass du nie duschst?
»Ich bade im Fluss.«
»Dein Haar sieht sehr strapaziert aus, deine Spitzen müssten geschnitten werden, und ein paar Strähnchen könnten auch nicht schaden.«

Außerdem hatte ich dunkle Ringe unter den Augen. Und schwarze Fingernägel. Also puderten sie mich gründlich; ich war von einer regelrechten Puderwolke umgeben. Bezüglich der Haare entschieden sie sich für eine Hochsteckfrisur und eine Menge Spray, um ihnen ein wenig *Shine* zu verleihen.

Ich gab bereits in der Maske auf und ließ die Figur *Andrea* übernehmen. Sie legte ihre Rüstung an und zog in den Kampf; sie erzählte ihnen, den Zuschauern, dass Freiheit einen Preis hatte, dass ironische Distanz einen nicht weiterbringt, dass die reale Welt existiert und dass man nicht vor sich selbst weglaufen konnte.

Damals, auf der Müllkippe, hatte ich geglaubt, sie sei nur geil auf Aufmerksamkeit, eine miese kleine Opportunistin, die ständig Anerkennung brauchte und mich mit eisernem Griff im Unglück gefangen hielt. Vielleicht war sie das, damals, aber genau wie ich schien sie sich geändert zu haben. Es schien, als hätte sie ein höheres Ziel gefunden. Vielleicht konnte man es sogar als Mission bezeichnen. Eine Aufgabe.

Später, im Hotel, lag ich im Bett und war mehrere Stunden online, bis mein Kopf schwer und meine Augen müde wurden. Ich aß Chips und Süßigkeiten, trank eine Menge Sprudel und Bier und wickelte mich in die kuschelige Decke. Der Fernseher lief im Hintergrund. SMS kamen an, ab und zu duschte ich.

Man kann die existenzielle Einsamkeit auf Distanz halten, indem man alle Geräte einschaltet, man kann seine innere Stimme mit Hintergrundlärm übertönen, man kann seinen Kopf vollstopfen, damit er sich nicht so leer anfühlt ... Aber für mich funktionierte das nicht mehr. Das Atmen fiel mir schwer, und ich begriff, dass es eine Frage von Leben und Tod war. Die Bequemlichkeit erstickte mich. Ich schaltete alles aus und stand auf.

*Bright lights. City nights. Aber in Gedanken bin ich eine Wikingerkriegerin auf Beutezug. Ich stehe am Fenster, sehe zum Horizont und sehne mich nach zu Hause. Ich stelle mir vor, wie es zu Hause aussieht. Sie schlafen. Es ist dunkel. Ich denke an die großen Kiefern und die Sterne, die wie Weihnachtsbeleuchtung darüberhängen. Das Rauschen des Wasserfalls. Es ist laut. Nachts klingt er immer lauter, als würde das Wasser in der Nacht freier fließen – wie die Gedanken. Vielleicht heulen die Wölfe, aber ich glaube nicht. Nicht heute Nacht. Ich glaube, dass man heute nur das Atmen meiner Familie und das Tosen des Wasserfalls hört.*

*Ich bin nicht dort. Ich bin in der zivilisierten Welt. Hier sagen sie, dass es bergab ginge und dass wir die Welt retten müssten, indem wir mehr Geld ausgäben, mehr konsumierten und das Wachstum ankurbelten. Und zwischen Meldungen darüber, dass immer mehr Leute mit dem Rauchen aufhören, und Warnungen vor den Gefahren von Feuchtigkeit im Keller wird von fallenden Kursen und Kriegen berichtet. Sie erzählen vieles, aber für mich sieht es so aus, als würde die Welt in Flammen stehen. Dieses System bricht vor meinen Augen zusammen, aber es macht mich nicht traurig – nicht mehr, weil mir inzwischen bewusst ist, dass dieses System so wenig tragfähig ist wie ein Holzsteg mit verrotteten Pfeilern.*

*Hier in der zivilisierten Welt gibt es Lichter, die nie ausgehen. In den Straßen fließen Gold und Honig, aber keiner achtet auf den anderen, alle sind einsam, keiner sagt etwas, und alle geben sich selbst die Schuld. Kein Shine der Welt kann darüber hinwegtäuschen.*

*Diese Welt ist nichts mehr für mich, ich gehöre nicht hierher; ich bin nun eine von den Wilden.*

*Ich kehre dem Fenster den Rücken zu. Ich kehre dem Polizeistaat den Rücken, den unartikulierten Schreien der Männer auf der Straße, der Matrix, dem Status quo und den Lügen, die schon so oft erzählt worden sind, dass es*

*keinen mehr kümmert. Ich wende mich ab und kehre zurück.*
*In den Wald. Zu den Bären. Zu den Wölfen. Zu dem Wasserfall.*

Am folgenden Morgen packte ich rasch meine Sachen. Entschlossen lief ich durch die Stadt. Dicker, dunkler Dunst hing zwischen den bedrohlichen Gebäuden, das gellende Kreischen der Möwen mischte sich unter die morgendlichen Geräusche der Stadt: Müllwagen, tief fliegende Flugzeuge, Leute, die einander anschreien, das Geklirr und Geklapper von aneinanderstoßenden Dingen, hupende Autos.

Ich war Xena, die Kriegerprinzessin, ich lief mit meinem Rucksack durch die Stadt. Das hier war nichts mehr für mich.

Ich sah sie am Bahnhof; ich betrachtete sie, während ich darauf wartete, dass die Zugtüren aufgingen. Jeppe stand mit Sigurd in den Armen da. Sie hielten Ausschau nach mir.

Jeppe roch nach Lagerfeuer und Schweiß und Holz. Ich hob meinen Sohn hoch und küsste ihn; ich vergrub mein Gesicht in ihrem Staub und Schlamm. Wir fahren jetzt zurück in den Wald, in den Wald; wir leben wie Robin Hood!

Er war gestresst.

»Die Stadt macht mich verrückt, lass uns zusehen, dass wir hier wegkommen«, sagte er angespannt und entwand sich meiner Umarmung. Auf dem Weg zum Auto ging er mir mehrere Meter voraus.

»Wie ist es hier gelaufen?«, fragte ich.

»Wir sind mit dem Hausbau hinterher, ich weiß nicht, ob wir es vor dem Winter schaffen. Während du weg warst, habe ich mich um die Kinder gekümmert und gekocht und nichts am Haus gemacht. Die Luffare sind angekommen und haben ihr Lager unten am See aufgeschlagen. Die Kinder sind müde und wollen nicht mehr mitarbeiten.«

Und er wollte nicht hören, wie es mir ging; er konnte sich nicht darauf konzentrieren, im Kreisel schrie er die anderen Autofahrer an.

Als wir zu Hause ankamen, gab ich ihm das Geld für die Axt.

Er lächelte nicht.

Die Kinder waren froh, mich zu sehen. Sie hatten heiße Schokolade gekocht.

## 13

Der Herbst war gekommen, als ich weg gewesen war. Jetzt war er überall. Hatte alles eingenommen. Der Herbst ist eine echte Diva.

Er betritt die Bühne mit einem Spektakel. Er ist nicht der Typ, der auf leisen Sohlen angeschlichen kommt und irgendwann geräuschlos verschwindet, nein, der Herbst kommt, wann es ihm passt, und tritt nur widerwillig wieder ab. Er frisst alles auf, und auch, wenn er glückliche Tage mit sich bringt und wie ein Juwel in tiefen roten, blauen, grünen und braunen Farben funkelt – er sorgt auch für kalte Nächte und Krankheiten, aber das ist noch nicht alles, oh nein, das ist noch nicht alles. Wartet nur, bis ich die ganze Wahrheit über den Herbst erzählt habe!

Sigurd mochte ihn nicht.

»Warum fallen alle Blätter von den Bäumen?«, fragte er entsetzt. Das war sein erster vollständiger Satz.

Der Herbst überraschte uns. Ich gebe es zu; ich gebe zu, dass uns vorher nicht klar gewesen war, wie sehr die Jahreszeiten sich auf unser Leben auswirken würden.

Herbst hieß Schlamm, Frost, Zeitdruck, kalte Glieder, nasse Klamotten, Regen.

Herbst hieß, dass wir mehr Zeit drinnen verbrachten, und das war ein ganz neues Leben, das Leben drinnen.

Die Hütte schien so klein. Wir füllten sie vollständig aus, jeder Kubikzentimeter war mit unserem Atem, unserer Körperwärme, unseren Gedanken und unserem Leben getränkt und gesättigt.

Während ich in Kopenhagen gewesen war, waren die Luffare angekommen. Ihr Lager befand sich zwei oder drei Kilometer weiter waldeinwärts, der Weg dorthin, über Felsformationen und durch

Gestrüpp, war unpassierbar. Ich fand, dass es ein dunkler Ort war, aber sie hatten ihn ausgesucht, weil er nahe am See lag und von ein paar toten Kiefern geschützt wurde.

Mit all ihrem freien Willen hatten sie schnell angefangen zu streiten. Es ging um die toten Bäume. Wie ich bereits gesagt habe: Die Zeit und der Tod sind anders im Wald. Man geht mit diesen Themen anders um.

Rick, ein dunkelhaariger, bärtiger Typ, der drei Monate im Jahr als speziell ausgebildeter Sicherheitsbediensteter in einem Kernkraftwerk arbeitete und den Rest des Jahres im Wald lebte, war weniger ideologisch als die anderen. Und pragmatischer.

Sie verbrannten feuchtes Holz. Ihr Feuer qualmte stark und spendete kaum Wärme, weshalb er vorschlug, einen der toten Bäume zu fällen. Dieser würde besser brennen und es würde weniger qualmen.

Die anderen waren dagegen. Sie meinten, der Baum würde eher dem Specht gehören als ihnen, und sie wollten das natürliche Gleichgewicht nicht durcheinanderbringen – sie wollten keine Spuren hinterlassen.

Wir kamen gut klar mit Rick. Er war der Erfahrenste von ihnen und außerdem der Lustigste.

Wir folgten dem Luffare-Drama mit großem Interesse. Ihre internen Konflikte spiegelten die unseren wider, aber so etwas machte mehr Spaß, wenn es anderen passierte; Ideal versus Wirklichkeit, Individuum versus Gemeinschaft.

Sie hatten jeder ihr eigenes Zelt, ihre eigene Jurte, ihre Kote, ihren Unterschlupf gebaut, und verbrachten ihre Tage damit, ihre jeweilige Behausung zu verbessern, Häute zu waschen und sie auf selbst gebauten Gestellen zu trocknen. Sie angelten und badeten in dem kalten See, schnitzten Löffel und sammelten Wildkräuter und Beeren, sprangen auf den Steinen herum und brachen nie in die schwarzen Löcher ein.

Die Kinder gingen oft zu ihnen hinunter, einfach nur um in den Zelten zu sitzen und Karten zu spielen oder sich die Geschichten der Luffare über ihre vielen Reisen anzuhören. Vor allem Victoria war fasziniert von ihrer Lebensweise und ein wenig enttäuscht darüber, dass sie nicht das ganze Jahr über im Wald lebten. Sie arbeiteten in der Stadt, um Geld zu verdienen. Sie hatten Häuser, in denen sie wohnen konnten, wenn der Winter zu hart wurde. Notfallpläne.

Manchmal begleitete sie die Luffare auf Wandertouren und Trekkingausflüge. Meistens kamen sie auf ihrem Weg tiefer in den Wald bei uns vorbei. Ein Grüppchen stiller Menschen mit wollener und lederner Kleidung und langen Bärten. Und dann Victoria. Gelbes Leinenkleid, Wintermantel und Wanderstiefel.

Der Kapitän hatte immer etwas noch Wilderes ausprobiert, der Kapitän hatte immer noch mehr Erfahrungen gemacht; das Verhältnis zwischen den Jungen und dem Alten war angespannt. »Stockholmer Jungs«, sagte er verächtlich. »Die riskieren nicht wirklich etwas. Ich könnte wetten, dass sie Studienförderung oder Arbeitslosengeld bekommen.«

»Er ist verbittert«, sagten sie. »Das passiert, wenn man zu lange alleine im Wald lebt.« Dann nickten sie einander vielsagend zu und waren froh darüber, dass sie sich zusammengetan hatten.

Manchmal setzten sie sich abends zu uns ins Tipi ans Feuer. Eines Abends eskalierte es. Rick und der Kapitän sprachen leise über Erfahrungen mit wilden Tieren und harten Wintern, während die anderen über ein Volkstanzfest redeten, zu dem sie gerne gingen. Plötzlich stand der Kapitän auf und schüttete Jacob den Inhalt seines Glases ins Gesicht. Alle standen auf, aber keiner sagte etwas. So standen wir ein paar Minuten oder ein paar Sekunden da, bis Rick Jacob auf die Schulter klopfte und sagte: »Komm, lass uns nach Hause gehen.«

Sobald sie im Wald verschwunden waren, fragten wir den Kapitän, was los gewesen sei.

Er sagte: »Es ist nur zu seinem Besten. Ich will ihn herausfordern. Er muss lernen, für sich selbst einzustehen. So«, sagte er und zeigte in die Richtung, in die sie verschwunden waren, »so verhält man sich in der Stadt. Höflich und oberflächlich.«

Der Rabe kreiste noch immer und hielt mich Tag und Nacht wach. Ich wusste nicht, ob das ein gutes oder ein schlechtes Zeichen war. Gut und böse existierten nicht mehr für mich. Nachdem ich aus Dänemark zurückgekommen war, hatte ich alles mit anderen Augen gesehen. Nicht, dass ich auf einmal Antworten oder Erklärungen gefunden hätte – aber die Parallelwelt kristallisierte sich heraus wie der Raureif im Gras am Morgen.

In der Zwischenzeit wuchs unser Haus. Langsam. Stamm um Stamm.

*Es hat tagelang geregnet. Das Wasser unter der Brücke steigt; sie wird bald überflutet sein.*

*Inzwischen weiß ich, dass ich jeden Tag Brot backen muss, um uns satt zu halten.*
*Also gehe ich jeden Morgen zum Fluss und hole Wasser, als könnte ich so den Wasserstand niedrig halten. Mit meinen eigenen Händen.*
*Also knete ich. Salz, Wasser und Mehl. In einer großen Schüssel.*
*Ich habe angefangen, Anis, Fenchel, Kümmel und dunklen Sirup in den Teig zu mischen, wie die Schweden es tun.*
*Bald werden uns die Gewürze ausgehen.*

*Es ist lange her, dass wir zum letzten Mal frische Milch getrunken haben. Das mit der Milch macht mir Sorgen. Ich glaube, dass die Kinder Kalzium brauchen, um zu wachsen, und vielleicht brauche auch ich es, vielleicht würde etwas Kalzium meinem Rücken und meiner Wirbelsäule guttun.*

*Vielleicht würde Kalzium all unsere Probleme lösen. Wir haben bloß keins. Keine Milch. Kein Milchpulver. Nichts. Also schütte ich Tausende von Sesamsamen in den Teig. Sesamsamen enthalten Kalzium.*
*Es ist ein seltsames täglich Brot, das wir da essen.*
*Ich spüle, ich putze, ich backe Brot, ich verrichte all die hirnlosen häuslichen Pflichten, die Tausende von Frauen Tausende von Jahren vor mir verrichtet haben, und ich halte inne und betrachte meine klebrigen Hände und frage mich: Warum ist das nicht genug? Warum genügt es nicht, einfach zu leben, warum muss man irgendetwas erreichen, warum hat man den Ehrgeiz, etwas zu werden? Ist man nicht so schon etwas? Solche Dinge denke ich, und wenn ich mit dem Denken fertig bin, gehe ich runter zum Fluss und wasche meine Teighände. Ich reibe sie mit Sand ab und tauche sie ins eiskalte Herbstwasser.*
*Ich sage mir, dass ich nicht vergessen darf, dass ich glücklich sein sollte, und dann weine ich.*

*Ich weine ständig. Ich laufe über. Wie der Fluss.*

*Das Wasser reflektiert das Licht, nur für mich; der Wind streichelt meine Wange. Ich werde getröstet. Von der Natur. Vom Wind, vom Wasser, von den Reflexionen und den Bäumen, sie trösten mich wirklich, sie halten mich und wiegen mich und sagen mir, dass alles gut wird.*
*Ich weiß, dass es kitschig klingt, aber warte nur, bis du es selbst erlebst.*
*Es sind Augenblicke der ewigen Gnade.*


Meine Schwester hatte sich bei uns angekündigt. Sie musste mal raus, sie meinte, sie könnte im Dachzimmer wohnen und uns beim Hausbau helfen.

Der Kapitän war skeptisch. Ich beeilte mich, ihm zu erklären: »Sie ist nicht so ein Mädchen-Mädchen, sie kann anpacken und ist nicht zimperlich.«

Er sah mich ernst an. »Sie ist deine Schwester ...« Er schwieg eine Weile, bevor er fortfuhr: »Also wird sie schon in Ordnung sein.«

»Macht es dich nervös?« Ich wusste, dass er nervös war.

»Ja, ich bin ein wenig nervös, weil ich fürchte, dass das Gleichgewicht unserer Gemeinschaft gestört werden könnte«, sagte er, obwohl dieses Gleichgewicht schon sehr, sehr oft gestört worden war. »Aber andererseits ging es uns ja gerade darum, dass mehr Leute herkommen, um hier zu leben.«

»Mach dir keine Sorgen«, sagte ich. »Sie ist okay.«

Er lächelte mich an. Mit diesem etwas schüchternen, ehrlichen Lächeln. Er lächelte nur noch selten, und wir sprachen auch nur noch selten auf diese Weise miteinander.

Der Herbst machte uns so zielstrebig und pragmatisch. Und besorgt. Ständig war da dieses Gefühl, dass irgendetwas herannahte, dem man nicht entkommen konnte.

Eines Abends sagte Jeppe: »Das Kranichpaar ist weggezogen, als du unterwegs warst. Ich habe die beiden seit über einer Woche nicht mehr gehört.«

Mein Herz machte einen Satz. Im wahrsten Sinne des Wortes. Wir hatten so gern ihrem Abendlied gelauscht. Es war süß und romantisch gewesen, weil Kranichpaare ihr Leben lang zusammenbleiben, sie sind monogame Vögel, und wenn sie abends sangen, hielten wir Händchen.

»Meinst du, sie kommen wieder?«

»Nein.«

Meine Schwester kam frisch und direkt aus Kanada. Braune Cordhosen, kurzes Haar. Am Anfang durften wir nicht über Feminismus oder Veganer lachen, doch bald fanden wir zu unserer jütländischen Familientradition zurück, zu der es gehörte, sich übereinander lustig zu machen. Also machten wir uns über ihren

Feminismus und ihren Veganismus lustig, und sie machte sich über unsere Kleinbürgerlichkeit lustig, und dann schlugen wir uns lachend auf die Schenkel und umarmten uns. »Schön, dich wiederzusehen. Du warst so lange weg.«

Sie brachte neue Energie mit, und wir sahen alle von unserer harten Arbeit auf wie die Biber am Biberdamm. Als könnten wir die Zeit aufhalten. Als könnten wir den Fluss aufhalten.

Sie erzählte uns von all den aufregenden und interessanten Leuten, die sie auf ihren vielen Reisen kennengelernt hatte, und die Kinder lauschten ihr fasziniert.

Es dauerte nicht lange, bis der Kapitän sie als *seine Schwester* bezeichnete. Ihre Energie und ihre antiautoritäre Haltung trafen ihn ins Herz. Aber vielleicht war es auch Hoffnung, vielleicht hatte sie neue Hoffnung in ihm geweckt. Und Interesse.

Außerdem hatte sie Zeit und Lust, darüber zu reden, wie man die Welt ändern konnte. Jeppe und ich hatten keine Zeit dafür, genauso wenig wie für das Meditieren. Wir taten nur noch, was notwendig war, und das unter Zeitdruck.

Der Kapitän und meine Schwester verbrachten viele Abende mit Gesprächen im Tipi, während ich und Jeppe zum Klang ihrer lebhaften Stimmen im Haus einschliefen. Sie sprachen darüber, dass demnächst alles zusammenbrechen würde und wie wichtig es war, dass jemand wie wir das Wissen und die Fähigkeiten hütete, die dann gebraucht werden würden.

»Dann werden wir den Leuten helfen«, sagte meine Schwester, und ich wusste, dass der Kapitän eher an Verteidigung und Festungen dachte. Er sprach vom Staat und von der Polizei, davon, dass sie kommen und alles zerstören würden, was wir aufgebaut hatten. Sprach davon, dass wir eine kleine Miliz sein würden, eine alternative Gemeinschaft, und dass er gern im Kugelhagel sterben würde.

Meine Schwester erzählte mir von Kanada. Davon, dass Ron verrückt nach Helene war, dann aber eine Affäre mit Nigel hatte, was Siri wütend gemacht hatte, weil sie in einem ökologischen Selbstversorgerkollektiv zusammenlebten, was schwierig wurde, wenn nicht jeder die Grenzen der anderen respektierte.

Vor ein paar Jahren hatte meine Schwester Politikwissenschaft studiert und hatte langes, blondes Dänenhaar gehabt, doch dann war sie nach Kanada gegangen und hatte Chemtrails und Hula-Hoop-Ringe studiert. Das Gegenteil von Politikwissenschaft war ein kleines Kollektiv von Filmstudenten mit Dreadlocks und Verschwörungstheorien, das Gegenteil von Politikwissenschaft waren junge Leute, die an Demonstrationen teilnahmen und den Massenmedien misstrauten.

Sie war jetzt eine ganz andere Person als die Politikwissenschaftsstudentin, die ich kannte, und es dauerte eine Weile, bis ich es voll und ganz verstand.

»Aber warum bist du eigentlich nach Kanada gegangen?«, fragte ich sie eines Abends. Sie erzählte mir davon, wie es war, eine junge Studentin zu sein. Davon, dass man ständig erzählt bekommt, dass man ein verwöhnter Schmarotzer sei und man dankbar sein müsse, in einer Gesellschaft zu leben, die einem so großzügig ein Studium ermöglichte. Doch dieses Studium käme einem nicht selbst zugute, man absolvierte es nur, um eine produktive Arbeitskraft zu werden, und man würde von Anfang an in der Schuldenfalle sitzen. »Meine Generation hat keine Chance«, sagte sie und sah sehr traurig aus. Ich gab ihr Kamillentee und Kekse, ich gab ihr eine warme Decke und eine Familie.

»Aber was wolltest du?«, fragte ich. »Was ist die Alternative?«

»Ich dachte, es wäre Kanada, aber die haben auch nur geredet, nichts ist passiert, sie haben nie wirklich etwas getan.« Sie fuhr fort: »Ich träume von einer Gemeinschaft, in der man wirklich zusammenarbeitet und zusammenhält und wirklich etwas schafft.«

»Also so etwas wie eine Kommune?«

»Ja, aber ... ein bisschen gemeinschaftlicher als eine Kommune.«

Eines Tages schlug der Kapitän mit seiner ernsten Stimme vor, dass wir ein paar Regeln aufstellten. Wir waren alle einverstanden. Der Kapitän sagte, dass wir nun, wo wir mehr Leute wären, Zuständigkeiten festlegen müssten. Er riss ein Stück von einem Pappkarton ab, schrieb mit Kohle darauf und hängte das Schild neben die Tür.

Er verteilte die Zuständigkeiten so: Sebastian sollte den Müll verbrennen, Victoria sollte das Tipi ordentlich halten, Silas sollte Feuerholz hacken, ich sollte kochen und spülen, Jeppe, der Kapitän und meine Schwester wurden zum Hausbauen eingeteilt.

»Ich möchte wirklich gern mehr über den Hausbau lernen«, sagte sie lächelnd zu mir.

Abends setzten wir unser Gespräch über die Regeln fort. »Es ist sehr, sehr wichtig, die Erwartungen miteinander abzustimmen und klare Absprachen zu treffen«, sagte der Kapitän. Er redete sehr eindringlich – fast den Tränen nah – über Zucht und Ordnung an Bord eines Schiffes. »Alles hat seinen festen Platz, da weiß man immer, woran man ist«, sagte er. Danach erzählte er eine Weile von seiner Zeit im Gefängnis. Er sagte, dass Männer klare hierarchische Strukturen brauchen und dass es immer die Frauen sind, die das Gefüge durcheinanderbrächten – wenn Männer unter sich seien, gäbe es keine Konkurrenz zwischen ihnen, sie seien wie Brüder.

Meine Schwester verdrehte die Augen. Für sie war das Geschlecht Definitionssache und wir lebten schon viel zu lange in einer patriarchalen Gesellschaft.

Wir sprachen stundenlang über die Regeln. Der Kapitän fand, dass er der Pförtner sein sollte und dass Leute an ihm vorbeimüssten, wenn sie uns besuchen wollten; er würde ihnen dann den Zugang verweigern oder genehmigen. »Das ist es, was bei den Luffare schiefgelaufen ist«, sagte er. Wir alle schüttelten lachend den Kopf, doch er lachte nicht.

»Ich glaube, dass es das Beste ist, aufgeschlossen zu sein«, sagte ich. »Ich will kein ganzes Regelwerk aufstellen, das käme mir vor wie eine Bankrotterklärung; wir sind doch hier, um von den ganzen Vorschriften wegzukommen; Vorschriften sind Gift für die Eigeninitiative.«

Ich war inzwischen Anarchistin. Ich glaube nicht, dass der Kapitän einer war.

Nach mehreren Stunden einigten wir uns auf drei Regeln. Der Kapitän schrieb sie auf ein zweites Stück Pappe.

*Show your balls (sei mutig)*
*Speak your mind (sag, was du meinst)*
*Walk your talk (tu, was du sagst)*

»Bei den Ureinwohnern Amerikas gibt es Tausende von unausgesprochenen Regeln«, sagte der Kapitän, »Aber weil wir aus einer so kaputten Kultur kommen, müssen wir die Regeln aussprechen, sie aufschreiben, sie definieren und darüber reden. Wir können es nicht wagen, an das Gute im Menschen zu glauben; uns fehlen das Hintergrundwissen und die Fertigkeiten dazu.«

»Aber wir sind nicht die Ureinwohner Amerikas«, sagte ich.

Er sah mich eine lange Weile mit leerem Blick an.

In jener Nacht rückten wir die Sofas näher an das Feuer und bauten einen Reflektor. Wenn man das Feuer auf einer Seite abschirmt, strahlt die Wärme auf die andere Seite ab und verdoppelt sie.

Wir saßen noch lange draußen, ohne viel zu sagen, während die Regeln an dem Faden, mit dem der Kapitän sie an eine der

Tipistangen gebunden hatte, hingen und flatterten.

Ich fror.

Es war, als kröche mir der Herbst unter die Haut, in die Knochen, in mein schmerzendes Becken und meinen kaputten Rücken. Vier Kinder, Tausende von Treppen und die harte Arbeit hier im Freien waren nicht spurlos an mir vorübergegangen. Ich hatte das Gefühl, dass er mich im Stich ließ, mein Körper, ausgerechnet jetzt, wo ich ihn mehr denn je brauchte. Warum mussten sich ausgerechnet jetzt all meine Wunden und Gelenke bei mir melden?

Ich lag mehrere Tage lang im Bett, ich konnte mich nicht rühren, ich konnte nicht arbeiten. Weil ich drinblieb, ließen wir immer von morgens bis abends ein kleines Feuer in der Säterstuga brennen, und ich merkte, dass es die Wärme war, die Behaglichkeit erzeugte, es ist die Wärme, die einen Raum wohnlich macht. Es sind nicht die Dinge und die Ausstattung, es ist die sanfte Wärme, die sich einem um die Lenden wickelt, die dafür sorgt, dass man sich entspannt ... in seiner Höhle.

Ich dachte an unser Haus in Dänemark zurück. Da war es nie richtig gemütlich.

Damals wusste ich nicht, dass es die sanfte Wärme von verfeuertem Birkenholz ist, die ein gemütliches Heim schafft. Brennholz aus Fichte oder Kiefer sorgt nicht für die gleiche Behaglichkeit. Es spritzt und springt. Birke ist stabil, die Wärme schmiegt sich um den Raum, dringt in die Böden, Wände und Möbel ein.

Sie brachten alle Möbel hinein; das Tipi war nun leer. Victoria übernahm meine Aufgaben. Silas backte Brot.

Sigurd kam zu mir ins Bett gekrochen; wir lagen lange da und flüsterten und sangen. Wenn Victoria mit dem Abwasch fertig war, rollte sie sich auf dem Sofa zusammen und las *Romeo und Julia* oder *Aschenputtel*.

In diesem Moment kam das Glück.

Um 16.23 Uhr. Es kam als die Wärme des Birkenholzes, als ruhiger Moment, in dem es nicht um Arbeit ging und nicht alle geschäftig herumrannten, herein, heraus, mit ihren Äxten. Es fing an, heftig zu regnen, und alle kamen rein. Meine Schwester und Sebastian spielten Karten, Jeppe setzte Wasser auf und blätterte in *Creative Country Construction*, der Kapitän saß müde und mit geschlossenen Augen auf dem Sofa. Der Kontrast zwischen dem angenehmen Drinnen und dem rauen Draußen war überwältigend und veränderte meine Beziehung zum Drinnen für immer. Ich liebte es.

Manchmal lud uns der Kapitän zum Abendessen ein. Dann saßen wir so wie damals im Winter gemeinsam in Bondsäter. Er bereitete mir immer ein Plätzchen mit vielen Kissen auf seinem Sofa und tat mir Essen auf. Er hatte ein neues Stammgericht: gebratene Würstchen aus dem Glas, Rührei und Sauerkraut.

Die Sonne stand im Herbst anders, sie verschwand schneller hinter unserem Haus, verschwand hinter dem Berg, aber in Bondsäter schien sie länger, und diese eine Stunde mehr machte viel aus. Manchmal fuhren wir zu ihm, nur um die letzte Stunde Sonne zu bekommen. Er hatte schon eines der Schafe geschlachtet; es hing zum Trocknen über dem Holzofen. Keulen. Rippen.

Meine Schwester saß am Fenster, sah hinaus und rauchte eine Zigarette. Jeppe saß zurückgelehnt auf dem gleichen Stuhl wie im letzten Winter, der Kapitän setzte Wasser für den Abendkaffee auf, die Kinder spielten im Nebenraum Karten.

»Was meinst du, wann das Haus fertig wird?«, fragte ich Jeppe.

Er sah mich nicht an, sondern drehte sich noch eine Zigarette. »In vierzehn Tagen.«

Der Kapitän schnaubte, und meine Schwester seufzte tief. Ich kenne niemanden, der so tief seufzen kann wie sie, es ist das vielsagendste Seufzen, das ich kenne, und sie setzt es oft ein, um die Stimmung zu regulieren.

»Setz nicht so unrealistische Erwartungen in die Welt«, sagte sie streng zu Jeppe.

»Es wird wesentlich länger dauern, Andrea.« Der Kapitän und meine Schwester nickten einander zu, Jeppe guckte aus dem Fenster.

Regen. Nebel. Sie trugen Regenmäntel, die Kapuzen aufgesetzt, während das Haus weiter wuchs.

Die Stimme des Kapitäns hallte über das Tal. Er rief die gesamte Welt an, während ich auf dem Sofa lag und meine Schmerzen immer schlimmer wurden; es war, als würden meine Organe sich umeinander verdrehen.

Je mehr die Wände wuchsen, desto höher mussten sie die Stämme wuchten. Die Arbeit war schwerer geworden – und gefährlicher.

Der Regen machte die Stämme rutschig und schwerer zu handhaben.

»Hep!«, rief der Kapitän jedes Mal, wenn sie einen Stamm hochhoben. »Hep!« Pause. »Hep!« Pause. »Hep!« Sein Ruf ließ mich aufstehen.

Ich ging raus, langsam und vornübergebeugt. Ich setzte mich auf einen Baumstamm und sah ihnen zu. Ihre Gesichter waren verzerrt. Angestrengt. Es war, als versuchten sie, die Midgardschlange vom Horizont hochzuheben: der Kapitän, meine Schwester, die Kinder, Jeppe.

Sie hatten zwei große Stämme schräg auf das Haus gelegt und benutzten sie als Rampe, auf der sie die Stämme nach oben rollten. Alle schoben mit ganzer Kraft den nächsten Stamm. Aber der klatschnasse Stamm rutschte ab, es sah aus, als würde er auf sie stürzen, doch sie bekamen ihn zu fassen und hielten ihn fest.

»Hep!«, rief der Kapitän so laut, dass es über das Tal hinwegschallte. »Hep! Hep! Hep!«

Er hockte da und stemmte den Stamm in die Höhe; die anderen versuchten, das andere Ende des Stammes auf dieselbe Höhe zu wuchten. Es gab weder Ordnung noch Disziplin, der Kapitän schrie einfach nur: »Hep, hep, hep!«

»Halt«, schrie Jeppe. »Das ist zu gefährlich. Geht beiseite«, rief er den Kindern zu. »Beiseite, schnell!«

Sie guckten verwirrt zwischen Jeppe und dem Kapitän hin und her, bevor sie beiseitegingen, die Gesichter gerötet von der Anstrengung und der angespannten Situation. Meine Schwester steckte sich eine Zigarette an.

Der Kapitän versuchte, sein Ende des Stammes hochzuwuchten, bis Jeppe schrie: »Hör sofort auf!«

»Warum?« Der Kapitän war schon dunkelrot im Gesicht, ließ den Stamm aber nicht herunter.

»Lass den Stamm los«, schrie Jeppe und machte einen Schritt auf ihn zu.

Der Kapitän ließ den Stamm herunter, und sie sprangen beide beiseite, als er mit einem dumpfen Schlag auf dem Boden aufkam.

»Was soll denn das?« Jetzt war es der Kapitän, der schrie. »Wenn wir arbeiten, wird gemacht, was ich sage!«

»Das hier ist zu gefährlich. Es sind Kinder dabei«, sagte Jeppe wütend und ging auf den Kapitän zu.

»Zu gefährlich?!«

»Der Stamm hätte auf sie fallen können! Du musst das Ganze koordinieren. Du kannst nicht einfach drauflospowern und erwarten, dass alle anderen mithalten.«

»Wenn ihr gemacht hättet, was ich gesagt habe, hätte es keine Probleme gegeben!«, schrie der Kapitän.

Jeppe kletterte über die Wand in das Haus hinein.

Der Kapitän kletterte die Wand hoch und beugte seinen

Oberkörper ins Haus hinein. Keiner von ihnen sagte etwas, aber alle wussten, dass ein Drama bevorstand.

Die Kinder entfernten sich ein Stück, meine Schwester setzte sich auf einen Stamm.

Der Kapitän fing an: »Mach so etwas nicht noch einmal«, knurrte er.

»Ich werde so etwas wieder tun«, antwortete Jeppe, »und immer und immer wieder. Ich werde es jedes Mal tun, wenn du etwas Unverantwortliches machst. *Jedes* Mal.« Er fuhr fort: »Deine Arbeit hier ist nicht besonders gut durchgeplant, und obwohl du ständig von Sicherheit redest, kümmerst du dich herzlich wenig darum. Dein Handeln entspricht nicht deinen Worten.« Ich bemerkte in seiner Stimme eine gewisse Traurigkeit.

Vielleicht war ich die Einzige, die es wahrnahm.

»Die Situation ist nur gefährlich geworden, weil du geschrien hast, dass wir aufhören sollen«, sagte der Kapitän, das Gesicht zum See gewandt.

»Wir hätten uns alle ernsthaft verletzen können. Du denkst nicht an den Rest von uns, du denkst immer nur an dich selbst«, sagte Jeppe ruhig.

Sebastian näherte sich den beiden und wollte den Kapitän verteidigen: »Na ja, so gefährlich war es auch wieder nicht ...«

»Du hältst dich da raus.« Jeppes Stimme war auf einmal laut und hart.

»Das lasse ich mir von dir nicht sagen«, sagte der Kapitän mit schriller Stimme. Er hing immer noch über der Hauswand, auf all den Stämmen, die sie aufeinandergeschichtet hatten; er ruhte sich auf der Vergangenheit aus.

»Das hier ist meine Baustelle«, sagte Jeppe. »Das hier ist meine Baustelle und hier trage ich die Verantwortung. Es ist mein Projekt, und du hast hier nicht das Sagen.« Jeppe gab nicht klein bei; er sah den Kapitän fest an.

»Ich bin besser darin als du, Entscheidungen zu treffen«, sagte der Kapitän.

»Nein, das bist du nicht. Du bist egoistisch, tust, was dir gerade in den Sinn kommt. Du bist unaufmerksam und schluderig.«

»Was redest du denn da?«

»Ich sage nur, wie es ist. Und das weißt du sehr gut.«

Es fing mit dem an, was der Kapitän ihm beigebracht hatte. Er hatte Jeppe beigebracht, wie man einen Baum fällt, hatte ihm beigebracht, wie man Äste und Rinde vom Stamm entfernt, er hatte ihm sogar beigebracht, wie man Knoten macht und Holz verbindet, aber er hatte jede Menge Details vergessen, und über genau diese Details informierte sich Jeppe jetzt in einem Buch über alte Handwerkstechniken, das er von Svenn bekommen hatte.

Der Kapitän zog die Schultern hoch und sprang herunter.

Jeppe blieb, wo er war. »Du musst dir überlegen, ob du dich an die Regeln halten kannst oder nicht«, fuhr er fort.

Sie starrten einander an; es kam einem vor wie mehrere Minuten.

»Ich gehe jetzt nach Hause; wir können später darüber reden«, sagte der Kapitän schließlich.

Alles ging zu Bruch. Alles ging kaputt und verkümmerte. Nicht nur die Beziehungen. Mein Computer gab den Geist auf. Der Akku war tot, es war ein Virus auf der Festplatte, es fehlten Tasten, und er ging mitten im Satz aus. Das Auto ging kaputt. Der Auspuff war lose und rasselte auf den Boden. Jeppe reparierte ihn – mit Panzerband. Sebastians Brille zerbrach. Panzerband.

All diese Dinge – sie ließen uns im Stich, genau wie mein Körper, und das hatte etwas zu bedeuten. Wir konnten uns keinen neuen Computer leisten, keinen neuen Wagen, keine neue Brille. Ich war seit Wochen bettlägerig. Und der Kapitän war weg.

Nach ein paar Wochen kam er wieder. Jeppe lächelte und sagte vorsichtig etwas Lustiges. Der Kapitän lächelte zurück und sagte auch etwas Lustiges.

Im Laufe des Tages näherte sich mir der Kapitän nach und nach. Er harkte Laub für unser nächstes Beet zusammen und kam mir dabei immer näher. Ich saß mit Sigurd auf dem Schoß da und las ein Buch über Pilze.

»Keep the group together«, flüsterte er.

Das sagte er immer, wenn wir zum Einkaufen in der Stadt waren. Jeppe und ich hatten schon immer die Tendenz, unserer eigenen Wege zu gehen. Wir teilten uns auf. Es war effizienter so und jeder konnte seine Bedürfnisse befriedigen. Jeppe wollte in den Tabakladen und den Eisenwarenladen, ich wollte Lebensmittel kaufen, die Kinder wollten Süßigkeiten. In die Stadt zu fahren war immer hektisch und verwirrend, normalerweise war es eher unangenehm, aber der Kapitän blieb ruhig, und jedes Mal, wenn wir getrennte Wege gingen, sagte er: »Keep the group together.« Also haben wir gelernt, alles zusammen zu machen; so ist es leichter zu bewerkstelligen.

Ich verstand, was er meinte. Wir brauchten nicht darüber zu reden. Ich nickte ihm zu und lächelte. Daraufhin entfernte er sich wieder. Arbeitete ein wenig am Haus. Aber die meiste Zeit saß er mit meiner Schwester auf den Stämmen und hörte Musik.

Sie hatte ihren iPod und tragbare Lautsprecher mitgebracht. Sie hörten Fat Freddy's Drop und Aretha Franklin. Irgendwie störte die Musik die natürlichen Geräusche, aber gleichzeitig harmonisierte sie perfekt mit der Sonne, die in den fallenden Blättern flimmerte.

Es roch intensiv nach Mulch, frischer Luft, Pfifferlingen, Sägemehl und Feuer. Das Gelände war von Musik, heiteren Stimmen und Axtschlägen erfüllt, Victoria tanzte mit Sigurd; das war einer der besten Momente meines Lebens, mitten im Zusammenbruch diese Lebensfreude.»I wanna love, I don't wanna fight.« Wir erlebten Augenblicke voller Optimismus und Einigkeit, die ich nie vergessen werde. Ohne diese Augenblicke, ohne die Musik, hätte der Tod gesiegt.

Jeppe und der Kapitän saßen rauchend am Herbstfeuer, sie lächelten, und meine Schwester und ich liefen in violett-hellblau gemusterten Skianzügen aus den Achtzigern herum, die wir von jemandem aus der Gegend bekommen hatten.

Aber der Herbst ist hart, der Herbst ist brutal. Ja, es gab Tage, an denen man entspannt war und das Gefühl hatte, sich hier sein ganz eigenes Refugium im Universum zu schaffen, Tage, an denen man rausguckte und die Aussicht genoss, aber es war schwer, den Holzofen morgens in Gang zu bringen, es dauerte mehrere Stunden und das Haus füllte sich mit dickem, schwarzem Rauch. Jeppes Temperament vertrug sich nicht gut mit dem Holzofenproblem, er schrie und brüllte jeden Morgen, sein Geschrei hallte über das Tal hinweg und ließ die Vögel auffliegen.

Der feuchtkalte, schwere Herbst drang in unsere Kleider ein, sie rochen muffig. Und wir aßen wenig Gemüse, was meine Schwester für problematisch hielt.»In Kanada haben wir eine Menge Gemüse gegessen«, sagte sie seufzend, und ich antwortete:»Ja, aber wir können uns das einfach nicht leisten.«

Meine Schwester hatte kein Geld. Meine Schwester war es gewohnt, täglich zu duschen. Die ersten paar Wochen hier waren einfach nur ein großer Spaß für meine Schwester, doch jetzt holte der Alltag sie ein, so wie der Herbst mich einholte.

Sie zog auf den Dachboden, wo sie sich mit Decken an den Wänden, Matratzen und Kerzen einrichtete. Sie hörte Musik da oben und schrieb Tagebuch, sie machte Fotos, redete über Kanada, redete über Freunde, redete über Träume, und ich hatte nicht immer Zeit, ihr zuzuhören, und das war schade, weil sie hergekommen war, um mit mir und den Kindern zusammen zu sein.»Ich möchte ihre coole Tante sein«, sagte sie ehrlich, und ich lächelte, während ich im Topf rührte.

Sie und der Kapitän hatten angefangen, lange Spaziergänge im Wald zu machen. »Er ist wirklich cool«, sagte sie eines Abends zu mir, als Jeppe ihn gerade nach Hause fuhr. »Ich lerne eine Menge von ihm.«

Ich stand an der Baustelle. Ich hatte Mittagessen mitgebracht. Sandwiches. Aus dem Wald kamen sonderbare Geräusche, und wir standen alle ganz still da und lauschten. Hohe, schrille, undefinierbare Geräusche. Der Wald war ein Rätsel, und obwohl die Sonne im Dunst zwischen den Bäumen spielte und alles mit einem goldenen Schimmer umgab, gab es dort Orte, finstere Orte, wo Drachen lebten. Und Monster. Gefährliche Geschöpfe.

»Ich habe überlegt, auf den Berg zu ziehen«, sagte meine Schwester. »Ich habe mit dem Kapitän darüber gesprochen«, fuhr sie fort.

Der Kapitän trank aus der Wasserflasche und biss in sein Sandwich.

»Wie das?«, fragte Jeppe.

»Wir haben darüber gesprochen, dass man eine kleine Hütte oben auf dem Felsen bauen könnte«, sagte sie und zeigte zum Berg. »Ich brauche wirklich ein bisschen Platz für mich selbst.«

Die Wasserflasche ging herum, jeder nahm einen Schluck.

»Aber wie willst du da oben eine Hütte bauen?«, fragte ich.

Der Kapitän antwortete: »Ich werde ihr natürlich helfen.«

»Aber ...« Jeppe beendete den Satz nicht.

»Es ist natürlich ein Problem, an mehreren Projekten gleichzeitig zu arbeiten«, sagte der Kapitän. »Es wäre besser, die Energie auf eine Sache zur Zeit zu konzentrieren. Aber meine Schwester hier ...«, er biss wieder in sein Sandwich, »... soll sich auch im Wald wohlfühlen.«

»Ja«, sagte ich. »Es ist wichtig, dass man sich hier draußen wohlfühlt.«

Ich stellte eine Gleichung auf. Wenn es meiner Schwester nicht gut ging, war das anstrengend für uns alle. Der Kapitän schien völlig erschöpft zu sein vom Bauen und all der anderen Arbeit, seine Bewegungen waren schwerfällig und müde, er setzte sich oft hin, um Musik zu hören und über Philosophie zu reden, anstatt die Axt zu schwingen. Jeppe war von allen genervt. Ich musste mich auf die Kinder konzentrieren. Eine Pause täte allen Beteiligten gut, also war ich sofort eine begeisterte Fürsprecherin, was den Bau einer Hütte für meine Schwester auf dem Felsen betraf.

»Es wird ohnehin nicht so lange dauern, eine kleine Hütte zu bauen, stimmt's?«, sagte ich und klopfte eifrig auf die toten Stämme, auf denen wir saßen. »Liegen nicht sogar noch ein paar Stämme oben auf dem Berg von damals, als ihr sie gefällt habt?«

»Ja«, antwortete Jeppe. »Aber ich hatte eigentlich vor, sie für das Dach zu verwenden.«

»Aber ihr könnt ja einfach noch ein paar mehr Bäume fällen«, sagte ich eifrig.

»Es ist wichtig, auf der Baustelle gute Laune und Lust auf die Arbeit zu haben«, sagte ich zu Jeppe und sah ihm tief in die Augen, damit er erkennen konnte, was in mir vorging, doch er schien das nicht zu können, er zuckte nur mit den Schultern und guckte weg. Er guckte immer weg, er war nur präsent, wenn er wütend war und schrie oder herumbrüllte. Oder Musik hörte. Am Feuer. Er war gestresst, und das ärgerte mich, dass ich diejenige war, die alle Probleme lösen musste. Also seufzte ich. Lauter als meine Schwester.

Jemand hat mal gesagt, dass Freiheit immer möglich sei und es nur darauf ankäme, worauf man zu verzichten bereit sei.

Er hatte recht.

## 14

Es regnete Bindfäden, die Himmel und Erde miteinander verbanden.

Der Regen hämmerte hinunter, schlug seine Nadeln in den Boden und spritzend wieder hinauf, die Welt wurde zusammengenäht wie eine klaffende Wunde, doch die Heilung blieb aus.

Die Brücke war endgültig überschwemmt. Hätte man sie zu Fuß überqueren wollen, hätte man Jesus sein müssen.

Ich saß ganz still auf dem Sofa im Haus, sonst war niemand da, nur ich – und Jeppe. Und der Regen. Die anderen saßen im Tipi, sie hörten Musik, und sie hatten ein großes, warmes Feuer gemacht, die Kinder sprangen im Regen herum, das konnte ich hören; ich saß hier drin, im Dunkeln, in der Kälte.

Ich hatte seit frühmorgens hier gesessen. Mein Tag hatte aus nichts anderem als Sitzen bestanden. Ich hatte mitten in einer Bewegung innegehalten und mich einfach hingesetzt. Ich rührte keinen Muskel. Selbst meine Augäpfel bewegte ich kaum, während in mir die Naturgewalten tobten. Ich saß ganz, ganz still, während die Natur versuchte, mich zu flicken – ich kam mir vor wie ein postmodernes Patchwork.

»Was ist los?«, fragte Jeppe.

Ich wusste nicht, was ich sagen sollte, also sagte ich: »I hate you so much right now.« Wie in dem Lied.

Ich hasste ihn für die Ungerechtigkeit, die Schwäche, für die Verantwortung, für die Einsamkeit. Ich hasste ihn, weil alles seine Schuld war. Ich hasste ihn, weil er sich in sich selbst zurückgezogen hatte.

Ich musste diese Gefühle schon lange gehegt haben, im Untergrund; ich war ein Schwefeltümpel.

Keiner von uns sagte etwas, und keiner rührte sich. Ich hörte die Kinder draußen spielen – das Wetter war nicht mehr gut oder schlecht, sondern nahm alle möglichen Zwischenstufen an. Wir waren ständig draußen, dem Wetter ausgesetzt, und die Kinder hatten ihre Auffassung von gut und schlecht geändert, darüber dachte ich nach, während ich reglos dasaß.

Es regnete ununterbrochen. In Strömen. Es schüttete wie aus Eimern. Ich weiß nicht, wo all das Wasser herkam und all der Hass, er kam einfach und floss die Berge hinunter, in die Flüsse, in die Seen. Bodenlose Waldseen voll Hass.

Ich hasste ihn so sehr, dass ich beschloss, aufzustehen.

Das war das Einzige, was ich tun konnte. Und so stand ich da und wandte ihm den Rücken zu.

»Warum hasst du mich so sehr?«, fragte er.

»Weil du uns verlassen hast! Weil du an nichts anderes mehr denkst als an das Blockhaus!«

»Aber das mache ich doch auch für dich! Das haben wir verdammt noch mal so vereinbart!«

»Bla, bla, bla.«

Ich blieb hart. Es war, als käme mein Rückgrat zurück, als würde es sich recken und all die Schmerzen wie fremde Objekte aus meinem Körper verdrängen.

»Was ist das Problem? Im Ernst. Worum geht es hier?«

»Es geht hier darum, dass wir bis zum Hals in der Scheiße stecken und du die ganze Zeit wütend bist«, zischte ich.

Er versuchte, mich in die Arme zu nehmen, aber ich stieß ihn weg.

»Wir haben jetzt nur noch uns, da ist niemand außer mir und dir … und du lässt mich mit all dem alleine, weil du so gestresst bist und so … aaargh!«, sagte ich.

Er warf seine Kaffeetasse in die Spüle und schlug die Tür hinter sich zu.

Von dem Tag an tat mein Rücken nicht mehr weh. Ich konnte mir keine Schmerzen erlauben, allein hier draußen im Wald mit meinen Kindern.

Später, viel später, viele Monate später fanden wir heraus, dass die Schmerzen Zysten in meiner Gebärmutter und an meinen Eierstöcken gewesen waren und dass meine Organe sich losgerissen hatten. Die einzige Lösung war, alles entfernen zu lassen. Jetzt laufe ich mit einem schwarzen Loch in meiner Mitte herum, und das schwarze Loch ist von damals. Als es regnete.

Die Kinder stürzten herein, tropfnass und glücklich. Es war lange her, dass ich sie zum letzten Mal so unbekümmert gesehen hatte. »Wir haben Sigurd gebadet«, sagte Victoria lachend.

Vier Geschwister.

Auf allen vieren holte ich Handtücher unter den Betten hervor.

Victoria trocknete ihr Haar und zog eine Regenjacke an, um wieder rauszugehen und einen Spaziergang zu machen. Sebastian ging raus, um Jeppe bei der Arbeit zu helfen, Silas setzte sich hin, um in den Schulbüchern zu lesen, die er aus Dänemark mitgebracht hatte, und Sigurd war müde, also brachte ich ihn ins Bett. Mit hämmerndem Hassherz.

Ich fing an zu singen, um es zu übertönen. Es war ein seltsames Lied. Ich sang über Elfen und Zwerge und Waldkreaturen, ich füllte sein schönes Köpfchen mit Lügen. Oder mit der Wahrheit.

Ich lauschte seinem Atem. Es war, als könne er mit seinem kleinen unschuldigen Körper die Luft filtern, ein Partikelfilter, das Engelsgesicht, seine Hände in meinen.

Als sich seine Augenlider langsam schlossen, glitt ich in Gedanken in den Wald hinaus.

Ich ging darin umher, es regnete kaum noch, es nieselte nur. Die Felsen, die Bäume, alles atmete, und ich holte tief Luft. Ich atmete ein. Ich atmete aus. Viele Male. Sehr langsam.

Ich saugte die Ruhe des Waldes auf, weil ich sie brauchte.

Die Lunge meines Kindes. Die Lunge des Waldes. Alles hing zusammen.
Ich nickte ein.

Als ich aufwachte, regnete es nicht mehr.
Ich hörte den Kapitän und meine Schwester im Tipi. Sie redeten laut. Ich konnte hören, dass der Kapitän dabei herumlief und in die Hände klatschte, mit dem Finger zeigte und klagte, ich konnte hören, wie meine Schwester ihm mal zustimmte und mal anderer Meinung war, ihr abstraktes Gespräch über die Gesellschaft, über die Zukunft, über was auch immer ging hin und her, und es nervte mich.
Ich war im Traum zur Ruhe gekommen, doch als ich aufwachte, war es nicht ruhig, sondern laut, unangenehm laut und chaotisch.
Silas fragte, ob wir Kekse backen könnten. »Etwas Süßes tut gut an so einem nassen Tag«, sagte er, um mich zu überzeugen. Ich nickte und er holte mehr Feuerholz. Wir suchten die Zutaten zusammen und vergruben unsere Hände in der Butter, die wir mit dem Zucker verkneteten. Um uns herum war es ruhig, warm und ruhig, aber plötzlich stürzte meine Schwester herein, knallte die Tür hinter sich zu und kletterte auf den Dachboden, wo sie vor sich hin singend herumkramte.
»Alles in Ordnung?«, flüsterte ich, um Sigurd nicht zu wecken.
»Ja, alles super«, brüllte sie. Ich hörte das Auto losfahren; das musste Jeppe sein, der den Kapitän nach Hause fuhr. »Ist der Kapitän schon auf dem Heimweg?«, flüsterte ich.
»Ja«, rief sie. »Er ist momentan scheißmüde; seine Rückenverletzung macht ihm wohl gerade Ärger.«
Silas war gereizt, weil seine Finger klebrig waren und er sie mit dem kalten Wasser nicht sauber bekam, also schob ich ihn beiseite und signalisierte ihm, dass er sich setzen sollte, während ich heißes und kaltes Wasser für ihn mischte.

Jetzt kam sie mit schweren Schritten runter. Sie hatte ihre Decke und ihr Kopfkissen eingepackt und fing an, einen Korb mit unseren letzten Äpfeln, Kaffee und Nudeln zu füllen. »Wo ist der Sturmkocher?«, fragte sie.

»Irgendwo im Tipi«, antwortete ich.

»Mama!«, schrie Silas und schüttelte seine Hände.

»Okay, ich bin dann weg«, sagte meine Schwester und lächelte zufrieden und optimistisch. »Heute Nacht schlafe ich auf dem Berg, das wird bestimmt super!« Sie ging raus und knallte die Tür hinter sich zu.

Sigurd fing an, sich zu rühren. »Oh nein, jetzt wacht Sigurd auf«, jammerte Silas mit tränenschwerer Stimme; er wollte, dass ich ihm helfe, seine Hände sauber zu bekommen. Sigurd beruhigte sich; Silas wusch seine Hände und trocknete sie mit einem zerfetzten Handtuch ab. Ich beeilte mich, den restlichen Keksteig zu Keksen zu formen, schob das Backblech in den Ofen und schloss leise die Ofentür.

Ich wusste, was passieren würde. Ich wusste nicht, wieso ich es wusste, aber ich wusste es, ich wusste, was kommen würde.

Silas setzte sich auf das Sofa und starrte ins Leere.

»Ich weiß, dass du gerne nach Dänemark zurückmöchtest.« Ich setzte mich auf den Baumstumpf neben dem Ofen und versuchte, ihn zu trösten. »Ich weiß, dass du dieses Leben zu hart und zu stressig findest«, fuhr ich fort.

»Ja«, flüsterte er.

»Ist schon gut, ich bin dir nicht böse oder so«, sagte ich.

»Es ist nur ... das hier ... es ist doch euer Traum.« Er flüsterte. Als wollte er die Partikel im Raum nicht stören. »Es ist nur«, er sah mich an, »... ständig ist irgendetwas, es ist nie ruhig.«

»Liebling.« Ich stand auf und setzte mich neben ihn auf das Sofa. »Ich möchte auch manchmal nach Hause zurück«, sagte ich. »Manchmal finde ich es auch zu anstrengend. Alles geht kaputt, andauernd regnet es, ich habe solche Rückenschmerzen, dass ich mich nicht rühren kann, und so weiter, und so fort.«

»Ich habe mir wirklich Sorgen um dich gemacht, Mama.« Er flüsterte so leise, dass sich seine Lippen kaum bewegten.

Der Geruch von verbrannten Keksen breitete sich im Raum aus; ich sprang auf und zog das Blech aus dem Ofen. Er lachte ein wenig; ich ließ resigniert die Arme sinken und sah ihn vielsagend an. Dann setzte ich mich wieder.

»Aber es geht mir schon viel besser mit dem Rücken. Ich denke, das Schlimmste habe ich überstanden. Und das Haus wird bald fertig. Sie müssen praktisch nur noch das Dach bauen.«

»Aber wenn der Kapitän und die Tante noch eine Hütte bauen wollen ... auf dem Berg ...«, sagte er besorgt.

»Das wird schon gut gehen«, tröstete ich ihn. »Wir bringen zu Ende, was wir angefangen haben, und danach sehen wir alles in einem neuen Licht.«

»Gehen wir danach zurück?«, fragte er.

»Ich weiß nicht«, antwortete ich. »Ich weiß es wirklich nicht. Aber ich kann verstehen, dass du es so, wie es jetzt ist, zu hart findest. Mir geht es genauso.«

Wir sprachen darüber, wie wir in der Wildnis leben könnten – auf eine andere Art. Was nötig wäre, um es angenehmer zu machen.

»Technik!«, sagte er und fuhr fort: »Wenn wir etwas Strom und etwas Technik hätten, wäre es hier wie im Paradies.«

»Im Paradies?«

»Ja, wenn wir das Leben leben könnten, das wir jetzt leben, und zusätzlich das Beste aus dem Leben vorher hätten – das wäre grandios«, sagte er.

»Ich glaube, mit der Technik ist das so eine Sache. Denn wenn wir sie hier haben, frisst sie unsere gesamte Zeit und Aufmerksamkeit«, antwortete ich, doch er erwiderte: »Das kann man doch selbst entscheiden, man hat immer die Wahl!«

Mir war klar, dass das Drinnensein im Herbst im krassen Gegensatz zum Draußensein im Sommer stand, mir war klar, dass man sich in der kleinen Hütte eingesperrt fühlte und dass dieses Leben langweilig war, wenn man alle Bücher gelesen hatte.

»Zu Hause konnte ich immer einfach an den Computer gehen, wenn ich ein Problem hatte oder so. Um mich abzureagieren, sozusagen. Hier kann ich nicht einfach mal Pause machen«, sagte er.

Ich wusste, was er meinte, ich wusste es genau. Das Internet, die Technik, die Elektrizität – das ist eine blaue Welt, in der man seine Nerven beruhigen kann, in der man keine Schmerzen empfindet. In der die Probleme verschwinden.

»Hast du das Gefühl, dass wir früher mehr Probleme hatten oder weniger?«, fragte ich ihn.

»Ich weiß es nicht«, antwortete er.

Unser Häuschen im Wald sah nicht aus, wie ich es mir vorgestellt hatte. Der winzig kleine Küchentisch war mit Mehl eingesaut, auf dem Boden lagen Klamotten und Handtücher, es roch nach angebrannten Keksen. Silas' Pulli war bekleckert, seine Hose hatte einen Riss und sein Haar hing ihm in langen Strähnen ins Gesicht.

»Wir haben nicht so viele Probleme hier«, fuhr er fort, »aber wir streiten mehr.« Er seufzte. »Und wir verbringen viel mehr Zeit miteinander.«

»Was meinst du denn, warum wir hier draußen mehr streiten als früher?«, fragte ich.

Er knibbelte an den Seiten eines Buchs herum. »Vielleicht liegt es daran, dass dieses Haus so winzig ist, und am Herbst und dass wir alle unsere Privatsphäre brauchen.«

Einen Moment lang saßen wir beide schweigend da, bevor ich antwortete: »Ich weiß, dass du dich übergangen fühlst, weil du nicht so sehr in die Bauarbeiten einbezogen bist. Ich weiß, dass es schwer für dich ist, deinen Platz in diesem Leben zu finden.«

»Ja?«, fragte er.

»Ja.«

»Ich bin für so harte Arbeit nicht geeignet«, sagte er. »Diese Art von Arbeit interessiert mich nicht.«

»Das ist auch okay so.« Ich streichelte ihm lächelnd übers Haar.

»Vielleicht bin ich kein Wildnisjunge. Ich bin eher ein Computerjunge«, sagte er und wir lachten beide, bevor er das Schreckliche sagte: »Ich bin einfach nicht wie ihr.«

»Doch, das bist du, Silas. Auch innerhalb einer Familie können die Leute sehr unterschiedlich sein. Das ist ganz normal.« Er lehnte sich an meine Schulter, und so saßen wir eine ganze Weile da. Keiner von uns sagte ein Wort.

Nach einer Weile kam Sebastian herein. »Jetzt schüttet es so richtig!«, rief er.

»Mama sagt, dass es ihrem Rücken jetzt viel bessergeht«, sagte Silas zu Sebastian.

»Wirklich?«, fragte Sebastian und sah mich überrascht an.

»Ja. Ich weiß, dass es in letzter Zeit ziemlich schwierig war«, sagte ich. »Ihr habt alle sehr hart gearbeitet, jeder auf seine Weise.« Ich nickte Silas zu, der sich zwar nicht besonders fürs Bauen begeistern konnte, mir aber dabei geholfen hatte, Brot zu backen und Sigurd zu hüten. »Und es ist alles kaputtgegangen, und ich war krank und so.«

Sebastian stand mitten im Zimmer; er nahm seine Brille ab, das Panzerband machte sie unbequem. Ohne Brille sah er älter aus. Sein Körper hatte sich verändert. Und seine Haltung. Früher hatte ich ihn einmal gebückt und tappend gehen gesehen, er hatte ausgesehen wie ein alter Mann.

Jetzt stand er aufrecht in der Mitte des Zimmers, mit nassem Haar und durchweichten Hosen. »Die meisten Dinge sind eben nicht für die Ewigkeit gemacht«, sagte er, und jetzt sah er wieder aus wie hundert, dann wieder wie ein junger Mann – ich hatte es ja gesagt: Die Zeit vergeht anders im Wald. Wir alle nickten, frustriert darüber, dass die Dinge nicht für die Ewigkeit gemacht sind.

Ich hörte Jeppe zurückkommen, ich hörte ihn den Weg hinauffahren; das Auspuffrohr schleifte nicht mehr über den Boden, aber es klapperte unter dem Wagen.

Etwas später hörte ich seine schweren Schritte. Ich hörte, wie er die Tür öffnete. Ich hörte, wie er sich aufs Sofa setzte.

»Worüber redet ihr?«, fragte er.

»Über Probleme«, sagte Silas.

»Was für Probleme?«

»Wir haben darüber gesprochen, dass alles kaputtgeht und dass man manchmal einfach nur nach Hause will«, fasste ich zusammen.

»Ich würde nicht gern zurück«, sagte Jeppe und sah mich ernst an. Da war kein Hass in seinem Blick, aber eine gewisse Härte.

»Warum nicht?«, fragte Silas.

»Weil es cooler ist, sich seinen Problemen zu stellen. Früher haben wir unsere Probleme nur gelindert, aber wir haben nie wirklich etwas dagegen getan.«

»Aber es ist ganz schön hart, ständig mit Problemen konfrontiert zu werden«, seufzte Sebastian; er wirkte auf einmal resigniert.

»Ja, das ist hart. Aber es ist besser, sich seiner Probleme bewusst zu sein, als seine Augen davor zu verschließen und wie ein Hund mit eingekniffenem Schwanz davor wegzulaufen.«

Ich wusste, dass er recht hatte. Als wir weggegangen waren, hatten wir das nicht getan, um vor Problemen oder Konflikten wegzulaufen. Es war ein Kamikazeangriff gewesen, der mitten ins Herz der Familie gezielt hatte, ins Private, direkt in die Probleme – wir hatten die Probleme an der Gurgel packen wollen, sie auf den Kopf stellen und sie schütteln, bis sie zittern und verschwinden würden. Uns war klar gewesen, dass es hart werden würde, dass es schrecklich werden würde, das hatten wir gewusst, aber das war es uns wert gewesen. Aber hier und jetzt war es das nicht wert. Nicht wirklich. Es regnete in Strömen und der Hass summte in meinem Kopf wie Hunderte wütender Bienen. Das war es nicht wert.

Nach mehreren Minuten Stille räusperte sich Sebastian und sagte: »Wie meinst du das?«

Jeppe setzte sich auf und sagte mit ernstem Blick: »Ich meine damit, dass es nichts nützt, nur die Symptome seiner Probleme zu behandeln oder ein Pflaster draufzukleben.«

Der Regen trommelte wie Fäuste auf das Dach. Ich wusste nicht, wie es das aushielt, aber das Dach war stärker, als ich dachte. Ich dachte an meine Schwester oben auf dem Berg. Wir hatten ihr neulich ein Zelt aufgebaut. Ich dachte an die Zeltplane.

»Pflaster und Symptombekämpfung helfen nicht«, sagte Jeppe. »Ich möchte lieber ein Leben leben, in dem ich alles bewusst wahrnehme, auch wenn das schmerzhafter ist.«

Jetzt sah er mich wieder an. Mit durchdringendem Blick.

Victoria kam nach Hause. Frisch und durchweicht, man sah, wie ihr die Wärme der Hütte entgegenschlug, als sie hereinkam. Rasch zog sie ihre Regenjacke aus.

»Worüber redet ihr?«, fragte sie genau wie Sebastian.

All die Sommernächte am Lagerfeuer hatten Spuren in unserem Familienleben hinterlassen. Wir redeten mehr miteinander, mehr denn je, aber drinnen war es schwieriger, es war, als würden die Wände unsere Art, miteinander zu sprechen, verändern. Ich hatte eine Menge Kerzen angezündet, aber es war nicht dasselbe.

Ich vermisste das Lagerfeuer.

»Wir sprechen darüber, ob es besser wäre, hier draußen zu leben, wenn wir etwas Technik hier hätten«, sagte Silas.

»Ja, natürlich. Wenn wir ein paar iPods hätten, würde das schon etwas ausmachen, dann könnte man vernünftig Musik hören.«

Sie setzte sich. Ich reichte ihr eine Tasse Tee. »Ich meine ... dann könnte man sich zurückziehen, Musik hören und ein bisschen für sich sein.«

»Mhm.« Die Jungs nickten.

Das ist die Art, wie wir jetzt miteinander redeten.

Ich beobachtete uns.

Jeppe beobachtete mich.

»Also, iPods können wir uns nicht leisten, das steht fest«, sagte ich, »aber wir können vielleicht ein bisschen mehr Rechnerzeit einrichten. Wenn wir den Generator ein paar Stunden täglich laufen lassen.« Zum ersten Mal seit dem Hass sah ich Jeppe an. »Abends könnten wir dann Filme sehen. Du hast doch deine Festplatte mitgenommen, oder?«

»Ja. Und da sind eine Menge Filme drauf.«

Wir beschlossen, uns mehr Elektrizität zu leisten, was bedeutete, dass wir mehr Geld für Benzin für den Generator und weniger für Essen ausgeben würden.

Zwei Tage später ging der Generator kaputt.

*Gestern Nacht hat es gestürmt. Es war der schlimmste Sturm, den ich je erlebt habe. In meinem ganzen Leben. Der Sturm hat unsere Hütte gepackt, sie geschüttelt und sie auf den Kopf gestellt.*

*Ich stand auf und setzte mich im Dunkeln an den Holzofen, ich saß lange dort und sorgte mich wegen der Bäume. Tagsüber sahen sie aus wie Streichhölzer, endlose Reihen von Streichhölzern, bereit, in Flammen aufzugehen. Nachts ist es anders. Nachts sorgt man sich um ihre Wurzeln. Was, wenn sie entwurzelt würden? So in der Art.*

*Der Herbst brüllt. Nie zuvor habe ich einen solchen Laut gehört. Ich lausche dem Herbst.*

*Er macht mir schreckliche Angst.*

*Der Herbst schreit hysterisch.*

*Der Herbst ist unbarmherzig.*

*Gestern schallte vom Felsen oben Musik herüber. Meine Schwester und der Kapitän lachten laut und sie arbeiteten laut, während Jeppe hier unten herumlief, angespannt, stur und schweigend.*

*Die Musik durchdrang den Nebel, durchdrang den Wald, hallte über das Tal, hallte über alles hinweg ins Haus. Victoria machte einen langen Spaziergang mit Sigurd, während Silas die Vorratskammer aufräumte. Er sortierte die Behälter nach Kategorien und schrieb säuberlich kleine Etiketten, blaue Schrift auf weißem Grund: Bohnen, Nudeln, Geschälte Tomaten, Frisches Gemüse; die Kategorie Frisches Gemüse besteht derzeit aus zwei Weißkohlköpfen und einem Beutel Karotten.*

*Sebastian hat gestern die Baustelle sturmsicher gemacht. Vielleicht hat er den Sturm vorausgeahnt. Er hat alles Werkzeug zusammengesucht und in die Scheune gebracht und die kahlen Wände mit Plane abgedeckt.*

*Nachdem Victoria zurückgekommen ist, hat sie das Tipi aufgeräumt. Ohne die Sofas und den Küchentisch sah es aus wie ein verlassenes Festival.*

*Nachmittags haben wir schließlich noch Fichtenäste abgeschlagen und sie als Isolierung um die Hütte geschichtet. Victoria hat zusätzlich Moos in alle Ritzen gestopft. Silas hat die Decken ausgeschüttelt. Ohne uns dessen bewusst zu sein, haben wir uns vorbereitet.*

*Der Sturm heult und jault und zerrt an den Bäumen. Ich halte alles mit meinem Willen zusammen.*

Jeppe sorgte sich darum, ob die langen Balken das obere Stockwerk des Hauses würden tragen können. Er beschloss, dass wir sie mit Pfeilern stützen müssten. Der Kapitän war anderer Meinung, er sagte, das sei nicht nötig und wir hätten keine Zeit dazu.

»Ich bin derjenige, der hier die Entscheidungen trifft«, sagte Jeppe und fuhr fort: »Ich werde kein Haus bauen, das nicht sturmsicher ist.«

»Okay«, sagte der Kapitän und ging zu meiner Schwester.

Sie kamen jeden Abend um die Essenszeit herunter. Meist aßen wir schweigend.

»Ich finde den Dübelbohrer nicht«, sagte Jeppe eines Tages. »Hast du ihn bei dir?«

»Ja«, sagte der Kapitän, und dann sagte keiner mehr etwas.

Sebastian zog in die Hütte. Er schlief in dem Kojenbett neben den geschälten Tomaten und der Dosenleberpastete. Ich schlug Nägel in die Wand, damit er seine Äxte, seine Pfeile und seinen Bogen, seine Federn und Trophäen aufhängen konnte.

Victoria hatte ihr Zelt in der Scheune aufgeschlagen. So war sie bei Stürmen besser geschützt.

Meine Schwester … sie machte Hausaufgaben mit Silas, bastelte Schmuck mit Victoria und flocht ihr die Haare im Kerzenlicht. Meine Schwester balgte sich mit Sebastian, sie las Bücher über Blockhäuser, manchmal half sie mir beim Geschirrspülen.

Mit der Kälte, dem Regen und dem Herbst kamen die Luffare. Manchmal deuteten sie an, dass wir viel schmutziges Geschirr hätten, und ich erklärte ihnen lächelnd, dass es daran lag, dass unser Küchentisch so klein sei und wir eine große Familie waren und viel Besuch bekamen und viele Leute mit Kuchen versorgten.

Manchmal liehen sie sich unser Auto aus, und als Dankeschön brachten sie uns Essen vom Containern mit. Es war gutes Essen. Jede Menge Joghurt, Brot und frisches Gemüse, große Stücke Käse und Fleisch. Wir wuschen die Verpackungen sorgfältig ab und verstauten das Essen in der Speisekammer. Es war faszinierend, wie lange sich gekauftes Brot hielt – es wurde einfach nicht alt.

»Es ist pervers, wie viel Essen weggeworfen wird«, murmelte Jeppe.

»Ja, das ist Wahnsinn, echt«, antwortete ich.

Nach dem Essen machten es sich alle auf dem Sofa, dem Bett oder auf einem der Baumstümpfe gemütlich. Der Kapitän machte Dehnübungen auf dem Boden. Ihm machte die Kälte des Herbsts zu schaffen. Er sagte, das Schlimmste sei die Feuchtigkeit, im

Winter sei es besser, da wäre es wenigstens trocken. Er redete von Fidschi. Jeden Tag.

»Wenn ich erbe«, sagte er, »dann kaufe ich ein Boot und wir segeln alle zusammen nach Fidschi.«

»Aber was willst du in Fidschi machen?«, fragte Jeppe.

»Ich werde mit weißen Klamotten und einem weißen Hut herumlaufen und mir eine kleine Frau und ein kleines Baby kaufen.«

Wir lachten, aber ich fing an, mich zu fragen, ob der Kapitän das überhaupt ironisch meinte. Ich fing an, mich zu fragen, ob er all das, was er sagte, vielleicht ernst meinte.

Die Unterschiede zwischen uns traten im Herbstnebel deutlicher hervor, doch keiner sah sie klar genug, um sie zu benennen.

Meine Schwester, der Kapitän und die Luffare – sie gingen in der Gemeinschaft ein und aus; für sie war die Gemeinschaft eine Möglichkeit unter vielen. Sie konnten immer woandershin – wir nicht.

Wir konnten nicht hier weg, wir konnten uns nicht zurückziehen, wir hatten nichts, auf das wir zurückgreifen konnten.

Der Kapitän lieh sich meine Psychologiebücher und fing an, das Selbst zu studieren. Morgens kam er aufgekratzt an und wollte über Foucault reden oder darüber, dass unsere Kultur auf einer (falschen) Konstruktion des Selbst basiert. »Es geht darum, das Selbst auszulöschen«, sagte er mit einem listigen Blick. »Wie damals, als ich allein im Wald gelebt habe. Damals hätte ich ein Tier werden können. Ich war so kurz davor ... wenn ich mich darauf eingelassen hätte, würde ich jetzt auf allen vieren gehen. Mein Selbst hat nicht existiert. Ich war eins mit meiner Umwelt; es hat keine Grenze zwischen mir und meiner Umgebung gegeben.« Der Kapitän fing an, das Selbst zu hassen. »Die Leute sind alle so egoistisch«, sagte er.

Es gab genervte Kommentare und betretenes Schweigen, verdrehte Augen, Seufzer.

Der Kapitän arbeitete nicht mehr auf unserer Baustelle, sondern unternahm lange Spaziergänge mit Silas. Wolfsjungentouren. Sie angelten. Suchten Spuren. Redeten.

Silas mit all seinen Fragen. »Warum tun die Leute nichts gegen die Ungerechtigkeit auf der Welt?«, »Kann der Einzelne wirklich etwas ändern?«, »Sind Menschen nicht im Grunde genommen Tiere?«

Der Kapitän mit all seinen Antworten.

Nach den gelegentlichen Spaziergängen mit Silas ging er immer zu meiner Schwester hoch. Sie sangen da oben und ließen die Beine kühn über dem Abhang baumeln. Ihre Freude verstärkte unseren Kummer, unseren Zorn, unsere schwarzen Gedanken.

Jeppe und ich hatten noch nicht vernünftig miteinander geredet nach dem Hass, nach der Sintflut. Wir redeten nur über praktische Angelegenheiten. Über Dinge, die geplant oder abgesprochen werden mussten. Nachts im Bett drehten wir einander den Rücken zu, Sigurd in der Mitte, zwischen uns.

Seit dem Sturm schlief meine Schwester meistens wieder auf dem Dachboden. Wenn ich mit Jeppe reden würde, könnte sie jedes Wort hören. Also schlichen wir um den heißen Brei, wir führten einen Eiertanz auf, die Luffare, der Kapitän, meine Schwester … wir waren dreizehn Leute auf sechzehn Quadratmetern, eine Privatsphäre existierte nicht. Selbst wenn wir es gewollt hätten – es gab keine Möglichkeit, ungestört miteinander zu sprechen.

Der Herbst, der Dreckskerl, der alte Übertreiber, drückte alle Leute in unsere kleine Hütte, ich war *Big Mama* und backte Kuchen, Jeppe war *Big Papa* und hatte einen Bart, und wir konnten nur streiten, indem wir Seitenhiebe austeilten und bissige Bemerkungen machten. Wenn er sauer wurde, ging er raus, raus in die Kälte und den Regen, und kochte innerlich.

»Das Einzige, was zählt, ist, dass wir das Haus fertig kriegen«, war meine Standardbemerkung geworden.

»Hör auf, mich unter Druck zu setzen«, war seine.

Er war nicht apathisch, wie er es in Dänemark gewesen war. Er war launisch und in seiner Wut ebenso extrem wie in seiner Liebe. Wenn er zu seltenen Gelegenheiten im Bett lag und mit Sigurd spielte, war er wundervoll, wenn er Sebastian geduldig in die Bauüberlegungen einbezog, war er vorbildlich. Ich hatte einen vorbildlichen Ehemann. Ein Prachtexemplar. Aber dann waren da diese Wutausbrüche, wenn er schrie und alle Kinder aus dem Haus rannten und ich mich unterdrückt fühlte. Eine unterdrückte Frau.

Eines Nachts flüsterte ich ihm leise zu: »Was sollen wir machen? Es kann so nicht weitergehen.«

»Es bleibt uns wohl nichts anderes übrig; wir haben ja keine Wahl«, flüsterte er zurück. »So zu tun, als hätte man eine Wahl, das ist nichts als Postmoderne«, fuhr er fort. »Die Kinder können nicht einfach beschließen, andere Eltern als uns zu haben. Und wir können nicht einfach beschließen, andere Leute zu sein, wir sind, wer wir sind, und wir müssen zusammenhalten.«

Es klang logisch, was er da sagte. Ab und zu war er so logisch.

Wir wurden von einem der Luffare geweckt, von Jacob, der an die Tür klopfte. »Ich dachte mir, dass ich den Tag damit beginne, einen eurer Stämme zu behauen«, sagte er, und Jeppe lächelte sein schönstes Lächeln. Er konnte Hilfe gebrauchen und musste zugreifen, wenn sie ihm angeboten wurde.

Mit dem Glück ist es das Gleiche.

Meine Schwester stand schnell auf und kletterte die Leiter hinunter; sie sagte nicht viel, trank eine Tasse Kaffee und schlüpfte aus der Tür. An den meisten Tagen war sie oben auf dem Berg, aber wenn einer der Luffare kam und half, blieb sie bei uns. Manchmal, wenn wir alle zusammenarbeiteten, war alles größer, besser, schöner.

Am Abend schrie und brüllte Jeppe wieder, als sei es egal, dass wir einen guten Tag gehabt hatten. Ich strafte ihn mit Schweigen.

Am nächsten Tag schwieg ich einfach weiter, ohne mir dessen bewusst zu sein; es wurde einfach zu einer Art Gemütszustand, zum Dauerzustand; mehrere Tage vergingen, keiner von uns sagte auch nur ein Wort zum anderen. Passiv-aggressiv ließ ich ihn spüren, wie es war, so behandelt zu werden, wie er mich behandelte. »So ist es, wenn du alle um dich rum wegstößt.«

Ich bestrafte ihn für seine schlechte Laune, indem ich ihn damit alleine ließ.

Und dadurch wurde seine Laune noch schlechter. Und so blieb sie.

So ging es tagelang.

Er kam entschlossen und aggressiv auf mich zu. Es wehte kräftig, die Tipiplane flatterte wie eine Fahne, die Wolken rasten groß und weiß vorbei. Ich saß im Gras und strickte Pulswärmer für uns alle, mein Rücken tat noch immer weh, aber wenn ich mich langsam bewegte und auf meinen Körper achtete, musste ich nicht ständig auf der Couch liegen.

»Wir müssen reden«, sagte er.

»Jetzt?«

»Ja.«

Wir machten einen Spaziergang. Über den Fluss, die Straße hinauf. Eine lange Weile gingen wir nebeneinanderher, ohne ein Wort zu sagen. Schließlich sagte er: »Das wird so nichts.«

»Was?«

»Wir beide. Es funktioniert nicht.«

Der Berg schützte die am nächsten stehenden Bäume, aber ein Stück weiter schwankten die Baumkronen; sie sahen aus wie

Gestrandete auf einer einsamen Insel, die vorbeifahrenden Schiffen winkten.

»Dann müssen wir dafür sorgen, dass es funktioniert«, sagte ich knapp. Wir wanderten eine ganze Weile. Ich wusste nicht, was ich sagen sollte. Schließlich überwältigte mich die Wut und ich sagte: »Mein Körper macht nicht mehr mit, all unsere Sachen sind kaputt, der Kapitän und meine Schwester haben sich auf den Felsen verzogen – das Einzige, was wir noch haben, das Einzige, was noch geht, sind wir beide.«

Er sagte nichts.

»Wir dürfen uns jetzt nicht trennen. Das geht einfach nicht. Du wirst dich zusammenreißen und das durchziehen müssen«, sagte ich.

»Ich kann deine Negativität nicht mehr ertragen. Du zweifelst an allem, es geht dir ständig schlecht, du setzt mich unter Druck, du gibst mir die Schuld an allem, nichts von dem, was ich tue, ist gut genug für dich. Das halte ich nicht mehr aus«, sagte er.

»Was willst du denn?«

»Ich will gar nichts«, schrie er zum Himmel hinauf, und der Himmel stand einen kurzen Moment lang still.

Ich dachte daran, wie die Eiszeit über diese Landschaft hinweggerollt war. Löcher in sie eingegraben hatte, tiefe Täler wie das, in dem wir lebten. Ich dachte daran, wie die Eiszeit riesige Felsen zurückgelassen hatte, die seitdem wahrscheinlich an exakt derselben Stelle standen. Es gab eine Langsamkeit und Stille auf der Welt, eine Konstante, etwas Unveränderliches, aber das waren nicht wir.

»Also liebst du mich nicht mehr?«

»Nein, ich liebe dich nicht mehr«, antwortete er.

Der Satz hing in der Luft wie ein Eiszeitstein, schwerelos und schwebend.

Ich fragte nicht, warum er mich nicht mehr liebte.

»Es ist das Einzige, woran ich denke. Jeden Tag«, sagte er mit leiser, trauriger Stimme. »Es ist der einzige Satz in meinem Kopf. Ich liebe sie nicht mehr.«

So ist meine Beziehung in die Brüche gegangen.
Alles ist in diesem Herbst in die Brüche gegangen.

Ich dachte: Ich gehe jetzt zurück zur Hütte und suche die Zigarrenkiste mit dem Geld; dann fahre ich mit den Kindern mit dem Zug zu meiner Mutter. Da bleibe ich, bis ich eine Lösung gefunden habe. Ich finde immer eine Lösung.
 Sie wird wahrscheinlich etwas über die Carl-Larsson-Idylle sagen und dass wirklich etwas aus mir hätte werden können, ich etwas hätte erreichen können, aber da musste ich eben durch. Ich musste hier weg. Und dann musste ich eine feste Arbeit und einen festen Wohnsitz und eine feste Beziehung finden. Ich durfte es nicht noch einmal vermasseln.
 Ich dachte in vollständigen Sätzen, ganz deutlich.
 Ich machte auf dem Absatz kehrt und ging rasch zur Hütte; er blieb auf der Straße stehen.
 Ich konnte nicht alleine im Wald bleiben. Das war nicht möglich. Vor ein paar Wochen konnte ich nicht einmal mehr laufen, mein Körper war zu schwach, mein Körper hatte mich im Stich gelassen.
 »Du liebst mich auch nicht mehr«, rief er mir hinterher, und der Wind verschluckte seine Worte, kaum dass sie aus seinem Mund gekommen waren. Ich hätte so tun können, als hätte ich ihn nicht gehört, aber das tat ich nicht. Ich drehte mich um. Ging auf ihn zu. Sah ihm lange ins Gesicht. Versuchte, darin zu lesen.
 Ein Psychopath hätte einen bestimmten Zug um den Mund. Eine Depression würde der Haut einen besonderen gelblichen geschwollenen Glanz verleihen. Ich suchte in seinem Gesicht nach Hinweisen, doch ich sah nichts, gar nichts.

»Was uns verbindet, ist nicht Liebe. Es sind all die praktischen Dinge. Die Umstände und Bedingungen. Ohne dieses Projekt wären wir jetzt nicht mehr zusammen. Das weißt du ganz genau«, sagte er. Mit seinem pädagogischen Ton. Ich kannte diesen Ton und er nervte mich.

»Was zum Teufel redest du da?« Mein Blut kochte vor Wut. »Als hätten wir momentan nicht schon genug Probleme! Was zum Teufel? Was zum Teufel soll das?«, schrie ich.

Bevor wir in den Wald gezogen waren, war ich kein wütender Mensch, zumindest glaubte ich nicht, dass ich es gewesen war. Die Wut war etwas, das im Wald gekommen war. Oder vielleicht war sie schon vorher da gewesen, vielleicht versteckt, unterdrückt, ich wusste es nicht.

Ich drehte mich um wie eine Diva und ging den Feldweg hinunter ins Tal, über den Fluss, die Böschung hinauf und zur Hütte. In der Hütte fand ich die Zigarrenkiste, ich öffnete sie – es waren zwei zerknitterte Hundert-Kronen-Scheine darin, genug, um ins Krankenhaus und zurück zu fahren, aber nicht genug, um nach Dänemark zurückzukommen.

Ich wusste, dass nicht mehr Geld da war. Ich hatte etwas aus der Kiste genommen und es für Essen ausgegeben.

Er war verwöhnt. Er war selbstgefällig. Er konnte keine Kritik annehmen und nicht mit ihr umgehen. Er war wie ein Kleinkind. Er verlangte so viel von mir. Heul, es ist so hart, plötzlich eine Frau, vier Kinder, ein Haus, einen Hund, ein Auto und Stress zu haben, heul, es ist so eine krasse Veränderung für einen Rockstar, also schön, da kriegt er eben Depressionen, damit sind wir fertig geworden. Aber das jetzt? Das konnte ja wohl nicht angehen!

Er kam herein und setzte sich aufs Bett. Hatte fiebrige Wangen. Mir war eiskalt.

Der Winter war gekommen, bevor ich mich darauf vorbereiten konnte.

Der Winter war aus dem Hinterhalt gekommen.
Der Winter hatte im Herzen begonnen.
Ich lag im Bett und starrte an die Decke, ich lag eine Ewigkeit da; er saß einfach nur neben mir, und keiner von uns sagte etwas. Während der kommenden Tage gingen wir höflich miteinander um, höflicher denn je. »Möchtest du Kaffee?«, fragte er und reichte mir die Tasse.

»Meinst du, es wäre möglich, dass du losgehst und ein bisschen Brennholz holst?«, fragte ich ihn später.

»Selbstverständlich«, antwortete er.

Wir hatten etwas berührt, das wir nicht hätten berühren dürfen. Wir hatten einen giftigen Pilz gegessen und warteten jetzt auf die Wirkung. Wir warteten auf den Tod.

Der verdammte, verfluchte Herbst.

## 15

Er hatte die Wände gebaut und die Pfeiler aufgestellt. Fünf Stämme mussten quer auf das Dach gelegt werden, der oberste Stamm heißt *Firstbalken*. Er war dreizehn Meter lang.

Der Firstbalken ist ein Meilenstein. Wenn er an seinem Platz wäre, wäre die Grundkonstruktion fertig und wir hätten ein Haus – zwar noch ohne Dach, aber immerhin.

Der Tag war ungewöhnlich diesig. Die Luft war dick vor Feuchtigkeit, und es nieselte. Alle Geräusche waren gedämpft. Das Geräusch von Blättern, die massenweise von den Bäumen fielen. Das Geräusch ziehender Gänse in der Ferne. Der Nebel verstärkte die Farben. Das Braun der Rinde der Stämme, das Grün der Nadeln der Kiefern unten am Fluss.

Jeppe war am Haus beschäftigt; er befestigte Seile, mit denen später der Firstbalken hochgezogen werden sollte. Ich sah ihm eine ganze Weile dabei zu. Obwohl ich nichts für ihn empfand, war ich ein wenig aufgeregt; vielleicht war das ein Anflug von Stolz.

Es war ein wichtiger Tag. Alle hatten sich um die Baustelle versammelt. Der Kapitän, meine Schwester, die Luffare, die Kinder, wir. Der Firstbalken konnte nur mit vereinter Kraft an seinen Platz gehoben werden; das schafften wir nur gemeinsam. Wir wuchsen an den Notwendigkeiten. Der Kapitän war gut gelaunt. Er hatte angefangen, einen Kranz für unser Richtfest zu binden, meine Schwester und die Kinder pflückten die letzten Herbstblumen. Alles war so intensiv und schön, so friedlich und so ... gut.

Ich sah zu, wie sie immer wieder in den Wald gingen und wieder herauskamen, als würden sie die Lichtung und den Wald miteinander verweben.

Ich sah zu, wie sie sich nach hübschen Glockenblumen, Heidekraut, Johanniskraut, violetten Disteln und Schafgarbe bückten.

Und die letzten grünen Blätter von den Bäumen pflückten, die letzten Himbeerranken. Der Kapitän band den Kranz mit rotem Band. Der Nebel verstärkte die rote Farbe des Bandes; er ließ sie klar und deutlich leuchten.

Die Sonne schien durch den Nebel und den Nieselregen. Ab und zu brach sie durch den Dunst und erhellte jedes einzelne herumtanzende Staubpartikel; es war, als könne man die einzelnen Atome der Welt sehen.

Und natürlich war da auch ein Regenbogen. Das Leben ist so seltsam.

Vor ein paar Tagen war Svenn mit der Forstmaschine gekommen und hatte den Firstbalken die Wand hochgehoben, wo er nun auf der oberen Kante lag. Die Wände hatten unter dem Gewicht geächzt und die Pfeiler hatten eine Weile lang gebebt.

Die Forstmaschine mit ihrer brachialen Kraft war nicht geeignet, um den Firstbalken ganz hinaufzuwuchten, weil sie zu ungelenk ist und den sorgfältig errichteten Giebel zerstören würde.

Nein, jetzt war menschliche Behutsamkeit gefragt.

Meine Tochter brachte mir einen Blumenkranz, den ich mir lächelnd auf den Kopf setzte. Ich hielt ihre Hand. Während Jeppe und Sebastian das letzte Seil klarmachten, wärmten wir anderen unsere Hände an Tassen mit heißem Kakao. Ich hatte die Reste von allem zusammengesucht; den letzten Rest Rum, den letzten Rest Kuchen, den letzten Rest Fleisch, den letzten Rest Käse, die letzten Nüsse und das letzte Glas Oliven.

Jetzt war alles bereit. Jeppe schrie alle an, das tat er immer, wenn er unter Druck war, aber wir alle waren viel zu erwartungsfroh und seine harten Worte prallten an uns ab. Sebastian stand mit einer Seilwinde auf der anderen Seite des Hauses. Wenn der Stamm ihnen entgleiten sollte, müsste er ihn halten, um zu verhindern, dass er herunterstürzte und jemanden erschlug.

Die vier Luffare in ihrer wollenen Kleidung, meine Schwester in ihrer braunen Cordhose, der iPod an ihrem Gürtel war still, alles war still, der Kapitän mit seinem Hut, er war direkt hinter Jeppe, voll bei der Sache, Jeppe ... Jeppe war der Anführer. Sie standen alle auf den Wänden, bereit, den Firstbalken hochzuheben.

Sie bissen sich auf die Lippen und sahen einander an.

»Hep!«, rief er, und sie hoben den Stamm. Er war schwer. Sie schafften es nicht, ihn mehr als ein paar Zentimeter nach oben zu bewegen.

»Hep!«, rief er wieder. Und wieder und wieder.

Binnen einer halben Stunde hatten sie den Firstbalken am Giebel entlang hochgewuchtet. Nun mussten sie noch einmal all ihre Kraft zusammennehmen, um den Firstbalken über ihre Köpfe und in die Kerben zu heben, die Jeppe in jeden Giebel geschnitten hatte.

Erst hoben sie das eine Ende. Dann das andere.

Es war ganz still. Still. Still.

Sie verzogen die Gesichter und zogen seltsame Grimassen, man konnte ihre Muskeln durch die ganzen Wollklamotten, Flanellhemden, Leinenhosen sehen. Sebastian stand auf dem Boden, seine Armmuskeln waren angespannt und bereit zu ziehen; er verfolgte jede Bewegung der anderen.

»Hep!«, ertönte Jeppes Stimme.

Laute entrangen sich ihnen. Es waren die Laute von Menschen, die mit vereinter Kraft sechshundert Kilo Wald über ihre Köpfe stemmten. Laute von Männern, die einen Firstbalken hielten. Es war ein Stöhnen. Ein Schnauben. Es war der Klang der Stärke.

Bumm.

Der Firstbalken landete mit einem lauten Rumms an seinem Platz.

Wir hatten es geschafft!

Alle jubelten, wir tanzten herum, wir schrien und johlten.

»Wir haben es geschafft!«

Jeppe kletterte vom Haus herunter. Noch nie hatte ich ihn so glücklich gesehen. Das Glück entströmte seinem Körper regelrecht, es umgab ihn wie ein Strahlen. Ich hatte ihn wirklich noch nie so gesehen. Er kam auf mich zu und gab mir einen dicken Kuss auf den Mund. »Wir haben es geschafft«, sagte er. »Wir haben es geschafft.« Er sah mich abwartend an.

Und dann spürte ich etwas. Ich war eine tote Prinzessin, aber er hatte mir eben einen echten Liebeskuss gegeben.

An diesem Abend feierten wir zum ersten Mal seit den hellen Sommerabenden. Wir feierten im Dunkeln; wir sangen und nahmen einander immer wieder ohne Grund in die Arme.

Am nächsten Morgen war alles anders. Wir hatten uns alle verändert; wir hatten etwas Schweres gehoben, wir hatten das Unmögliche geschafft, wir hatten ein Haus gebaut, aus Bäumen, die wir selbst gefällt hatten, wir hatten bewiesen, dass man das kann.

Obwohl der Holzofen qualmte, brüllte Jeppe nicht herum. Stattdessen öffnete er einfach die Tür und das Fenster, und der dicke Rauch zog hinaus, während frische Luft hereinkam. Ich atmete tief ein und lächelte ihn an.

Dann redeten wir.

»Du denkst immer, dass alles meine Schuld ist – du gibst mir immer die Schuld für alles, was schiefläuft«, sagte ich. »Das ist eine sehr schlechte Angewohnheit. Du benutzt mich als Sündenbock und lädst alles Schlechte, was passiert, bei mir ab. Das ist total daneben. Ich bin nicht an allem schuld«, sagte ich ruhig und leise, alles war sehr ruhig und leise. Ich fuhr fort: »Und du hast Probleme mit der Aggressionsbewältigung. Du lässt alles an uns aus. An deiner Familie.«

»Ja«, sagte er. »Das stimmt wohl.«

Ich hatte alles gesagt. Wirklich. Es waren in erster Linie diese beiden Sachen. Ich hatte angenommen, dass ich wesentlich mehr zu sagen hätte, doch das war nicht der Fall. Vielleicht lag es daran, dass wir uns geändert hatten.

Die ganzen Kämpfe und Streitereien schienen so unwichtig nach all dem, was wir durchgemacht hatten.

»Du musst wissen, dass ich alles, was ich tue, für dich tue«, sagte er. »Wenn du und die Kinder nicht wären, hätte ich kein Haus im Wald gebaut. Ich würde einfach so leben wie die Luffare.«

Wir sprachen ganz offen und mit einer anderen Sprache als sonst. Es war die Sprache des Waldes. Um uns herum schliefen die Kinder, der Kapitän und meine Schwester schliefen jeweils in ihrem eigenen Schlafsack draußen beim Tipi; wir waren einen Moment lang unter uns.

»Du bist nicht in der Lage, glücklich zu sein«, sagte er. Ich nickte. Unglücklich.

»Du hast so viel Wut in dir, aber du richtest sie nach innen. Und das ist viel schlimmer. Wenn du von Selbsthass und finsteren Gedanken verdüstert wirst ... dann ist das viel, viel schlimmer, als wenn du mich anschreist.«

»Ich verstehe, was du meinst. Es tut mir leid«, sagte ich.

»Warum schubst du mich immer weg?«

»Warum schließt du mich immer aus?«

»Warum liebst du mich nicht mehr?«

»Warum willst du immer alles alleine entscheiden?«

Sigurd wachte auf und fing an, im Bett herumzuklettern. Draußen sangen die Vögel ungewöhnlich laut, und die Sonne traf auf das Fenster wie eine Engelschar. Einer der Hähne krähte, verstummte aber plötzlich. In der Ferne hörte man die Forstmaschine.

»Es war schön gestern«, sagte ich. »Es war toll, zu sehen, wie alle zusammengearbeitet haben.«

»Ich wünschte, es wäre immer so.«

Anschließend sprachen wir wie Komplizen über praktische Dinge. Wir versuchten, uns einen Überblick über die Lage zu verschaffen. Die Situation in puncto Baumaterial erschien uns als das größte Problem.

Meine Schwester hatte die letzten Bäume verwendet, die Jeppe im Sommer gefällt hatte, und nun hatten wir nicht mehr genug Stämme für das Dach. Weitere Bäume zu fällen würde zu lange dauern, und wir wären auf Svenn angewiesen, sowohl, um die Stämme zu holen, als auch, um sie in seinem Sägewerk zu Brettern zu schneiden. Also beschlossen wir, stattdessen dreihundert kleine Bäume zu fällen und sie so auf die Dachbalken zu legen, dass sie ein inneres Dach bildeten.

»Ich werde nie wissen, wie es sich anfühlt, ein Blockhaus zu bauen«, seufzte ich.

»Warum sagst du das jetzt?«, fragte er.

»Weil es wirklich schön ist, so mit dir zu reden und am Prozess teilzuhaben. Das habe ich wirklich vermisst. Das Haus war das Projekt von dir und vom Kapitän, ich habe mich ausgeschlossen gefühlt.« Tränen stiegen mir in die Augen.

Er legte einen Arm um mich.

»Ohne dich hätten wir das nicht geschafft«, sagte er. »Jemand musste doch kochen und für eine gute Atmosphäre sorgen.«

Ich lächelte ihn an wie eine Madonna. Und dann grinste ich. »Gute Atmosphäre? Ach komm!«

Der Kapitän war genervt von dem Hahn gewesen, der ständig gekräht hatte, und das Erste, was ich sah, als ich die Tür öffnete, war ein toter Hahn, dem man den Hals umgedreht hatte und der nun auf einem Zaunpfahl hing.

»Was soll das?«, rief ich laut.

Der Kapitän kroch aus seinem Schlafsack und kam auf mich zu. »Vielleicht kannst du heute Abend Hähnchensuppe kochen«, sagte er mit morgenheiserer Stimme; er schämte sich nie für etwas, nicht einmal fürs Töten.

Als er hörte, dass wir vorhatten, dreihundert kleine Bäume für ein inneres Dach zu fällen, verdüsterte sich seine Miene. Meine Schwester machte Fat Freddy's Drop an und dann saßen wir da, während der Haferbrei kochte, und sahen den Moskitos zu, wie sie in kleinen grauen Wolken ihren Todestanz tanzten. Wir betrachteten den See, der plötzlich sichtbarer geworden war, weil das Laub von den Bäumen gefallen war. Der See war schön. Er sah fast aus wie ein Tier; wie die Wärme eines Körpers stiegen dünne Dampfsäulen von seiner Oberfläche auf.

»Ich muss jetzt nach Hause«, sagte der Kapitän plötzlich und verschwand die Böschung hinunter, bevor wir mit der Arbeit begonnen hatten, bevor wir gefrühstückt hatten.

Meine Schwester sah mich an. »Glückwunsch«, sagte sie und nickte anerkennend in Richtung Haus. »Das ist etwas, auf das man echt stolz sein kann.«

»Danke«, sagte ich, von einer undefinierbaren Liebe erfüllt.

»Ich bleibe heute bei euch und arbeite mit«, sagte sie und lächelte. »Es war cool, wie gestern alle ihre Energie gebündelt haben.« Sie hob Sigurd hoch, küsste ihn, herzte ihn und kitzelte ihn am Bauch.

Dann packten wir alle unsere Ausrüstung zusammen und zogen unsere Schuhe an. Die Kinder liefen forsch den Waldweg hinunter, die Astbeile geschultert. Sebastian und Silas diskutierten über ein Computerspiel, meine Schwester und Victoria redeten über Feminismus, der große Jeppe hatte den kleinen Sigurd auf dem Arm und ich trug einen großen Proviantkorb. Jesus! Das war ein Glücksmoment, aber ich zählte sie nicht mehr. Ich sah einen Steinpilz und pflückte ihn. Ich fand Jeppe attraktiv.

Nebel stieg vom See empor und kroch den Waldweg herauf; er schlich uns hinterher. Als wir an der Stelle ankamen, von der wir wussten, dass es dort viele geeignete Bäume gab, schlugen wir unser Lager auf. Ich machte Feuer und backte Pfannenbrot. Der

Nebel hatte uns eingeholt und meine Hosensäume waren nass. Ich wünschte, ich hätte Sigurds Regenhose mitgenommen. Ich versuchte, ihn in der Nähe des Feuers zu behalten. Der Glücksmoment wurde vom Nebel verschlungen. Es fing an zu regnen.

Jeppe fällte Bäume mit seiner Motorsäge. Die Kinder und meine Schwester schlugen die Äste ab und schleppten die Stämme zu mir.

Es dauerte vier Tage, dreihundert kleine Bäume zu fällen. Während dieser vier Tage regnete es.

Wir arbeiteten jeden Tag; wir fingen an, bevor es hell wurde, und hörten auf, wenn es wieder dunkel wurde. Vom Kapitän war keine Spur; wir fragten uns jeden Tag, ob er kommen würde.

»Ich glaube nicht, dass er kommt«, sagte meine Schwester.

»Ich auch nicht«, sagte Jeppe. »Er hasst diese Art von Arbeit.«

Meine Schwester wurde immer angespannter und stiller. Jeppe auch.

Die Kinder arbeiteten hart, sie wurden kalt und nass, die Fichtennadeln pikten durch alles hindurch, es roch nach Weihnachten.

An diesen Tagen im Nebel im Wald in der absolut gesättigten Schwere der Welt akzeptierten wir den Stand der Dinge. Manchmal musste man tun, was zu tun war.

Der Winter war nah; wir konnten ihn schmecken, wie einen klaren metallischen Beigeschmack inmitten der Üppigkeit des Regens.

Nachdem wir mit dem Fällen und dem Ausästen fertig waren, schleppten wir die Bäume zu unserer Lichtung. Die dreihundert Bäume standen in einem Gebiet, das Svenn *Alter Wald* nannte. Er wollte nicht, dass die Forstmaschine in diesem Bereich zum Einsatz kam. Da man die Bäume langsam hatte wachsen lassen, war das Holz sehr dichtfaserig. Das bedeutete, dass man nur mit Mühe Nägel hineintreiben konnte.

Die Nägel waren das Teuerste an unserem Haus. Sieben-Zoll-Nägel aus Finnland. Sie kosteten mehr als zweihundert Kronen pro Kilo.

Jeppe saß auf dem Dach und schwang den Hammer; Sebastian und Victoria entrindeten die Stämme und reichten sie ihm hinauf. Der Klang des Hammers beim Aufprall auf die Nägel hallte von den Bergen wider.

Meine Schwester war wieder auf dem Berg, und der Kapitän ließ sich immer noch nicht wieder blicken. Es schallte kein Gespräch vom Berg hinunter, keine Musik, kein Gelächter; im Tal war nichts zu hören außer Jeppes Hammerschlägen.

Wir befanden uns in einem Vakuum. Keiner von uns sprach es laut aus, aber wir alle spürten es, ein Gefühl wie ein Nebel, sogar die Kinder fühlten es, das sah ich daran, wie sie die Schultern hochzogen und zum Berg hinaufsahen. Seit dem Platzieren des Firstbalkens benebelte ein Tiefdruckgebiet unsere Sinne.

Es war die erste Nacht des Vollmonds, als ich zum ersten Mal seit Langem den Sternenhimmel sah. Die Sterne hingen tief und leuchteten in gelben, blauen und violetten Nuancen.

Ich lag lange da und sah die Sterne an. Ich stellte mir vor, wie sie langsam auf mein Gesicht hinunterfielen – wie Schneeflocken.

»Hast du vergessen, wie stark ich bin?«, flüsterte ich plötzlich, ohne zu wissen, wo meine Worte herkamen.

»Ja«, flüsterte er, »ich glaube, das habe ich.«

»Es wäre das Beste, wenn du es nicht noch einmal vergisst.«

Ich konnte nur die Umrisse seiner Schultern sehen, ich war eine Mondhexe geworden, also streichelte ich ihm über die Schläfen und ließ das Gefühl des Versagens vom ihm auf meine Hand übergehen, die ich anschließend schüttelte, den Sternen entgegen.

»Lass uns einander nicht wieder verlieren«, flüsterte ich.

Er schmiegte sich enger an mich; wir umschlangen einander.

In der zweiten Vollmondnacht beriefen die Kinder einen Familienrat ein. Wir hatten alle tagelang hart und unablässig gearbeitet. Ich nahm an, es ging darum, dass sie müde waren und nicht mehr arbeiten wollten.

»Wir müssen über die Zukunft reden«, sagte Sebastian sehr förmlich.

»Ursprünglich hatten wir ja beschlossen, dass wir das hier ein Jahr lang machen«, sagte Victoria.

Ich wusste nicht, wann sie Zeit gefunden hatten, darüber zu sprechen; ich hatte nicht einmal gewusst, dass sie überhaupt über solche Dinge sprachen.

»Wir haben alle das Gefühl, dass es an der Zeit ist, eine Entscheidung zu treffen«, fuhr sie fort.

Silas unterbrach, wie er es immer tat. »Wir müssen wissen, ob wir hier draußen bleiben oder ob wir zurückgehen.«

»Aber wir hatten doch beschlossen, ein Jahr zu warten, bevor wir diese Entscheidung treffen.« Jeppe sah die Kinder überrascht an.

Victoria faltete die Hände, beugte sich vor und sprach betont langsam und deutlich. »Wir hatten beschlossen, das hier ein Jahr lang zu machen, um zu sehen, wie die Erfahrung uns verändert, stimmt, aber wir wissen ja schon, wie die Erfahrung uns verändert hat«, sagte sie.

»Wie hat das Jahr uns denn verändert?«, fragte ich sie, und sie erzählten eine ganze Weile, während ich und Jeppe ganz still dasaßen und zuhörten.

Sie fanden, dass wir stärker geworden waren. Sie fanden, dass wir enger zusammenhielten, dass wir jetzt eher ein Team waren. Sie fanden, dass es besser war, in der Natur zu leben, aber sie fragten sich, ob es keine Möglichkeit gab, in der Natur zu leben und gleichzeitig Teil der Gesellschaft zu sein. Auf lange Sicht wollten sie nicht so einfach leben, wie wir es jetzt taten, aber sie fanden es gut, es probiert zu haben, weil sie nun wüssten, dass sie es könnten. »Wir kommen mit fast allem klar«, sagte Sebastian.

Silas wollte gern zurückgehen. Victoria zog es in die weite Welt hinaus. Sie meinte, dass wir von Ort zu Ort ziehen müssten wie die Nomaden, die wir vorgaben zu sein. Sebastian wollte einfach nur gern eine Ausbildung machen. Und ich? Ich bezweifelte, dass wir unsere neu gewonnene Freiheit in ein normales Leben integrieren konnten. Das Zweifeln war mein Grundzustand.

Jeppe wollte nie wieder zurück. Er sagte: »Ich werde nie und nimmer, auf gar keinen Fall, absolut und tausendprozentig, zurückgehen.«

»Aber warum nicht?«, fragte Silas; er verstand es nicht.

»Ich wäre nicht in der Lage, das alles aufzugeben. Es ist, als hätte ich hier draußen etwas kapiert, versteht ihr? Es kann schon sein, dass es hart ist, so zu leben, ja, es ist hart. Aber ich kann nicht zurück. Ich kann einfach nicht.«

Wir hatten dieses Gespräch mit den Kindern gefürchtet, und wir hatten gewusst, dass es kommen würde – es kam nur wesentlich früher als geplant, und wir waren noch nicht bereit dafür.

»Könnten wir nicht darüber sprechen, wenn das Haus fertig ist? Im Winter, wenn es ein ganzes Jahr ist?«, fragte Jeppe.

Sie zögerten.

»Ich hätte gern Klarheit – jetzt«, sagte Silas, elf Jahre alt und sehr empfindlich. »Ich mag keine Veränderungen«, fuhr er nachdrücklich fort.

Es wurde ganz still in der Hütte, und eine ganze Weile saßen wir einfach nur da und lauschten dem Bullern des Feuers hinter der schwarzen Klappe des Holzofens.

»Heute Abend können wir keine Entscheidung treffen«, sagte ich. »Wir müssen alle über das nachdenken, was heute gesagt worden ist. Ich bin froh, dass wir miteinander geredet haben. Es gibt viele Wünsche, die man nicht alle unter einen Hut bekommt.

Jetzt müssen wir gründlich überlegen, um eine Lösung zu finden, die uns alle zufriedenstellt«, sagte ich, unfähig, hier und jetzt nachzudenken.

Victoria nickte. Es wurde ganz leise in der Hütte. Eine der Kerzen knisterte und ging aus.

»Okay«, sagte Silas. »Aber es gibt irgendwie keine Lösung dafür. Wir wollen unterschiedliche Sachen.«

»Doch. Natürlich gibt es eine Lösung«, sagte Jeppe. »Ich glaube, alles ist ganz anders, wenn wir in einem Haus sitzen, das wir selbst gebaut haben. Ich glaube, das wird für uns alle etwas Grundlegendes ändern.«

So trafen wir die Entscheidung, die Entscheidung aufzuschieben.

Am dritten Tag des Vollmonds arbeiteten wir am Haus meiner Schwester. Sie wollte vor dem Winter damit fertig werden und brauchte Hilfe, also hatte sie uns und die Luffare eingeladen.

Der Kapitän kam von selbst, als ahne er, was auf dem Programm stand. Keiner von uns erwähnte den Streit mit Jeppe oder die dreihundert Bäume. Den Stamm, den Kugelhagel, die Regeln.

Ich stand am Rand des Felsvorsprungs und sah auf unser Blockhaus im Tal hinunter; von hier oben sah es ganz anders aus, es wirkte so einsam. Ich versuchte, mir vorzustellen, wie es mit Kerzen in den Fenstern und aus dem Schornstein steigendem Rauch aussehen würde, ich versuchte, mir vorzustellen, wie wir still darin säßen, stickten, malten, spielten, wie wir irgendetwas täten, was keine körperliche Arbeit war.

Ich war mit den Gedanken nicht auf dem Felsvorsprung, und ich hatte ein ungutes Gefühl in der Magengegend, aber der Kapitän war bester Laune und redete unablässig über die Schönheit der Natur und die Liebe zwischen den Menschen.

»Guck dir das doch mal an«, sagte er und streckte seine Arme aus. »Wie kommt man da auf die Idee, nach Öl zu bohren oder Abwasser hineinzuleiten? Wie kann man das machen? Wir zerstören diesen schönen Planeten, um Profit zu machen.« Das Wort *Profit* sprach er aus, als wäre es schmutzig, das schmutzigste Wort, das er sich vorstellen konnte. »Profit, Profit, Profit«, wiederholte er, der einen Fuß auf einen Stamm gestellt hatte wie Captain Morgan. »Als ich jünger war, dachte ich, dass man wirklich etwas ändern könnte. Die Straßen in die Luft jagen und ihre Maschinen zerstören.« Er sah Sebastian an, der sich auf einen Stamm gesetzt hatte und ihn aufmerksam ansah. »Aber man kann nichts ändern, Sebastian, nicht mit Gewalt und nicht mit Macht. Das geht nicht. Darum ist das, was wir hier tun, so wichtig. Wir versuchen, etwas Konstruktives zu tun. Mit Liebe«, jubelte er, und sein Jubel stand im Kontrast zu Jeppe, der neben Sebastian saß, den Kapitän aber anders als Sebastian nicht ansah, sondern den Blick ins Tal gerichtet hatte, auf unser Blockhaus.

»Du solltest vorsichtig mit Ideologien sein«, sagte Jeppe, »wenn du sie nicht mit Taten untermauern kannst.«

»Wie meinst du das?« Der Kapitän dachte, sie würden eine ideologische Diskussion führen, er meinte, Jeppe sei wieder wie im letzten Winter, doch Jeppe hatte sich verändert.

»Hier draußen müssen wir einander helfen«, sagte Jeppe und stand auf. »Weil wir abhängig voneinander sind. Das hat nichts mit Liebe zu tun. Sondern mit Verantwortung füreinander.«

»Ja!«, rief der Kapitän und wandte sich dem See und dem Ausblick zu. »Man muss Verantwortung füreinander übernehmen. Wie wir es bei eurem Firstbalken gemacht haben und jetzt hier für meine Schwester. Das ist wundervoll.«

Meine Schwester seufzte viel. Ich fragte sie, was los sei; sie sagte, der Kapitän habe einen ihrer Stämme ruiniert, weil er ihn falsch behauen habe und nun die Kerben nicht ineinanderpassten.

Die Aufgabe der Luffare war, die letzten Stämme zum Haus meiner Schwester zu schleppen. Sie benutzten Hanfseile und ihre Körperkraft.

Eigentlich kamen wir gerade gut voran, nur Jeppe stand ein wenig verwirrt am Rand und sah zu, er war außen vor, und ich sah ihm an, dass er nicht wusste, was er mit seinen Händen anfangen sollte; er sah immer wieder zwischen dem Haus und den Kindern hin und her.

Abends versammelten wir uns in unserer Hütte. Tee. Brot. Ich fragte die Luffare, wie es war, in der Herbstkälte draußen zu leben. Sie sagten, es sei wundervoll. »Wie im Paradies«, sagten sie lächelnd. Anschließend sagten sie, dass sie sehr beeindruckt von unseren Kindern sind. »Das sind schon ein paar coole Kinder, die ihr da habt«, sagte Petter, ein netter junger Typ aus Scania mit hellem halblangem Haar, Bart und rotem Wollhemd.

Später verschwanden sie in den Wald, und der Kapitän fuhr mit dem Rad nach Hause. Jeppe und meine Schwester trainierten Kung-Fu in unserem kleinen Wohnzimmer. Sie lachten. Die großen Jungs saßen am Computer; der Generator lief. Sigurd rannte herum; er liebte es, Sachen aus der Vorratskammer zu holen und sie auf das Sofa zu legen, Karotten und Dosen, fein säuberlich aufgereiht.

Nach dem Essen – Bohneneintopf – zeigte meine Schwester uns Bilder aus Kanada. Es waren auch ein paar Bilder von einem Besuch bei uns in Dänemark dabei. »Guck mal, Sebastian«, rief Silas, »wie blass und dünn du da warst!« Dann war da ein Foto von ihm selbst. »Nein! Guckt mal, wie jung ich da aussehe!« Er lachte.

Die Bilder erzählten von einem anderen Jeppe, der dreißig Kilo schwerer war, traurig guckte und einen Fleecepulli trug. Jeppe war ganz still geworden. Er schloss die Augen. Als er sie wieder öffnete, sah er dies: Einen schönen Abend im Paradies; unsere Probleme waren im Großen und Ganzen sehr klein. Es würde schon alles gut gehen. Er nahm meine Hand und drückte sie.

Silas ging raus, um zu pinkeln.
Er rief: »Schnee!«
In der dritten Vollmondnacht kam der Schnee.

Meine Schwester wachte früh auf. Sie füllte eine Thermoskanne mit Kaffee, packte Essen in einen Korb und machte sich auf den Weg.
Als der Kapitän ankam, ging er direkt zu ihr hoch, um ihr beim Bau ihrer Hütte zu helfen; er trank nicht einmal seinen Freiheitskaffee mit uns.
Jeppe und die Zwillinge arbeiteten am Haus, Silas backte Zimtschnecken zum Mittagessen, Sigurd schlug Purzelbäume auf dem Bett.
Ich dachte an nichts. Starrte vor mich hin.
Der Garten war tot. Weiß.
Ich hörte Jeppe gereizt herumbrüllen, ein paar Minuten später stapfte er durch das, was einmal unser Garten gewesen war. Jetzt kam Sebastian atemlos herein. »Das kann nicht ... es nervt echt, dass sie das ganze Werkzeug oben auf dem Berg haben«, sagte er, »das hält so auf, wenn wir ständig losmüssen, um das Werkzeug zu holen.«
Wir tranken Kaffee.
Eine halbe Stunde später kam auch Jeppe herein. »Das geht so nicht«, sagte er. »Wir können nicht zwei Häuser auf einmal bauen. Wenn wir uns nicht auf eines zur Zeit konzentrieren, werden wir keins davon fertig bekommen.«
»Aber es funktioniert auch nicht, wenn die beiden hier unten sind, obwohl sie keine Lust haben«, wendete ich ein und füllte Holz in den Ofen. »Außerdem«, fuhr ich fort, »können wir nicht von ihnen erwarten, dass sie ihre eigenen Projekte auf Eis legen und uns helfen. Denn sie haben uns schon so sehr unterstützt.«
»Ja, aber sie sind doch nur unseretwegen hier! Sie erwarten von

uns, dass wir uns um alles Mögliche kümmern, und wir kümmern uns verdammt noch mal um sie alle, damit sie ihre Träume verwirklichen können.«

Offenbar waren wir Traumkatalysatoren geworden.

Sie schrieben uns E-Mails, sie kamen uns besuchen, so viele Gäste, sie ließen sich im Wald um uns herum nieder, all die Leute mit ihren Träumen, während unser Traum uns langsam verloren ging.

Verbitterung ist eine komplizierte Sache. Wenn sie erst einmal da ist, wird man sie schwer wieder los. Genau wie die Kleinlichkeit. Das Gefühl, vereinnahmt zu werden.

»Das Problem«, sagte Jeppe, »ist, dass sie sich auf uns verlassen können, wenn es bei ihnen nicht läuft. Aber wir können uns nicht auf sie verlassen. Sie sind nur für uns da, wenn es ihnen gerade in den Kram passt. Das ist kein ausgewogenes Verhältnis. Wir können nicht so tun, als sei es nicht so – es ist so.«

Silas war in sein Bett verschwunden, vor das er mit den finnischen Nägeln eine Decke gehängt hatte, um ein bisschen mehr Privatsphäre zu haben. Victoria und Sebastian waren noch auf dem Sofa sitzen geblieben.

»Ich glaube, wir sollten einfach weiterarbeiten«, sagte Victoria, »und kein großes Drama daraus machen.«

»Ja«, pflichtete Sebastian bei. »Und wenn wir bis zum Winter nicht fertig werden, kommen sie sicher und helfen uns.«

»Nein«, sagte Jeppe in kompromisslosem Ton, der nichts Weiches mehr hatte. »Ich sage euch, wie es laufen wird: Wenn wir vor dem Winter nicht fertig werden, dann wird es richtig hart. Eure Tante wird sich nach Kopenhagen davonmachen, bevor ihr bis drei zählen könnt, und der Kapitän wird in Bondsäter überwintern, während wir hier sitzen. Wir sind die Einzigen, die keinen Plan B haben.«

Ich erinnerte mich an etwas, das der Kapitän einmal in einer Sommernacht gesagt hatte. Er sagte, dass man immer mehrere alternative Pläne bräuchte, dass man denken müsse wie ein Fuchs. Dass man nie alles auf eine Karte setzen dürfe, sondern immer mehrere Pläne und Exitstrategien haben müsse. Damals hatte ich das nicht weiter beachtet; er kam mir nicht vor wie jemand, der Kompromisse macht, er kam mir nicht vor wie ein Fuchs.

»Wenn wir nicht fertig werden, bevor es Winter wird – ich meine, richtig Winter – sollen wir dann den ganzen Winter in dieser Hütte verbringen?«, fragte Sebastian. Keiner von uns antwortete.

Nach ein paar Minuten Schweigen sagte Victoria, dass wir einfach ein bisschen härter arbeiten müssten. »Ich kann meine Spaziergänge sausen lassen, und wenn wir Stirnlampen tragen, können wir auch nachts arbeiten.«

»Es ist doch so«, sagte Jeppe, atmete tief durch, lehnte sich zurück und streckte die Arme in die Luft. »Wenn sie alle ihren eigenen Kram und ihren eigenen Platz hätten, gäbe es gar kein Problem. Dann wären wir einfach nur Nachbarn. Das Problem ist, dass sich alles hier bei uns abspielt.«

Sebastian und Victoria nickten. Es kam nicht oft vor, dass sie so aussahen wie die Zwillinge, die sie sind. Sie waren wie Tag und Nacht, wie Sonne und Mond, normalerweise waren sie nie ganz einer Meinung, doch nun nickten sie einhellig.

Jeppe fuhr fort: »Wenn die erste Regel im Wald ist, dass sich alles ändert, dann ist die zweite Regel im Wald, dass man nicht auf andere zählen kann. Vielleicht ist das eine der Sachen, die man eben auf die harte Tour lernen muss hier draußen.« Er erhob sich, blieb mitten im Raum stehen und drehte sich um sich selbst wie der Lichtkegel eines Leuchtturmes. »Wenn man will, dass etwas erledigt wird, dann muss man es selbst tun«, sagte er.

»Aber du hast doch uns«, sagte Sebastian.

*Ich habe viel, vielleicht zu viel, über unsere Probleme geschrieben. Doch da war auch immer diese überwältigende Schönheit. Aber ich wollte eben keine Geschichte über überwältigende Schönheit erzählen, ich wollte keine romantisierende Geschichte wie in einer Frauenzeitschrift erzählen, eine leichte Geschichte, eine rosige Geschichte, nein, ich wollte eine wahre Geschichte erzählen – also habe ich über all die Probleme geschrieben und das Schöne weggelassen, aber es war da, und es war überwältigend!*

*Ich will davon erzählen.*

*So wie hier: Wenn der Schnee fällt, klingt es genau wie ein Flüstern. Direkt vor der Tür.*

## 16

Der Herbst war immer meine liebste Jahreszeit. Er ist es nicht mehr.
Früher liebte ich die Melancholie. Das tue ich nicht mehr.
Und den Tod. Auch das ist vorbei.
Wenn man ihn doch nur schnell hinter sich hätte – aber der Herbst ist, als würde man Luft in einen Aufblaswal mit Loch pumpen, er ist, wie wenn man im Traum rennt und dabei nicht vorankommt. Erst hat mein Rücken den Geist aufgegeben, dann hat das Auto den Geist aufgegeben, dann die Brille, der Computer, die Taschenlampen und der Generator. Es war ein Rückschlag nach dem anderen. Die Armut machte uns zu schaffen. Es war ein Gefühl der Niederlage. Der Machtlosigkeit. Es war, als hätte die Welt es auf uns abgesehen. Aber wir haben uns immer wieder aufgerappelt und weitergekämpft.
Und dann ist unsere Gemeinschaft zerbrochen.
Und mit dem Sommer, fuck, mit dem Sommer war es auch vorbei. Genau wie mit der Sorglosigkeit und der Beziehung und mit all unseren Plänen. Also bin ich kein großer Herbstfan mehr. Der Herbst ist ein falscher fetter Opernsänger. Tragödien in Moll und Krokodilstränen. Und wo wir schon mal dabei sind: Warum muss alles kaputtgehen? Echt! Warum?

Jetzt war Winter. Ich liebe den Winter.
Winter ist Klarheit.
Wir haben der Realität ins Auge gesehen. Haben sie angestarrt.
Wir werden das Haus nicht vor Weihnachten fertig bekommen. Wir haben weder die Zeit noch das Material. *Realize!*
Der Kapitän machte nicht mehr mit. Meine Schwester kümmerte sich um ihren eigenen Kram.

Vielleicht hätten wir es besser wissen sollen. Oder mehr tun müssen. Andere Prioritäten setzen oder klarere Ansagen machen müssen, aber so waren wir eben nicht.

*Realize.*

Jetzt hatten wir sechzehn Quadratmeter und eine Menge Schnee. Und ein fast fertiges Blockhaus, das bis Januar fertig werden musste. Das waren die Fakten, und nebenbei: Klaustrophobie wohnt im Kopf, nicht in den Umständen. Das war natürlich leicht gesagt und darum natürlich falsch.

Die Klaustrophobie stahl sich unter Jeppes Haut, wo sie große rote Flecken entstehen ließ, die ihn nachts wach hielten, an denen er kratzte, bis ihm das Blut die Arme hinunterlief. Der Juckreiz kam nur abends, wenn er sich hinsetzte. Solange er draußen arbeitete, hatte er keinen Ausschlag, keine Flecken, keine Probleme, keine Klaustrophobie.

»Ja, ich bin gestresst«, knurrte er.

*Realize! Realize!*

Zuerst war ich genervt von seinem Gekratze, aber als er nachts auf dem Sofa still vor sich hin weinte, überwältigte mich das Mitleid. Ich setzte mich neben ihn, während er weinte.

Manchmal kratzte ich seinen Körper für ihn.

»Unsere Körper kommen mit diesem Leben nicht klar«, flüsterte ich.

»Das sind nicht unsere Körper, es sind unsere Köpfe«, murmelte er.

Er wachte nicht von selbst auf, also stand ich auf, warf den Ofen an, setzte Kaffeewasser auf. Die Sonne ging langsam über dem See auf, und ich dachte über die Zeit nach. Sie läuft anders hier draußen.

Ich versuchte, mir vorzustellen, was draußen in der Welt passierte. Vielleicht gab es einen Krieg, von dem wir nichts wussten, oder eine Katastrophe, oder die Sonne ging in einer ganz neu geordneten Welt auf, ohne dass ich es sehen konnte, ohne dass ich es überhaupt wusste.

Sigurd wachte langsam auf und wollte im Arm gehalten werden. Ich hob ihn schnell aus dem Bett, damit er seinen erschöpften Vater nicht aufweckte. Seine wollene Unterwäsche hatte ihn die ganze Nacht lang kuschelig warm gehalten. Er schlang die Arme um meinen Hals und ich dachte zufrieden: Dieser Junge ist stark und wohlgenährt. Er wird gut durch den Winter kommen.

Ich setzte mich mit einer Tasse Kaffee auf die Bettkante und weckte Jeppe behutsam auf. Nicht, dass die Sanftmut zwischen uns zurückgekehrt wäre; uns verbanden Pragmatik und Durchhaltevermögen, eine Wirklichkeit, die so wirklich war wie nie zuvor ... aber manchmal ist die Realität sachte. Sanft.

Er setzte sich auf und lehnte sich mit dem Rücken an die Wand.

»Wir müssen etwas tun«, sagte ich zu ihm.

»Inwiefern?«

»Wir können nicht weiter am Haus meiner Schwester arbeiten. Und es geht nicht, dass sie das ganze Werkzeug da oben haben. Das raubt uns zu viel Energie. Wir müssen uns jetzt konzentrieren. Wir können es uns nicht leisten, dass du so gestresst bist.«

In diesem Moment war ich ein Muttertier und auch ein Ehefrauentier, als ich da flüsternd auf der Bettkante saß.

»Wir haben von jetzt an nichts mehr zu geben«, fuhr ich fort.

Wir tranken eine ganze Tasse Kaffee, bevor einer von uns wieder etwas sagte.

»Das macht mich verrückt, ich halte das nicht mehr aus«, sagte Jeppe. »Ich weiß nicht, was ich tun soll.« Er erhob sich. Er hatte in seiner Arbeitshose geschlafen.

»Wir müssen es meiner Schwester und dem Kapitän sagen«, sagte ich.

»Was genau sagen wir ihnen denn?«, fragte er.

»Wir sagen ihnen, dass sie an unserem Projekt arbeiten sollen, wenn sie hier bei uns sind. Nicht an ihrem eigenen.«

»Wie meinst du das? Was ist denn das Projekt vom Kapitän?«

Ich wusste nicht, was ich sagen sollte, ich wusste nur, dass das Projekt des Kapitäns nicht unser Projekt war. Und ich wusste, dass die Gruppe geteilt war. Und dass wir vier Kinder hatten. Und dass die Familie zuerst kam.

»Es ist hart, sich ständig mit ihnen auseinanderzusetzen«, sagte er leise.

Ich nickte. »Kommen wir ohne sie klar? Ich meine, kannst du das Blockhaus ohne sie fertig bauen?«

»Ich habe lange alleine daran gearbeitet«, antwortete er.

Sie hörten Bob Marley oben auf dem Felsvorsprung. Ich hörte ständig ihre Musik. Sigurd weinte. Sebastian und Victoria stritten sich.

Schließlich schlug Jeppe seine Axt in einen Stamm. »Ich gehe da jetzt hoch«, sagte er.

Und dann passierte Folgendes: Meine Schwester stand in ihrer zukünftigen Hütte, die drei Lagen Stämme hoch war und bereits einen Boden hatte. Der Kapitän kniete auf dem Boden und versuchte, seinen Fehler mit dem falsch behauenen Stamm, der nun nicht passte, zu korrigieren.

Jeppe setzte sich auf die drei Stämme hohe Wand. Er sagte zu meiner Schwester: »Wir müssen die Arbeit an diesem Haus einstellen.«

Der Kapitän stand auf.

»Warum?«, fragte meine Schwester.

»Wir müssen Prioritäten setzen. Wir haben vier Kinder. Wir müssen alle Energie in unser Haus stecken.«

»Ja«, sagte sie.

Der See lag an diesem Tag glatt wie ein Spiegel da, und der Rabe kreiste über dem Tal. Es war lange her, dass wir ihn zum letzten Mal gehört hatten.

Meine Schwester hatte Verständnis für unsere Entscheidung, aber sie war enttäuscht und es fiel ihr schwer, das zu verbergen. Eine Woche lang half sie uns bei unserem Haus, aber sie war in sich gekehrt und freudlos.

Vielleicht hatte das hier ihr Rückzugsort werden sollen, vielleicht haben wir ihr das genommen.

Es gab eine Menge verstohlener Blicke zwischen mir und ihr. Eine Menge nicht ausgesprochener Worte. Ich weiß nicht, ob sie verstand, warum wir jetzt nicht an ihrem Haus arbeiten konnten, warum das Werkzeug nicht oben bei ihr sein konnte, warum sie und der Kapitän nicht auf dem Felsen sitzen und Musik hören und die Aussicht genießen konnten, während wir uns hier unten abmühten. Ich weiß nicht, ob sie es verstand.

Es war jetzt kalt geworden, und wir packten uns dick ein mit unseren Islandpullis. Unsere Nasen waren rot gefroren, wir hatten ständig eiskalte Füße.

Meine Schwester beschloss, nach Kopenhagen zurückzugehen und eine Ausbildung anzufangen. Sie wollte Bootsbauerin werden. Es hatte ihr gutgetan, mit Holz zu arbeiten; sie wollte mehr über seine Fasern lernen, wollte lernen, wie man es biegen und formen kann, es wasserdicht machen und schichten kann. »Der Meeresspiegel steigt«, sagte sie.

»Was?«, fragte Silas entsetzt.

»Ja, wirklich. Ich habe Simulationen im Internet gesehen. Wenn der Meeresspiegel noch um ein paar Meter ansteigt, werden die großen Städte überflutet. Und der Nordpol schmilzt.«

Silas starrte sie entgeistert an, doch sie lächelte aufmunternd zurück. »Wenn ich lerne, wie man Boote baut, bin ich ganz gut auf die Zukunft vorbereitet«, sagte sie. »Außerdem kann ich dann nach Kanada segeln und meine Freunde besuchen.«

»Du musst uns auch ein Boot bauen«, sagte Silas.

Sie lachte und streichelte ihm übers Haar. »Hier oben im Gebirge seid ihr in Sicherheit. Keine Angst, mein Kleiner.«

»Aber du kommst doch wieder, oder?«, fragte Victoria. Sie liebte ihre coole Tante. Ihre coole Tante hatte mit ihr über Geschlechterrollen gesprochen, sie hatte ihr aufregende Geschichten aus der Großstadt erzählt, sie hatte ihr beigebracht, Kontra zu geben.

»Klar«, sagte meine Schwester, und ich wünschte, es wäre nicht so düster hier bei uns, ich wünschte, wir könnten ein Rückzugsort für die Leute sein.

Ich hatte das Gefühl, sie enttäuscht zu haben, hatte das Gefühl, dass ich besser zu ihr hätte sein müssen.

»Du weißt, dass du hier jederzeit willkommen bist.«

»Ja, das weiß ich.« Sie sah mich ernst an. »Aber wir können den Winter nicht alle zusammen auf sechzehn Quadratmetern verbringen, ich brauche etwas Platz für mich … darum war es mir so wichtig, meine eigene Hütte zu bauen.«

Der Kapitän hatte bislang noch gar nichts gesagt. Er hatte auf dem Sofa gesessen und in seine Kaffeetasse gesehen. »Das ist wohl die einzige Lösung. Du bist ein kluges Mädchen. Und es ist gut, dass du Bootsbauerin wirst«, sagte er schließlich.

Er blickte auf und sah aus wie Robinson Crusoe. Es sah aus, als seien seine Augen aus Rum.

»Meine Schwester«, sagte er. »Ich bin nur hergekommen, um mit dir oben auf dem Berg Musik zu hören.«

»Das ist schon in Ordnung«, sagte Jeppe, »aber es fällt uns schwer, euren Träumen und Wünschen gerecht zu werden.« Er kratzte sich heftig an den Armen und ging ruhelos im Zimmer umher.

»Hier bei euch ist alles so verdammt schwer und dunkel«, rief der Kapitän plötzlich. Er stand auf und stapfte hinaus.

Die Luffare hatten ein Armeezelt, das sie nicht brauchten. Bevor meine Schwester abreiste, bauten sie es auf dem Felsen über der angefangenen Hütte auf. »Victoria könnte da oben wohnen«, sagten sie, und Victoria zog tatsächlich in das Armeezelt auf dem Felsen. Es war groß und geräumig und schön warm, mit einem Holzofen.

Als ich meine Schwester zum Zug brachte, umarmte ich sie fest. »Sind wir gut?«, flüsterte ich, während wir uns umarmten.

»Klar. Wir sind Schwestern«, antwortete sie. Sie trug ihr strahlendes Lächeln und ihre braunen Cordhosen, sie winkte mir aus dem Zug … weiter hinaus in die Welt, vorwärts. Ich hoffte, die Welt würde gut zu ihr sein.

Ein paar Tage später kam der Kapitän wieder. Storm war dabei.

Während der Kapitän wütend sein Werkzeug einpackte und seine Sachen zusammensuchte, saß Storm lächelnd am Tisch. »Ihr werdet schon klarkommen«, sagte er. »Wenn ihr einen Winter hier überstanden habt, werdet ihr mit allem fertig.«

Dann gingen sie.

Wir arbeiteten selbstverständlich weiter.

Das Thema Brennholz beherrschten wir inzwischen: Wir wussten, wie man es hackt, wir wussten, wie es klingen sollte, wenn der Stamm korrekt gespalten wird. Auch das Thema Wasser beherrschten wir: den Eimer schräg nach unten werfen, rasch hochziehen. Wir wussten genau, wie man den leeren Bauch des Eimers so füllt, dass er nicht zu schwer wird, um ihn die vereiste Böschung hinaufzutragen. Wir wussten, wie man mit Birkenrinde ein Feuer entzündet und wie man das Feuer füttert. Allmählich beherrschten wir den Alltag. Jede einzelne Handlung brachte Erfüllung, jede einzelne Handlung war sinnvoll, jede einzelne Handlung war notwendig.

Mit stiller Miene verrichteten wir all diese Handlungen, diese beruhigenden, wohltuenden Rituale.

Im Tal gab es fast keine Geräusche mehr. Die meisten Vögel waren wie meine Schwester gen Süden gezogen, nur der Specht machte unermüdlich weiter, er klopfte und klopfte und klopfte. Das war das einzige Geräusch. Und das der dreihundert Bäume und der finnischen Nägel. Und das Flüstern des Schnees in der Nacht. Der sanfte Gesang der Schneeflocken, das knisternde Geräusch, wenn sie auf den Schnee fielen, der bereits lag.

Der Winter ließ die täglichen Verrichtungen deutlicher hervortreten, aber auch die Probleme. Die Konflikte. Die Streitereien. Sie hallten wider. In der Stille des Schnees.

»Wann sprechen wir darüber, wie es weitergeht?«, fragte Silas immer wieder, hartnäckig wie ein Specht. »Wann treffen wir eine Entscheidung? Wann, wann, wann?«

Und Victoria mit ihrem eisernen Willen. Unerschütterlich wie ein Fels. Wenn sie morgens zur Hütte runterkam, war sie steif gefroren, und ich schrie sie an, dass es noch ein Kojenbett im Zimmer der Jungs und ein ganzes Zimmer auf dem Dachboden gibt, wo sie wohnen könnte. »Warum willst du nicht mit uns zusammenwohnen?«

Sie brauchte Platz und war nicht bereit, Kompromisse zu machen. Draußen in den Bergen war sie ein Wolfsjunges – aber sobald wir in die Stadt fuhren, zog sie Sachen aus Kunstfasern an. Und benutzte Nagellack.

»Warum machst du das?«, schrie ich.

Uns gegenüber war sie stur und kompromisslos, aber anderen gegenüber war sie nachgiebig, sie sprach leise, fast unhörbar, lächelte höflich und sah zu Boden.

»Warum? Wie kommt das? Warum hast du so wenig Selbstbewusstsein?«, schrie ich. Und dann schrie sie zurück. Und dann standen wir da und schrien uns an. Auf sechzehn Quadratmetern.

»Warum kritisierst du mich ständig?«, schrie sie.

»Warum gibt es ständig Probleme mit dir, warum kannst du

nicht wenigstens ein klein bisschen mitmachen?«, schrie ich zurück.

»Warum hast du mich nicht lieb?«, schrie sie, und plötzlich stand meine Mutter im Raum, groß wie ein Elch, schnaubend, und ging im Kreis um mich herum und musterte mich. Ich hätte gern meinen Kopf in das struppige Fell des Elchs gelegt. Damit der Elch mich tröstete.

Also legte ich meine Arme um meine Tochter, hielt sie fest und flüsterte: »Ich hab dich lieb. Es tut mir leid.«

Draußen brüllte Jeppe wie ein verwundeter Bär.

»Mach schon«, brüllte er. »Weiter, weiter!«

Wir hatten einen toten Baum gefällt. Nun lag er draußen und musste zersägt werden.

Jeppe brüllte. Jeppe schrie. Irgendwann wurde es Sebastian zu viel, der Jeppe eine Weile lang herausgefordert hatte, weil man das macht, wenn man ein Mann wird: Man fordert die Vaterfigur heraus. Doch an jenem Tag war die Vaterfigur unvernünftig, unfair, mäkelig und fordernd, also schrie der Sohn: »Reiß dich zusammen, Mann!«, und stieß die Vaterfigur vor die Brust. Ein paar Sekunden lang war es ganz still.

Dann brüllte der geweckte Winterbär zurück: »Reiß du dich zusammen!« Sie brüllten und schrien und schubsten einander, stolperten und fielen in den Schnee, der sich wie ein beruhigendes Tuch über die Landschaft gelegt hatte.

Ich sah eine Sternschuppe.

Das ist die Grenze, dachte ich, doch das war sie nicht. Die Grenze war noch nicht erreicht, wir hatten gerade erst angefangen, uns anzuschreien, die Probleme hatten gerade erst angefangen, die richtigen Probleme.

Silas schrie: »Warum kannst du nicht einfach normal sein!«

Jeppe schrie: »Weil ich es nicht will!«

Sebastian schrie: »Mach dich locker!«

Victoria schrie: »Aaaarg!«, und ich schrie: »Wasch ab! Hack Holz! Hol Wasser! Pass auf Sigurd auf!«

Und Jeppe schrie: »Alles, was ich mache, mache ich für dich. Ich habe nichts für mich selbst.« Und dann schrie ich: »Es reicht!«

Sigurd schrie einfach nur: »Marh. Rah.«

Und warum schrien wir? Weil die Ablenkungen der Gesellschaft nicht da waren, die das Geschrei dämpften oder abschwächten. Weil der Kapitän nicht mehr da war, um als Feind herzuhalten. Weil wir alleine waren. Weil wir zum ersten Mal alleine waren.

»Entschuldigung«, sagte Jeppe später im Wohnzimmer. Seine Haut war rau, abends bekam er noch immer die roten, juckenden Flecken; er kratzte sich. »Ich will nur einfach endlich mit dem Haus fertig werden.«

»Entschuldigung«, sagten die Kinder.

»Entschuldigung«, sagte ich.

Nach unserem Geschrei kamen die Entschuldigungen, und nach den Entschuldigungen kamen die Fragen.

»Warum ist die Frau für das Innere des Hauses zuständig und der Mann für draußen? Wie viel müssen die Kinder entscheiden, wie viel müssen sie tun, wie viel Mitspracherecht müssen sie bekommen? Wie befriedigt man die Bedürfnisse von sechs verschiedenen Menschen? Wie sorgt man dafür, dass alles klappt, ohne jemanden zu verletzen?«

Wochenlang ging das so. Geschrei. Gebrüll. Entschuldigungen. Fragen.

Wir waren in den Wald gegangen, weil wir die Pseudoprobleme und die schlechten Angewohnheiten abstreifen wollten, wir wollten niedrigere Ausgaben haben, anstatt wie kopflose Hühner höheren Gehältern hinterherzulaufen. Wir wollten beweisen, dass wir keine Idioten waren. Wir wollten unsere Entscheidungen bewusst treffen.

Das mit den bewussten Entscheidungen ist besonders wichtig. Klimawandel. Soziale Ungleichheit. Kriege. Ausbeutung, Banken, die Öllobby – es bringt nichts, sich all dieser Dinge bewusst zu sein, wenn man nicht danach handeln kann.

Das mit dem Handeln ist wichtig.

Man muss den Worten Taten folgen lassen. Man muss einen moralischen Standpunkt einnehmen und ihn verteidigen. Man muss seinen Kindern etwas geben, worauf sie stolz sein können. Man muss stolz auf sich sein.

Nur war da nicht so viel, worauf man stolz sein konnte ... in der Winterkälte und der Brüllerei.

Und so begannen wir zu akzeptieren.

Abends sprachen wir mit schwerer Stimme und Kloß im Hals. »Kann man die Vergangenheit ändern? Kann man sich verzeihen, schlechte Eltern gewesen zu sein?«

Wir rauften und stritten, die Fragen rieselten wie Puder auf uns hinunter, wir schliefen weinend ein, wir schlugen einander vor die Brust: »Bist du da? Bist du da? Liebst du mich?«

*Gestern war es unter minus zwanzig Grad. Binnen einer Nacht, wirklich nur einer Nacht, ist der See zugefroren. Jetzt müssen wir ein Loch ins Eis hacken, um Wasser zu holen. Wir schlagen das Loch mit einer Axt, und wenn wir später mehr Wasser brauchen, nehmen wir einen großen Ast, stoßen ihn hinein und schaben damit den Rand des Lochs ab.*

*Das Wasser in den schwarzen Eimern sieht aus wie Whiskey on the rocks. Man muss Handschuhe tragen, wenn man den dünnen Metallhenkel des Eimers hält.*

*Nachts bleibt immer einer von uns auf, um sich um das Feuer zu kümmern. Wir wechseln uns alle paar Stunden ab. Es passen nicht mehr als zwei Scheite in den Brennraum. Wir müssen das Feuer ständig füttern.*

*Wasser und Feuer, ja, das sind die grundlegenden menschlichen Bedürfnisse – das Wesentliche, ich habe es gefunden.*

*Der Berg, die Bäume, die Flüsse, die Seen und die kleinen Waldwege werden vom Vollmond erhellt. Es ist mein erster Wintervollmond, und ich kann mir gut vorstellen, wie ein riesiger Wolf auf dem Wolfsberg steht und heult, neben dem Mond, wie auf einem Poster aus den Achtzigern.*

*Es ist mir nie gelungen, die Schönheit unserer Erfahrung zu beschreiben; es ist wohl so, dass die Probleme und Dilemmata den meisten Platz einnehmen (Berg, Wolf), aber da ist Schönheit. Sie ist wirklich da. Und die Schönheit heilt. Die Schönheit gibt mir Kraft. Ich weiß nicht, ob ich je in der Lage sein werde, zu beschreiben, wie viele Gefühle ein einziger Blick über das Tal hinweg in mir auslösen kann.*

*Über dem Berg hängt der Vollmond. Wie eine riesige Glühbirne erhellt er alles.*

*Wir stehen eine ganze Weile da und betrachten es, meine Tochter und ich.*

Ich weiß nicht genau, wann die Liebe zwischen mir und Jeppe zurückkam, und ich weiß nicht genau, warum. Es ist wohl nicht zu übersehen, dass die Ausweglosigkeit – ursprünglich der wichtigste Grund für unsere Flucht – uns auch gerettet hat.

Ich weiß, dass ich ihn liebe, obwohl er mit offenem Mund schläft, ich weiß, dass ich ihn liebe, obwohl er cholerisch und unfair ist.

Ich weiß, dass ich ihn liebe, weil ich ihn in jenem Winter gesehen habe, und ich werde nie vergessen, was ich gesehen habe. Er stand unter dem Sternenhimmel und schrie seine Kraft in die Welt hinaus, seinen Willen, seine Stärke. Groß wie ein Bär. Stark wie ein Ochse. Schlau wie eine Schneeeule. Schnell wie der Schneehase, der uns, hinter einem Stein verborgen, beobachtet. Ruhig wie ein Baum. Rastlos wie ein Rabe.

»Du liebst mich«, sagte ich.

Er nickte, und er brauchte mir nicht zu sagen, warum er mich nicht mehr geliebt hatte, weil ich es schon wusste. Man hört auf zu lieben, wenn man sich im Stich gelassen, wenn man sich allein gelassen fühlt.

Ich weiß auch nicht, wann genau das Gebrüll und Geschrei und das Gestreite in der Familie aufgehört hat. Vielleicht haben wir nie damit aufgehört. Oder wann genau wir beschlossen haben, das Haus nicht weiterzubauen. Ich glaube, es war an einem Abend, an dem er sich furchtbar blutig gekratzt hatte.

Ich glaube, es war an einem Morgen, als Sebastian gesagt hat: »Können wir heute nicht einfach im Haus bleiben und Schach spielen, Mama?«

Ich glaube, es war, als Silas explodierte oder Sigurd meinen Rock nicht loslassen wollte oder Victoria den ganzen Tag in ihrem Zelt blieb.

Wenn ich jetzt darüber nachdenke, glaube ich, dass es an der Natur lag. Der Natur, der zu lauschen wir so weit gereist waren. Sie sprach zu uns. Sie sagte zu uns: »Es ist so weit.« An jenem Tag, als Jeppe der Hammer aus der Hand fiel, weil es zu kalt war, ihn zu halten.

## 17

Die Dunkelheit war massiv wie eine Felswand, und jeder Baum hatte eine Persönlichkeit.

Die Komposttoilette befand sich am Waldrand, man musste durch die massive Dunkelheit, um dorthin zu gelangen. Sie war allzu nah am dunklen Wald. Hinter der Toilette stand eine riesige alte Fichte, deren Äste wie Nebelbänke über dem Dach hingen. Die Fichte war das Einzige, was die Dunkelheit durchdringen konnte. Man konnte ihren Schatten immer sehen. Immer. Immer diese Nebelbänke aus herabhängendem Grün.

Diese Fichte war ein General, der General des Winters; sie befehligte all die anderen kleineren Fichten, ließ sie in Reih und Glied stehen wie in einer Armee, aufgereiht am Waldrand.

In der Mitte der Lichtung: Svensäter. Es kam immer Licht aus dem einen einsamen Fenster, es strahlte wie die Scheinwerfer eines Wagens auf die Beete, die wir angelegt hatten, nachdem wir angekommen waren.

Alles andere war dunkel. Man konnte mit der Dunkelheit leben, und man konnte damit leben, dass jeder Baum eine Persönlichkeit hatte. Mit der Kälte war das viel schwieriger. Sie kam überall hinein, drang durch jede Ritze, von unten kroch sie durch den Fußboden; von oben sickerte sie durchs Dach. Wenn jemand die Tür öffnete, kam eine Kälte hinein, die durchdringend war wie Röntgenstrahlen. »Tür zu!«, riefen wir alle jedes Mal, wenn einer von uns hinausging.

Also hängten wir dicke Decken vor die Tür und das Fenster. Wir hängten dicke Decken an die Wände. Hätten wir unser Blockhaus fertig gebaut, würden wir jetzt nicht frieren. In unserem Blockhaus gäbe es ein Innendach und einen isolierten Fußboden, unser Blockhaus ist aus dicken, soliden Stämmen gebaut. Holzfasern und reine Materie zwischen uns und der Kälte.

Aber wir hatten es nicht geschafft, unser Haus vor dem Winter fertig zu bauen, und das hatten wir nun davon. Dunkelheit. Kälte. Tag und Nacht verschwammen ineinander, und keiner von uns konnte sie mehr richtig auseinanderhalten. Wir standen um elf Uhr auf und gingen um zwei ins Bett. Es gab keine Außenwelt, an die man sich hätte anpassen müssen. Keine Wecker, Schulen, Arbeitsplätze, Leute, Ambitionen oder Bauprojekte, da war nichts, wirklich nichts, nach dem man sich hätte richten müssen, als man selbst.

Die große Flucht war nun vorbei.

Wir waren in der Winterruhe.

Aber die Winterruhe war nicht gleichbedeutend mit der Abwesenheit von Bewegung.

Unter der dicken Eisschicht auf dem Fluss floss das Wasser gletscherschnell; der Schnee wirbelte herum, die einzelnen Flocken waren überall. Die Luftblasen, die in dem meterdicken Eis des Sees eingeschlossen waren, stiegen langsam auf.

Wir bewegten uns. Unter der Oberfläche.

Jeppe schleppte ein langes Brett ins Haus. Er saß darübergebeugt daran und schnitzte konzentriert, abwesend. Das Brett nahm fast das gesamte Wohnzimmer ein, also unsere ganze Welt. Die Kinder stiegen mit großen Schritten darüber, Sigurd krabbelte immer wieder darauf herum, wir alle versuchten, nicht dranzustoßen, doch Jeppe kümmerte das nicht, er bearbeitete das Holz mit seinem Messer, die Zunge aus dem Mund gestreckt. Das Brett sollte über der Tür unseres Blockhauses angebracht werden.

Er sagte: »Was meinst du, welche Runen soll ich schnitzen?«

»Was?« Ich stand auf und legte meine Hände auf seine Schultern. Es gab in diesem Moment keinen bestimmten Ort, wo sie hätten sein sollen, meine Hände waren müde.

»Also, was meinst du? Welche Runen soll ich schnitzen?«

Er hatte filigrane Ornamente und Wikingerdrachen geschnitzt. Ich sprach ihn auf die Drachen an; er sagte, dass er sie gemacht hatte, um das Böse fernzuhalten. »Diese Drachen fressen Dämonen«, sagte er bestimmt und fuhr mit den Fingern über die Linien, die er mit dem Messer in das Holz geschnitzt hatte.

Er hob Sigurd hoch und setzte ihn auf sein Knie. »Hier kommen die Runen hin«, sagte er und zeigte mir die Stelle.

Ich setzte mich neben ihn und ließ meine Hände über das Holz gleiten. Alles in unserem Leben schwebte wie Planeten in großen Kreisen um Holz. Um Bäume. Ich musste an den Baum des Lebens denken.

Wir saßen lange an dem Brett und sprachen darüber, welche Symbole wir über unsere Tür setzen sollten. Wir waren uns einig darin, dass wir nicht mehr an Gemeinschaften wie die Kommune oder den Indianerstamm glaubten, die Familie kam bei uns zuerst, wir sagten es immer wieder. Wir sind jetzt ein Clan. Ein Clan von Höhlenbären.

»Um zu beschreiben, was ich will, was die Mitmenschen betrifft, wäre die Metapher des Dorfes am besten«, sagte Jeppe. »Ein Amish-Dorf, wo die Leute einander helfen. Ein Wikinger-Amish-Dorf.« Er lachte und fuhr fort: »Jeder in dem Dorf sollte eigenverantwortlich sein. Man braucht die Weltanschauungen und die Essensvorlieben oder den Geschmack nicht zu teilen, ich habe den Quatsch so satt.«

»Ich glaube nicht, dass ich gerne in einem Dorf wohnen würde«, sagte ich.

»Ich auch nicht. Aber mir gefällt die Vorstellung, gute Nachbarn zu haben.«

Da war ich seiner Meinung. Gute Nachbarn. In ein paar Kilometern Entfernung. Sigurd saß sehr still auf Jeppes Schoß und zeichnete mit Bleistift auf einem Stück Papier. Er zeichnete Kreise.

»Meinst du, wir sind desillusioniert?«, fragte ich Jeppe.

»Natürlich sind wir das. Aber das ist in Ordnung so. Desillusion ist die Abwesenheit von Illusionen.«

Ich dachte, dass wir nicht die waren, die zu sein wir geglaubt hatten. Ich dachte, dass nicht einmal unsere Träume unsere eigenen waren. Es ging uns um Zusammenhalt, gutes Wachstum, um Mut und um Stärke.

Wir wählten ein paar Runen aus und er fing an, sie in das Brett zu schnitzen.

»Wir müssen so unabhängig wie möglich sein«, sagte ich. »Es geht nicht nur darum, essenstechnisch Selbstversorger zu sein und selbst für Energie und so zu sorgen. Es ist auch eine Kopfsache. Ich will in keiner Weise von anderen abhängig sein. Ich habe nichts dagegen, großzügig zu nehmen und großzügig zu geben, Großzügigkeit ist wichtig, aber ich will nicht abhängig sein.«

Er sagte nicht viel. Er zeichnete nur. Ich sah Sebastian und Victoria an, die lesend auf dem Sofa saßen. Ich war stolz auf sie.

»Wenn etwas kaputtgeht, repariert man es. Und wenn man es nicht reparieren kann, muss man ohne die Sache auskommen. Und wenn man ohne die entsprechende Sache nicht leben kann, muss man zusehen, dass man sie bekommt.«

»Ja«, sagte er und legte sein Messer beiseite. »Und wir müssen alles bar bezahlen.«

»Ja!« Ich nickte nachdrücklich.

»Und wir müssen besser werden. Wir wussten so wenig, als wir hergekommen sind. Wir wussten nicht einmal, wie wenig wir wussten. Wir wussten nicht einmal, wovon wir geträumt haben«, sagte er.

»Wovon träumt ihr eigentlich?«, fragte Victoria.

Die Kinder hatten sich langsam genähert, wie sie es in unserem alten Leben getan hatten, als wir darüber gesprochen hatten, dass wir in den Wald ziehen wollten.

Sebastian war aufgestanden, um Brennholz nachzulegen, Victoria suchte nach einem Buch, Silas lugte hinter dem Laken vor seinem Bett hervor. Sie schmierten sich Brote. Blätterten in Büchern. Fläzten sich und spielten mit ihren Taschenmessern herum.

»Wovon träumen wir?«, wiederholte ich die Frage, antwortete aber schnell selbst. »Ich träume vom Sommer. Ich träume von Lagerfeuern und Spaziergängen und davon, mich im See treiben zu lassen, ich träume von Libellen und dem Geruch von gefällten Bäumen, ich träume davon, Johanniskraut zu pflücken.«

Es ist schon seltsam, dieses Leben im Wald. Im Sommer verbringt man seine ganze Zeit damit, sich auf den Winter vorzubereiten, und im Winter verbringt man seine ganze Zeit damit, vom Sommer zu träumen.

Die Erinnerungen an den Sommer quollen jetzt hervor. Aus unseren Mündern. Wir redeten darüber, wie wir die Beete im Garten angelegt hatten, redeten über Angelausflüge und die warmen Liebkosungen der Sonne, den Wind und den Geruch der Erde.

Wir saßen lange da und redeten darüber. Sigurd kam zu mir herübergekrabbelt und schlief in meinen Armen ein. Victoria stand auf und legte ein weiteres Scheit in den Kamin. Sie lächelte und lachte über unsere Erinnerungen. »Wisst ihr noch, wie Sebastian den Hut vom Kapitän genommen hat und der Kapitän ihn über den Platz gejagt und ihn in den Fluss geworfen hat? Und erinnert ihr euch, wie Jeppe dem schwarzen Birkhuhn hinterhergerannt ist und versucht hat, es mit den Händen zu fangen? Hahaha! Und erinnert ihr euch an den doppelten Regenbogen?«

So ging es weiter. Bis Silas sagte: »Wann reden wir eigentlich mal darüber, was wir nächstes Jahr machen? Bleiben wir hier, oder was?«

*Es geht nicht darum, dass das Leben hier hart ist. Oder darum, dass wir arm sind. Oder um all die Dinge, die kaputtgehen.*

*Es geht auch nicht darum, dass der Herbst uns in eine Hütte gezwungen hatte, die so klein und dunkel war, wie das Draußen unendlich und weiß war. Nein.*

*Es geht um die Rollen und die Beziehungen.*

*Es geht um Erwartungen, Schuld, Scham, Zurückweisung, Eifersucht, Macht, Liebe, Hingabe, Loyalität, Toleranz, Frieden.*

*Es geht um die Familie. Nur darum geht es.*

*Wir können keine Entscheidungen darüber treffen, was wir machen oder wo wir hinziehen, wenn das Jahr um ist, bevor wir nicht eine wesentlich fundamentalere Entscheidung getroffen haben. Die Entscheidung darüber, was für eine Familie wir sein wollen.*

*Wir leben zu sechst auf sechzehn Quadratmetern. Es ist wie ein Zelt mit Holzwänden. Die Dämonen kommen hervorgekrochen mit ihren klammen Fingern, ihren gruseligen Augen und ihren Zischlauten, sie quälen uns, sie piesacken uns, aber wir können nicht wegsehen. Es gibt keine Stelle, wo wir hinsehen könnten.*

*Jeder einzelne kleine Millimeter hier ist besetzt. Da ist Zurückweisung. Da ist Schuld. Da ist Ungerechtigkeit. Wir sind gezwungen, hinzusehen. All die Dinge anzuschauen, die wir nicht sehen wollen.*

*Das Problem ist, dass Silas nach Hause will. Jeppe will nicht nach Hause. Sebastian würde gern eine Ausbildung machen. Victoria möchte gerne weiterziehen, und ich... ich bezweifele, dass ich zurückgehen könnte, aber ich bezweifele auch, dass ich bleiben kann.*

*Das Problem ist, dass man es nicht allen recht machen kann. Wir sind sechs Leute mit unterschiedlichen Bedürfnissen.*

*Das Problem sind Ungerechtigkeiten und Gewissensbisse.*

*Das Problem ist die Vergangenheit.*

Hier ist eine Metapher: Wir sind von der Autobahn runtergefahren, um die weniger befahrene Straße zu nehmen. Auf der weniger befahrenen Straße wird uns klar, dass es einen Grund dafür gibt, dass Autobahnen existieren.

Auf der Autobahn kommt man schnell voran, es gibt dort kaum Schlaglöcher oder gefährliche Kurven. Sie ist praktisch. Man sitzt einfach da und muss sich nicht anstrengen. Es besteht keine Notwendigkeit, über die Route zu diskutieren oder darüber, wo man hinfährt; es gibt nur eine Richtung – vorwärts.

Auf den weniger befahrenen Straßen ist es anders. Auf diesen Straßen gibt es viele Schlaglöcher. Kreuzungen und Einmündungen. Viele Personen, viele Meinungen im Wagen, viele bevorzugte Routen und Richtungen, viele Intuitionen, viele Ziele ... aber immer noch nur einen Wagen.

Und dann war da die Sache mit der Büchse. Der Büchse der Pandora.

Nachdem die Kinder schlafen gegangen waren, sagte ich also zu Jeppe: »Ich kann nicht mit mir selbst leben. Ich habe die Büchse der Pandora aufgemacht und weiß nicht, wie ich sie wieder zubekommen soll. All die Bedürfnisse und Wünsche schwirren um mich herum wie angriffslustige Vögel. Ich kann meine Gedanken nicht mehr ertragen. Mach, dass das aufhört.«

»Entspann dich«, sagte Jeppe.

»Aber wie sollen wir eine Entscheidung treffen, wenn es Wünsche, Bedürfnisse, Träume von sechs Personen gibt und sechs verschiedene, gleich wichtige Wege, die wir einschlagen könnten? Das ist nicht machbar! Das ist nicht machbar! Wir können uns nicht in sechs Richtungen gleichzeitig bewegen. Am Ende würden wir jemanden übergehen.«

Ich wälzte mich im Bett, ich war weiß, von oben bis unten weiß, meine Hände flatterten wie Schmetterlingsnetze, die versuchten, die Bedürfnisse und Wünsche einzufangen und sie wieder in die Büchse zu sperren. Schließlich brach ich zusammen. »Ich finde einfach keine Lösung.«

Draußen war *The Great Outdoors,* und *The Great Outdoors* war schwarz wie eine Mine. Ich war der Kanarienvogel. Und die Frau, die sang. Ich war beides. Es war schwer, sich vorzustellen, dass die Kinder zur Schule gingen, wenn wir lebten, wie wir lebten. Das Problem war nicht unser Leben an sich, das Problem war der Kulturclash.

War es nicht unfair, seine Kinder dem Kulturclash auszusetzen, während man selbst im Wald saß, eins mit den Vögeln und den Bienen? War es nicht absurd, dass unser Ringen um die eigene Entscheidungsfreiheit unseren Kindern die Möglichkeit nahm, jemals dazuzugehören?

Andererseits: Konnten wir unsere Kinder zurück in die Apathie schicken? Ging es im Leben nicht darum, einen Standpunkt einzunehmen, seinen Überzeugungen entsprechend zu leben und die Rückschläge erhobenen Hauptes einzustecken? Ging es nicht darum, ein Vorbild zu sein? Und dann waren da noch die rein ethischen Fragen. Konnten wir es noch vor uns selbst vertreten, Teil der Gesellschaft zu sein und sie somit zu unterstützen? Und damit auch den sich einschleichenden Faschismus?

»Ich werde verrückt«, sagte ich und wiegte mich hin und her.

Ich hatte das Gefühl, dass wir seit mehreren Wochen nicht geschlafen hatten. Jede Frage hatten wir aus zig Blickrichtungen beleuchtet, wir waren alle Möglichkeiten durchgegangen. Wir hatten nichts ausgespart, hatten auch die heiklen Themen angesprochen, waren bis dorthin gegangen, wo es wehtat.

Nachts – oh diese Winternächte in der Winterkälte, in der Winterdunkelheit – wenn ich pinkeln musste und den langen Weg bis zum Waldrand gehen musste, wenn ich die große, majestätische Fichte grüßte, wenn ich die schwachen Konturen des Blockhauses sah, das wir fast fertig gebaut hatten, unseres Monuments, wenn ich meine persönliche Angstschwelle überschritt, wieder und wieder – dann sah ich das Licht.

Aber das Licht war kein himmlisches Tor zu Gott, sondern bestand aus Tausenden von Spiegelungen. Aus der Büchse der Pandora.

## 18

Jeppe hatte das Auto nach Lovbergstorpet gebracht, damit es nicht eingeschneit wurde. Wir mussten eine Stunde bergauf laufen, um zum Auto zu kommen.

Silas und ich wanderten durch den Schnee, der mir bis zu den Oberschenkeln ging; bei dem vielen Schnee brauchte man viel länger als eine Stunde.

Wir fuhren in die Stadt, um einzukaufen. Weihnachten stand vor der Tür, und wir brauchten Nelken, Zimt, Honig, Bratensoße, Milch, Käse, Butter und Schweinebraten.

Im Portemonnaie waren fünfhundert Kronen.

Eins kann ich über das Leben ohne festes Einkommen sagen – es ist nicht so schwer, wie ich geglaubt hatte. Wir verhungerten nicht. Auf die Luxusgüter zu verzichten ist das, was schwerfällt: Milch, Kaffee, Schokolade, Tabak – und Weihnachtsgeschenke. Das ist hart. Und jetzt, wo bald Weihnachten war ... und Weihnachten Luxus ist ... Ich wusste nicht, wie ich mit der Weihnachtsproblematik umgehen sollte. Ich hoffte, es würde sich irgendetwas ergeben.

Silas trug seinen blauen Fjällräven-Rucksack auf dem Rücken. Der war früher mal seine Schultasche gewesen. Jetzt waren eine Taschenlampe, ein Taschenmesser, ein Kanister voll Wasser und ein paar Streichhölzer darin. Und wir kamen zurück mit Nelken, Kaffee, Schokolade und Weihnachtsbraten.

Es sah sehr schön aus, wie mein Junge da vor mir durch das Postkartenidyll ging.

Ich dachte an jene, die mit ihren Familien die Welt umsegelten. Machten sie das Gleiche durch wie wir? Kämpften sie gegen die gleichen Familiendämonen an wie wir, sonnengebräunt und golden, wie sie waren? Warum war es anders für uns? Und warum fühlte es sich so an, als sei es weniger wert, wenn man in den Wald ging?

Ich sah zu, wie mein Junge sich durch den Schnee kämpfte. Er ließ sich von nichts aufhalten. Ich sah zu, wie er zum Himmel aufblickte, wie er über das Tal hinwegsah, wie er nach vorne schaute. Warum war unser Abenteuer anders? Waren wir keine Abenteurer?

Gestern hatten wir heißen Kakao getrunken und Milchbrötchen gegessen. Wir hatten Schach gespielt. Wir hatten in dem großen Bett gelegen und mit Sigurd gespielt. Alle. Gestern waren die Farben im Haus ganz klar und die Schatten verschwommen. Wie durch einen Instagram-Hipster-Filter. Gestern war es angenehm warm. Heute war es klirrend kalt. Ich hatte Eis in den Wimpern, und mein Rocksaum war schneebedeckt.

In der Stadt redeten wir nicht viel.

Wir waren die aus dem Wald. Das sah man uns an. Man erkannte es an unseren dreckigen Anziehsachen und dem Ruß in unseren Gesichtern, man sah es am Blau unserer Augen und an den warmen Wollsachen. Die Stadt war mir gleichgültig. Die Musik schrie ihre Bossa Nova, und die Leute liefen auf ihr Handy starrend herum. Ich sah wieder meinen Sohn an. Er beobachtete alles, genau wie er draußen in der Natur alles beobachtete. Mein Sohn, mein Sohn mit den offenen Augen, wie könnte ich ihn wieder in diesen Fieberrausch werfen? Ich nahm ihn in den Arm, aber er stieß mich weg. Er war zu groß dafür. In der Stadt.

Ich ahnte es, bevor wir in den Wald hineinfuhren und den schmalen Reifenspuren folgten, ich spürte die Dunkelheit – sie war zu früh gekommen. Wir waren zu spät.

Ich wusste es bereits, bevor ich den Wagen parkte. Wir würden nicht zu Hause ankommen, bevor es dunkel wurde. Auch Silas spürte es.

»Hast du Angst?«, fragte er mich.

»Nein, nein«, antwortete ich lächelnd, klopfte ihm auf die Schulter und tat ganz unbekümmert, aber er weiß immer, wenn ich lüge.

»Wir kennen den Weg ja gut und können unseren Spuren folgen; es hat nicht geschneit, seitdem wir uns auf den Weg gemacht haben.«

»Ja, das wird schon. Aber lass uns uns trotzdem ein bisschen beeilen.«

Er schulterte seinen Rucksack, ich griff nach meinem Rocksaum, wir fanden unsere Spuren. Doch ich stolperte immer wieder – ich wusste nicht, ob es an der Dunkelheit lag oder an meiner Unsicherheit – und plötzlich hatten wir unsere Spuren verloren.

»Guck, da drüben ist der Wolfsberg«, sagte Silas und zeigte in eine Richtung. »Dann weiß ich, wo wir langmüssen.«

»Kannst du den Rauch vom Luffarelager sehen?«

»Nein, noch nicht.« Er ging voraus. Er war wesentlich schneller als ich. Die Dunkelheit senkte sich auf unsere Köpfe, sie senkte sich auf meinen Rocksaum, wir liefen blind weiter.

»Hast du Angst, Schatz?«, fragte ich.

»Ja«, antwortete er.

»Wir sind diesen Weg schon tausend Mal gegangen. Wir gehen einfach in Richtung Wolfsberg. Du brauchst keine Angst zu haben. Du weißt doch, dass ich eine Hexe bin.«

»Hör auf, Mama.«

»Nein, wirklich. Im Ernst.«

»Na und?«, murmelte er.

Ich fing an zu singen.

Ich kann nicht besonders gut singen, und es war auch kein Lied, was ich da sang, eher ein kehliger Laut, doch er unterbrach mich nicht, er stieß mich nicht weg.

Wir gingen bergab. Bergab. Im Kreis.

Irgendwann fanden wir die Spur vom Hinweg wieder. Wir folgten ihr, bis wir zu einer Lichtung gelangten. In der Mitte der Lichtung stand unsere kleine Hütte. Sie leuchtete golden und warm, wie die sonnengebräunte Haut der Segler, wie ihre strahlend weißen Zähne und ihr blendendes Lächeln.

Wir stürzten zur Tür hinein.

»Was ist passiert, warum hat das so lange gedauert?«, fragte Jeppe besorgt und stand auf, um mich zu umarmen; er zog auch Silas an sich.

»Wir haben uns verirrt«, sagte Silas, »und Mama hat den ganzen Weg lang gesungen.«

»Oh nein!«, riefen alle, und dann war alles wieder normal.

»Silas hat unsere Spur wiedergefunden, er ist ein echter Fährtenleser.« Ich wuschelte ihm durchs Haar.

Victoria saß am Kamin und legte ein Holzscheit nach dem andern hinein. Sie fütterte das Feuer, bis es bullerte und der Kamin rot glühte. Draußen war es stockfinster. Wir sparten Kerzen, damit wir am Weihnachtsabend viele davon anzünden konnten. Wir tappten im Dunkeln.

»Kannst du dir vorstellen, hier zu leben und gleichzeitig zu arbeiten?«, flüsterte Jeppe.

Wir wussten beide, dass ich diejenige war, die arbeiten müsste. Für ihn gab es keine Arbeit. Bei mir war das anders. Ich hatte eine Ausbildung. Ich hatte einen Lebenslauf. Meine Minuten waren mehr wert.

»Nein. Ich kann nicht arbeiten, wenn wir so leben. Ich kann nicht mit verfilztem Haar und dreckigen Händen und im Wollpulli unterrichten; wir müssten Geld für schicke Kleidung ausgeben. Dafür will ich aber kein Geld ausgeben. Und wie soll ich zur Arbeit kommen, wenn unser Auto ständig streikt? Außerdem ist es schwer, eine Lehrerstelle oder einen Posten als Coach zu bekommen, wenn man die Landessprache nicht beherrscht«, sagte ich.

Dann überlegten wir, wie es wäre, wenn wir ein Unternehmen gründen würden, oder ob ich mich auf die Schriftstellerei konzentrieren sollte. Alles, nur kein fester Job – bleib mir vom Leib, Satan!

Ich sagte: »Für mich fühlt sich das an wie Prostitution. Im Ernst! Ich weiß nicht, was schlimmer daran sein soll, seinen Körper zu verkaufen, als seine Zeit und sein Gehirn. Meine Zeit, mein Körper und meine Gedanken gehören mir!«

»Ja, ja«, unterbrach er mich. »Aber wir brauchen Geld, wenn wir die Kinder zur Schule schicken wollen.«

»Ich weiß«, seufzte ich. Wir konnten nicht weiter die Armen sein. Wir konnten hier gut leben, vor allem, wenn wir besser mit dem Anbau unserer eigenen Nahrung würden und seltener in den Supermarkt müssten, das war kein Problem. Es ging nicht darum, dass wir entbehren müssten. Es ging mehr um das Gefühl, arm zu sein. Es wird schlimmer, je mehr man mit all den Dingen und Produkten und Leuten und der ganzen Reklame konfrontiert wird.

»Es käme einem einfach so idiotisch vor«, sagte er nach einer langen Pause, »in die Gefängniszelle zurückzukehren, nachdem man über die Mauer geklettert und geflohen ist.«

Es war so dunkel. Wir konnten nichts sehen.

»Findest du, das klingt übertrieben?«, fragte er.

»Nein«, sagte ich, »es ist schon so.« Geld oder Leben. Hände hoch oder Hosen runter.

Sigurd setzte sich in seinem Bett auf und rief im Dunkeln nach mir. Ich legte mich neben ihn. Man sollte meinen, dass er irgendwann mal genug Liebe bekommen haben müsste und nicht noch mehr davon bräuchte. Man sollte meinen, dass dieses Kind irgendwann genug Liebe und Zuwendung bekommen haben sollte und man es problemlos in den Kindergarten schicken könnte, aber ich hatte das Gefühl, dass es mich noch brauchte. Ich dachte daran, wie es bei Sebastian, Victoria und Silas gewesen war. Ich hatte sie im Kindergarten abgegeben, hatte gesehen, wie sie weinend am Fenster gestanden und mir zum Abschied gewunken hatten. Ich hatte es so gemacht, weil alle es so gemacht hatten, so machte man es eben in Skandinavien, so machte man es – man überließ die Kinder der Gemeinschaft. Ich wünschte, ich hätte das nicht getan.

Und ich will es nicht wieder tun.

Unsere Entscheidung war schließlich ganz von selbst gekommen. »Wir haben beschlossen, nicht zurückzugehen«, sagte ich zu den Kindern. Ich hatte Lebkuchenherzen gebacken.

Silas schrie. Er schrie wie ein Wahnsinniger. Wie ein Tier. Er sprang auf und versuchte, rauszurennen. Wir hielten ihn zurück. Er weinte. Die Tränen stürzten regelrecht aus ihm heraus. Er schrie. Jeppe hob ihn hoch und setzte sich, Silas auf seinem Schoß.

»Du bist nicht mein Vater! Du hast nicht über mich zu bestimmen! Ich hasse dich! Ich hasse, hasse, hasse dich!«

Er schlug Jeppe auf den Brustkorb, wie Sebastian es getan hatte, aber es war kein zurückhaltender Schlag, der Junge biss und kratzte und heulte. Jeppe hielt ihn ganz fest.

»Du bist nicht mein Vater!« Er schrie so laut. Er heulte so sehr.

»Dein Vater ist nicht hier«, sagte Jeppe ruhig.

»Ich will zu meinem Vater!«

Scheidungskinder verbergen ihren Schmerz vor ihren Eltern, sie verbergen ihn hinter einem Lächeln und tun, als würde es ihnen nichts ausmachen, weil sie ihre Eltern nicht unglücklich machen wollen. Aber der Schmerz lastet schwer auf ihnen. Es sind ja nicht nur der Glaube, die Hoffnung und die Liebe der Eltern, die zugrunde gehen, sondern auch die Welt der Kinder stürzt ein, und je länger der Schmerz und die Enttäuschung auf ihren Herzen lasten, umso dramatischer ist es, wenn diese Gefühle hervorbrechen. Wie ein Monster. Wie ein Dämon. Wie in *Der Exorzist*.

Jeppe guckte mich an. Ich sah ihm an, dass er Angst hatte. Auch ich hatte Angst. Sebastian und Victoria standen über das Sofa gebeugt da, die Hände ausgestreckt; sie wollten Silas trösten, doch der ließ sich durch nichts und niemanden beruhigen.

»Du hast nicht über mich zu bestimmen! Du hast nicht über mich zu bestimmen! Du hast nicht über mich zu bestimmen!«

Der Junge hypnotisierte sich mit seiner eigenen Stimme; er verschwand vor unseren Augen. Er legte seine Hände auf seine Ohren und wiegte den Kopf von der einen Seite zur anderen, während er weiter schrie: »Du hast nicht über mich zu bestimmen! Du hast nicht über mich zu bestimmen!«

Jeppe hielt Silas' Hände ganz fest. »Sieh mir in die Augen«, sagte er immer wieder, bis der Junge ihm in die Augen sah. »Ich habe über dein Leben zu bestimmen. Ich bin der Erwachsene. Ich bin für dich verantwortlich. Ich treffe Entscheidungen für dich, bis du groß genug bist, um die Tragweite deiner Entscheidungen selbst einzuschätzen.«

»Ich bin groß genug!«, schrie Silas.

»Nein, bist du nicht.« Jeppe wiegte den Jungen langsam hin und her, bis er sich beruhigte.

»Ganz ruhig. Ich halte dich«, flüsterte Jeppe dem Jungen zu. Der Junge weinte, dann sank er erschöpft in Jeppes Armen zusammen, dann weinte er wieder, immer abwechselnd.

Jeppe flüsterte wieder und wieder: »Es ist alles gut. Ich halte dich.«

Sebastian, Victoria und ich standen um die beiden herum. Wir hielten einander. Wir zitterten. Wir weinten. Sigurd saß auf dem Fußboden und guckte uns alle mit großen Augen erschrocken an. Victoria hob ihn hoch und versuchte, ihn zu trösten, während sie selbst leise schluchzte – nicht wegen der Entscheidung, sondern wegen des Schmerzes. Wegen des Monsters, das wir nach Jahren in der Dunkelheit ans Licht gebracht hatten.

Silas schlief in Jeppes Armen ein. Jeppe trug ihn behutsam ins Bett. Ich hielt die Decke beiseite, während er Silas vorsichtig auf die Matratze legte. Ich streichelte meinem Kind über die Wange. Ich deckte es sorgfältig zu. Ich küsste es auf die Stirn. Im Wohnzimmer nahmen wir einander in die Arme. Sebastian, Victoria, Sigurd, Jeppe und ich. Keiner von uns sagte etwas. Wir brachten kein Wort heraus.

Schließlich sagte Jeppe: »Wir reden morgen weiter darüber, in Ordnung?«

Die Kinder nickten.

»Shit, das war heftig«, sagte Sebastian und sah mich an, als wolle er überprüfen, ob alles in Ordnung war mit mir.

»Ich habe euch wirklich sehr lieb«, versicherte ich ihnen.

»Das wissen wir«, antworteten sie.

»Gute Nacht«, sagte ich, bevor Victoria sich auf den Weg zu ihrem Militärzelt auf dem Berg machte und Sebastian in seinem Bett mit den Trophäen darüber verschwand.

Es war vielleicht das erste Mal in meinem Leben, dass ich eine vollständig bewusste Entscheidung getroffen hatte, und die Tragweite dieser Entscheidung war mir ebenso bewusst. Mir waren das Für das Wider bewusst. Ich glaube, durch diese Entscheidung bin ich schließlich erwachsen geworden. Es war eine Prüfung, eine Art Initiation – eine vollständig bewusste Entscheidung zu treffen ist schmerzhafter, als man denkt.

Es war keine Entscheidung meiner Mutter, keine Entscheidung der Gesellschaft und keine Entscheidung, die aus Boshaftigkeit oder in naiver Gutgläubigkeit getroffen wurde. Es war nichts, das einfach so passiert war. Es war kein Zufall. Keine unbewusste Entscheidung. Es war eine reine, klare Wahl.

Ich werde nicht aufgeben. Ich entscheide mich für Familie, Zusammenhalt, Eigenständigkeit und Natur. Ich glaube, dass es das

Richtige ist. Ich stehe hinter dieser Entscheidung. Alle anderen Entscheidungen in meinem Leben sind halbherzige Entscheidungen gewesen, und darum lagen auch die Konsequenzen immer nur zur Hälfte in meiner Verantwortung. Ich habe ewig gebraucht, um endlich eine Entscheidung zu treffen, für die ich die komplette Verantwortung übernehme.

Wir hatten entschieden, in der Parallelwelt zu bleiben, weil sie die wirkliche Welt ist.

Wir mussten es nur besser hinbekommen. Und dafür sorgen, dass es funktionierte.

Silas sprach mehrere Tage lang nicht mit uns. Er sagte nicht ein Wort. Er lag lesend im Bett, schnitzte Holz und machte lange Spaziergänge durch die gefrorene Landschaft. Die Stimmung in der Hütte war gedrückt. Sebastian war sauer, aber nicht wegen unserer Entscheidung – er wollte selbst im Wald bleiben –, sondern weil wir ihn nicht genug in den Entscheidungsprozess einbezogen hatten. Victoria würde lieber herumreisen als hierbleiben; sie hasste die Kälte und die Dunkelheit. Auch sie war wütend – wie Sebastian nicht über die Entscheidung an sich, sondern darüber, dass wir sie allein getroffen hatten.

»Ich habe ja gehört, wie ihr darüber geredet habt, und habe geahnt, was dabei rauskommt, aber ich hätte mir gewünscht, dass ihr uns gefragt hättet«, sagte Victoria. Sebastian stimmte ihr zu. »Kann sein, dass ihr Silas nicht einbeziehen konntet, weil er noch zu klein ist, aber uns hättet ihr wirklich mal fragen können.«

Ich lächelte. Sie waren so groß geworden hier im Wald, ein netter junger Mann und eine nette junge Frau.

»Und was ist jetzt der Plan?«, fragte Sebastian.

Jeppe antwortete: »Jetzt feiern wir erst mal Weihnachten. Im Frühjahr bauen wir das Haus zu Ende. Und dann ziehen wir hinein.«

»Aber was ist mit dem Geld? Und wie sollen wir zur Schule gehen, wenn wir so leben wie jetzt?« Der Stress und die Sorgen ließen Victorias Wangen rot aufblühen.

»Ich besorge mir Aufträge, Artikel schreiben und so«, sagte ich. »Und ich habe überlegt, ein Buch über unser erstes Jahr im Wald zu schreiben. Vielleicht verkauft es sich ja gut. Man kann nie wissen.«

»Aber ist das nicht ein bisschen zu unsicher?«, fragte Sebastian und kniff die Augen zusammen.

»Ist es. Ich werde mich auch für einen festen Job bewerben. Wir werden sehen, wie es läuft.«

»Wenn ihr zur Schule geht, brauchen wir Geld, das steht fest«, sagte Jeppe. »Ihr braucht vernünftige Anziehsachen, und wir bräuchten mehr Strom und müssten Solarzellen installieren und so. Ganz klar.«

Sebastian trank einen Schluck Tee. »Vielleicht könnte ich auch ein paar Kindern etwas über die Natur beibringen. Ich könnte zum Beispiel Kurse geben.«

»Ja, wenn es zum Beispiel Kinder gibt, denen es in der Schule nicht so gut geht oder so, könnten sie hier rauskommen und ich unternehme lange Spaziergänge mit ihnen, so wie der Kapitän mit Silas«, fiel Victoria ein. »Ich könnte ihnen beibringen, aufmerksamer durch die Welt zu gehen und auf Gerüche und Töne und so zu achten.«

Sie redeten weiter darüber, was wir tun könnten, um über die Runden zu kommen, und ich dachte: *My work here is done.*

Wir redeten darüber, welche Obstbäume man pflanzen sollte. Wir redeten darüber, wie man eine Waschmaschine an einen Heimtrainer anschließen könnte. Wir redeten lange über ein beheiztes Badehäuschen unten am Fluss.

»Übrigens nervt es mich, dass ich kein Gewehr bekommen habe«, sagte Sebastian. »Hätte ich die Möglichkeit, mich im Schießen zu üben, würde ich bestimmt ein guter Jäger werden.«

Jeppe nickte, und ich musste an unsere allererste Unterhaltung denken, damals, in unserem alten Leben. Sebastian hatte ein Gewehr gewollt, Victoria hatte sich gewünscht, in altmodischen Klamotten rumzulaufen und Indianerin zu werden, Silas hatte seinen Computer mitnehmen wollen, Jeppe hatte einfach nur weggewollt, und ich ... ich hatte damals nicht gewusst, was ich wollte, aber nun wusste ich es.

»Ich glaube, dass es wirklich anders wird, wenn er erst mal zur Schule geht und neue Freunde findet«, flüsterte Sebastian und sah uns an.

»Ich höre alles, was ihr sagt«, rief Silas hinter dem Laken, das vor seinem Bett hing und ihm den Rückzugsraum bot, den er brauchte.

»Und einen neuen Computer!«, rief er ein paar Minuten später.

Früh am Morgen kamen alle Luffare vorbei. Anders, Rick, Jacob, Peter. Sie waren außer Atem und fingen sofort an, ihre Wollsocken und die anderen nassen Sachen zum Trocknen auf die Leinen über dem Holzofen zu hängen. Sie zogen ihre Pullis aus und saßen in Leinenhemden und langen Unterhosen da. Rick trug Skiunterwäsche.

»Wir fahren Weihnachten alle nach Hause«, sagte Peter.

»Was, ihr alle?«, fragte Victoria mit unverhohlen enttäuschter Stimme. »Kommt ihr nicht zurück?«

»Ähm ... ja ...«, murmelte Peter.

»Schwächelt ihr?«, fragte Silas, der am Rand des Sofas saß und sein Gesicht hinter einem Buch verbarg.

»Ich und Jacob kommen nach Weihnachten auf alle Fälle wieder«, sagte Anders und sah sich nach dem Kuchen um; normalerweise lag er unter einem Geschirrtuch auf dem Küchentisch, und wenn dort kein Kuchen war, gab es normalerweise frisch gebackenes Brot. »Habt ihr keinen Kuchen?«

»Nein, ich bin nicht zum Backen gekommen; wir haben ein paar ganz schön anstrengende Tage hinter uns.«

»Das habe ich gehört«, sagte Rick. »Ich wollte vor ein paar Tagen bei euch vorbeischauen, aber ich habe das Geschrei in der Hütte gehört und bin umgekehrt.«

Wir lachten.

Wir lachten über die ganzen Streitereien und die Monster; das war die einzige Methode, um sie loszuwerden. Das – oder ihnen direkt ins Auge zu sehen.

»Und, habt ihr eure Probleme gelöst?«, fragte Peter.

»Nein«, sagte Silas hinter seinem Buch.

»Ja. Viele, aber natürlich nicht alle«, beschwichtigte ich.

Als Mutter habe ich nicht die Aufgabe, dafür zu sorgen, dass er nie traurig oder wütend wird. Es ist meine Aufgabe, zuzulassen, dass er solche Gefühle hat.

»Okay, ihr beiden bleibt also«, fasste Sebastian zusammen und sah Jacob und Anders an, die dasaßen und ihre Hände über unseren Kerzen wärmten. »Und was ist mit dir, Rick?«

Sebastians Stimme war hart, ungewöhnlich fordernd, aber Rick holte lächelnd seine samische Machete hervor und fing an, sie mit dem Schleifstein zu wetzen, den er am Gürtel trug.

»Ich ziehe zum Kapitän. Er hat mir angeboten, den Winter über zu bleiben.«

Der Kapitän. Ich hatte nicht einmal Zeit gehabt, mir Gedanken über ihn zu machen.

»Hast du ihn gesehen?«, fragte ich.

Rick nickte.

»Wie geht es ihm?«

»Ich glaube, er ist ein bisschen einsam. Aber abgesehen davon geht es ihm gut. Er hat eine Riesenmenge Brennholz da oben.«

Ich hatte Rick von Anfang an gemocht mit seiner militärischen Präzision und seiner pragmatischen Denkweise.

Rasch bereitete ich ein paar Pfannkuchen zu, und obwohl Silas nicht mit den anderen auf dem Boden Risiko spielen wollte, sah ich, dass er das Spiel verfolgte, verborgen hinter seinem Buch.

Auch Victoria spielte nicht mit; sie bastelte Perlenketten. Nachdem die Luffare gegangen waren, erhob sie sich aufgebracht. »Warum kriegen sie das nicht hin?«, fragte sie vor Wut bebend. »Und warum fahren sie Weihnachten nach Hause? Das ist ja wohl voll seltsam!«

Nach dem Spülen ging Jeppe zum Fluss, um Wasser aus dem Loch im Eis zu holen. Ich folgte ihm.

»Sollen wir den Kapitän für Heiligabend einladen?«

»Nein, Heiligabend ist für die Familie reserviert. Wir können ihn für Neujahr einladen.«

Ich wusste nicht mehr, wer von uns was gesagt hatte. Ich wusste nur, dass wir uns beide verraten und ausgenutzt gefühlt hatten, aber ich erinnerte mich auch daran, dass in mir ein anderes Gefühl aufkeimte, wie ein Schneeglöckchen unter einer zwei Meter dicken Schneeschicht: Das hier war niemandes Schuld. So etwas passierte eben.

Die fünfhundert Kronen im Portemonnaie waren längst weg. Wir hatten Weihnachtskekse gebacken und einen Schweinebraten gekauft, wir hatten Kartoffeln, Rotkohl und Bratensoße und eine Tüte Chips, aber wir hatten keine Weihnachtsgeschenke und keine Süßigkeiten. Dann rief die Schwiegermutter an und rettete Weihnachten. Sie war unsere Verbündete. Jeder braucht einen Verbündeten.

Wir nahmen nur Sigurd mit, die anderen Kinder blieben zu Hause, und stiegen den Berg hinauf, durch den ganzen Schnee, Sigurd in der blauen Kindertrage, in der er hin und her schwang, als würde er auf einem Kamel sitzen, genau wie damals, als wir auf der Suche nach einem geeigneten Platz zum Bleiben den Fluss hinaufgegangen waren. Ich hatte ihn in ein Schaffell gewickelt und ihm zwei Paar Socken über die Hände gezogen. Sein Schneeanzug war schwarz, und er sah so klein aus, wie eine kleine Spinne im weißen Netz der Welt.

Wir fuhren zum Briefkasten, und zu unserer Überraschung waren mehrere Paketbenachrichtigungen darin. In der Stadt checkten wir unseren Kontostand. Es waren mehrere Tausend Kronen auf dem Konto. Nicht nur von Verwandten, sondern auch von Fremden; Lesern meines Blogs.

Wir kauften zwei MP3-Player, einen für Victoria und einen für Sebastian. Wir kauften eine tragbare Spielkonsole für Silas. Für Sigurd kauften wir Lego. Den Rest des Geldes gaben wir für Kaffee, Süßigkeiten, Würstchen, Gewürze und frisches Gemüse aus. Bei der Post lagen vier Pakete an uns von Leuten, die wir nicht kannten.

Am nächsten Tag gingen wir in den Wald, um einen Weihnachtsbaum zu besorgen, und ich holte die Schachtel mit der Weihnachtsdeko hervor. Sie hatte die ganze Zeit einsam ganz hinten unter einem der Kojenbetten gestanden. Wir stritten darüber, wo die Dekoration hinsollte, aber der Braten schmeckte gut, der Fußboden war mit glänzendem Bonbonpapier übersät und die Kinder freuten sich sehr über ihre Geschenke.

In einem der Pakete aus dem Postamt waren zehn verschiedene aus Honig hergestellte Cremes. Es kam von einer unserer Leserinnen, die auf so etwas spezialisiert war. Außerdem war noch ein ganzer Packen Bienenwachskerzen dabei. Sie schrieb, dass sie es wirklich genoß, unsere Abenteuer zu verfolgen, und dass sie uns hiermit etwas zurückgeben wollte. Ein anderes Paket war voll mit dänischen Lebensmitteln, das dritte mit Donald-Duck-Heften und Büchern auf Dänisch. Im vierten Paket waren Stifte für Sigurd und Stirnlampen für die anderen Kinder.

Weihnachten war die Zeit des Herzens, der Vergebung und der Hoffnung. Da waren wir nun, in unserer kleinen Hütte mitten im Wald. Die Wärme und das Licht und die Großzügigkeit strahlten daraus hervor, sie drangen durch jeden Spalt und jede Ritze. Während die Kerzen am Baum nach und nach ausbrannten, schliefen die Kinder ein, und als die Dunkelheit hereinkam, bekam ich Lust zu schreiben. Mehrere Tage gingen wir überhaupt nicht hinaus. Wobei – Sebastian und Victoria gingen raus. Sie gingen mit Musik spazieren. Silas saß auf dem Sofa und spielte an seiner Spielkonsole, während Sigurd zusah. Ich verbrachte meine gesamte Zeit mit Kochen und Spülen, Auf-dem-Sofa-liegen, dem Befeuern des Holzofens und mit Stricken.

Silas veränderte sich, wie die Zeit, wie das Wetter, wie die Natur und wie alles. Es war, als habe man eine Last von ihm genommen. Er wirkte erleichtert. »Ich weigere mich, Schwedisch zu lernen, ich werde doch kein verdammter Schwede!«, sagte er, während er unter das Bett kroch und nach seiner alten Federtasche suchte.

»Du fängst erst im Januar oder Februar mit der Schule an. Vorher muss noch alles Mögliche an Papierkram und so erledigt werden. So etwas dauert immer eine Weile«, sagte ich.

»Ja, ja, ich bereite mich ja nur vor.«

»Sind da noch Filzstifte drin?«, fragte Victoria und zeigte auf die Federtasche.

Er sah nach. »Ja, willst du sie haben?«, fragte er.

Sie nickte.

Es waren nicht mehr viele Dämonen übrig. Weder unter dem Bett noch in den dunklen Ecken; alles wurde von Bienenwachskerzen erleuchtet, und manchmal herrschte Frieden.

Ich hatte kaum noch Angst vor General Fichte. Es gab wesentlich Schlimmeres.

Aber ich war müde. Und ich glaubte, es war nicht vorbei. Noch nicht.

## 19

Wir lebten am äußeren Rand des Finnskogen, nah an der norwegischen Grenze. Nördlich von uns waren Wildnis, endlose Berglandschaften und glänzende Fjorde, südlich von uns Supermärkte und Großstädte. Die Sami zogen in dieser Gegend mit ihren Rentieren umher, und die Finnen siedelten sich hier an; der König hatte sie eingeladen, die Finnen, er hatte ihnen Land gegeben. Er hatte einen cleveren Plan: Die Finnen sollten die Wälder urbar machen und dem Land als menschliche Schutzschilde gegen die Bedrohung aus dem Norden – Räuber, Monster und Wilde – dienen.

Das erste, was die Finnen nach ihrer Ankunft bauten, waren Saunen: kleine Hütten mit Ofen, einem Eimer Wasser und einer Bank darin. Die Finnen wussten Bescheid. Sie wussten, was der Winter mit einem macht. Der Winter raubt einem den Verstand, er stiehlt sich unter die Haut und fährt einem in die Knochen.

Die Finnen setzen sich oft in die Sauna, um zu schwitzen und den Winter aus dem Körper zu vertreiben, und wenn er sich so nicht vertreiben lässt, peitschen sie ihn mit Birkenzweigen heraus, sie peitschen ihre Körper aus, bis der Winter aufgibt.

Eine Sauna ist weniger ein Luxus als eine Notwendigkeit, und hätten wir in jenem Winter eine Sauna in der Nähe der Hütte gehabt, hätten sich die Dinge ganz anders entwickelt.

Ein weiterer finnischer Brauch ist das Zinngießen. Jacob schlug vor, dass wir es zu Silvester machen sollten. Man schmilzt in einem Löffel ein Stück Zinn über einer Flamme und gießt das geschmolzene Metall in eine Schüssel mit kaltem Wasser; das Zinn erstarrt zu verschiedenen Formen und Figuren. Aus diesen Formen liest man die Zukunft.

Für Silvester brauchten wir nicht einzukaufen, wir hatten schon alles, was wir benötigten. Wir dachten, dass Svenn vielleicht vorbeikommen würde und dass Anders und Jacob vielleicht schon aus ihren Weihnachtsferien zurück waren, also bereiteten wir eine Menge Essen vor und stellten es auf den Tisch. Und dann warteten wir.

Es klopfte an der Tür.
    Svenn kam herein – und mit ihm der Duft von Seife und Vanille.
    »Und, hattet ihr ein schönes Weihnachtsfest? War es warm genug in der Hütte?«, fragte er und zog seinen Mantel und seine orangefarbenen Arbeitsstiefel aus. Ich reichte ihm eine Tasse von dem heißen Glögg, der schon eine ganze Weile köchelnd auf dem Herd gestanden hatte; Svenn nahm ihn dankbar mit beiden Händen entgegen.
    »Oh, es ist so kalt draußen«, sagte er und fröstelte.
    »Du arbeitest aber nicht bei der Kälte, oder?«, fragte Jeppe.
    »Um Himmels willen, nein.« Svenn schüttelte sich.
    Svenn hatte uns sein Land zur Verfügung gestellt, seinen Wald, hatte uns von dem abgegeben, was er im Überfluss besaß. Im Gegenzug bekam er unsere Geschichten. Das war ein fairer Deal, ein exzellenter Tausch für beide Seiten. Also erzählte ich ihm, dass wir uns wie Bären in der Winterruhe gefühlt hatten und die Stille der Natur unsere Streitereien umgeben hatte und sie so umso klarer hatte hervortreten lassen. Ich erzählte ihm von den Dämonen. Und den Drachen. Und den Kämpfen.
    Er hörte aufmerksam zu und nickte.
    Ich erzählte ihm von dem Problem mit der Gesellschaft. Das Problem ist, entweder man macht mit oder man lässt es, es gibt nichts dazwischen, entweder man nimmt die volle Packung und macht, was man gesagt bekommt, oder man ist komplett auf sich allein gestellt.
    »Ja«, sagte er, »das mit der Gesellschaft ist wirklich ein Problem.«

Ich erzählte ihm, dass wir entschieden hatten, nicht zurückzugehen, dass wir im Wald bleiben wollten, aber dass wir beschlossen hatten, die Kinder zur Schule zu schicken.

»Das ist auch besser so, weil Hausunterricht in Schweden nicht erlaubt ist«, sagte Svenn und nahm einen Schluck von seinem Glögg.

Ich erzählte ihm, dass wir versuchen wollten, mit der Gesellschaft zu verhandeln. Dass wir hofften, eine Art Kompromiss zu finden.

Er zog die Brauen hoch, nickte und lächelte.

Und ich erzählte ihm von unseren Sorgen. Dass wir uns fragten, ob wir weiter so leben könnten, wenn die Kinder zur Schule gingen. Ob wir dieses Leben weiterleben könnten.

»Nein, das wird wahrscheinlich schwierig«, sagte er und saugte Luft durch die Zähne.

»Ich habe Angst vor den Behörden…«, sagte ich und versuchte, in seinem Gesicht zu lesen. Doch er schaute tief in seine Tasse und atmete wieder auf seine spezielle Art ein.

»Es gibt ein Ferienhaus oben am Stor-Jangen, das seit ein paar Jahren leer steht«, sagte er. »Es gibt da Strom und fließend Wasser, und es ist ziemlich groß.«

Ein paar Minuten sagte keiner von uns etwas.

»Es ist ein schönes Haus. Ich denke, das könntet ihr mieten.«

»Wie viel würde es kosten?«, fragte ich.

»Hmmmm…«, machte er und zögerte damit seine Antwort hinaus; er sprach nicht gern über Geld. »So in etwa das Gleiche wie hier«, sagte er.

»Nein. Wir bleiben hier. Ich muss das Blockhaus fertig bauen«, sagte Jeppe nachdrücklich.

Weil dies das Land der Felsen und Steine ist, der endlosen Waldseen, und alle Bäume stachlig sind, Fichten, Kiefern, Wacholder, ist das Einzige, woran man sich festhalten kann, die eigene Sturheit.

»Kommt, lasst uns erst mal essen«, sagte ich und holte den Schnaps, den ich aus dem Johanniskraut gemacht hatte, das wir in einem der Glücksmomente gepflückt hatten. Wir redeten lange über unsere Erinnerungen an den Sommer. Es war ein schöner Silvesterabend.

Beim Nachtisch erzählte uns Svenn von der Wette, die in der nächstgelegenen Kleinstadt am Laufen war. »Die Leute wetten, ob ihr es durch den Winter schafft«, sagte er.

Wir brachen in Lachen aus. Auch Svenn lachte. Wir lachten immer lauter, bis wir fast schon hysterisch wurden.

»Im Ernst«, versicherte er außer Atem. »Sie wetten wirklich darum ...«

»Um wie viel?«, fragte Jeppe, aber Svenn wollte uns nicht sagen, wie hoch der Einsatz war – und auch nicht, worauf er gesetzt hatte.

»Also ... echt jetzt?«, fragte Victoria etwas später, und wir mussten wieder lachen. Hysterisch lachen.

Später am Abend klopfte es wieder an der Tür. Es waren Jacob und Anders. Sie hatten Schnee auf den Hosen und ihre Bärte waren ganz weiß. »Es ist schön, wieder hier zu sein«, sagten sie wie aus einem Mund, bevor sie uns von dem sinnlosen materiellen Überfluss erzählten und von Familien, in denen man nicht miteinander sprach.

»Mein Vater hat sich selbst eine Mückenmaschine geschenkt«, sagte Jacob.

Keiner von uns wusste, was eine Mückenmaschine ist.

»Das ist ein riesiges Gerät, das man auf die Terrasse stellt und das die Mücken mit elektrischen Impulsen fernhalten soll.« Er seufzte tief. »Das Ding verbraucht eine Unmenge Strom.«

»Wie war es hier im Wald?«, wollte Anders wissen.

»Es hat viel geschneit«, sagte Sebastian, und wir redeten über das Wetter, während die Luffare aßen, was noch da war.

»Ach, ich habe übrigens Zinn dabei«, sagte Jacob mit vollem Mund.

Wir beschlossen, gegen Mitternacht Zinn zu gießen.

Ich schlug vor, ein *Neues Feuer* zu machen; das ist etwas, das die Wikinger in der finstersten Finsternis zu tun gepflegt hatten, ein Feuer ganz aus dem Nichts. Wir löschten alle Kerzen und zogen die glühenden Scheite aus dem Holzofen.

Dunkelheit. Durchdringende Dunkelheit. Leuchtende Augen in der Nacht.

Mit einer Handvoll Hackspäne, etwas Pappe und einer Menge Birkenrinde entzündeten wir ein Feuer auf dem Hüttenboden. Erst beim dritten Aufschlagen des Feuerstahls flog ein Funke. Der Funke entzündete den Zunder, den Jeppe rasch in den Holzofen verfrachtete, zusammen mit frischen Scheiten Brennholz.

Es dauerte nicht lange, bis das Feuer fröhlich brannte.

Reihum hielten wir einen langen Löffel mit einem Stück Zinn darauf in die Flamme. In der Mitte des Zimmers stand ein mit Wasser gefüllter schwarzer Eimer.

Victorias Zinn erstarrte zu vielen kleinen Stücken, als sie es ins Wasser goß. Wilde Vögel, ein betender Mönch und etwas, das wie ein Haken aussah.

Sebastian bekam ein einäugiges Gesicht und einen Schild.

Silas bekam einen Jungen, der auf einen Baum kletterte, und etwas, das aussah wie eine Explosion.

Sigurd bekam eine tanzende Frau und ein Gebilde, das exakt die gleiche Form hatte wie Jütland.

Jeppe bekam einen Mann, der sich hinsetzte.

Ich bekam einen Helm mit einem riesigen Flügel.

All das waren Zeichen. Die ganze Welt besteht aus Zeichen. Alles hat Bedeutung.

Den ganzen Abend lang hatte ich das ungute Gefühl, dass es noch nicht vorbei war, dass mehr Ärger auf uns wartete, mehr

Herausforderungen. Das Gefühl beunruhigte mich, egal, wie viel Johanniskrautschnaps ich trank.

Als endlich alle weg waren, ging ich ins Bett, aber es fiel mir schwer, einzuschlafen.

Ich wachte von Fahrgeräuschen und lauter Musik auf. Ich hörte Reifen im Schnee quietschen, hörte Stimmen, hörte Autotüren.
»Hörst du das?«, flüsterte ich Jeppe zu.
»Ich bin wach, ja«, sagte er.
Ich hörte sie näher kommen. Fünf, sechs, sieben, acht, neun Leute, mindestens. Jeppe sprang aus dem Bett und ging auf und ab. Dabei hielt er die Hände vor seinem Gesicht wie ein Boxer.

Es war stockfinster; das Einzige, was ich sehen konnte, war sein ruheloser Schatten. Wir waren beide in Habachtstellung, waren beide kampfbereit. Ich drückte Sigurd fester an mich und beugte mich über ihn. Ich war ein Muttertier geworden und fletschte meine Zähne.

Jeppe stand nun vor der Tür. Er sah anders aus. Größer. Ich konnte ihn atmen hören. Bereit für den Kampf.

Sie waren bereits über die Brücke gekommen und gingen nun die Böschung hinauf. Überquerten die Lichtung. Standen direkt vor ihm. Sie lachten und grölten: »Carlsberg! Legoland!«

Durch das Fenster sah ich ihre Stirnlampen überall auf der Lichtung flackern und zog die Decke über mein Kind.

»Auf die Dänen ist Verlass! Die Dänen wissen, wie man feiert!«, rief einer von ihnen, worauf alle johlten. Jeppe stand in seinen langen Unterhosen vor ihnen.

»Bist du das, Erik?«, hörte ich Jeppe rufen. Ich wusste, wer Erik war. Jemand aus der Gegend. Er war schon einmal hier.

»Ich träume davon, so zu leben wie ihr«, hatte er einmal geflüstert, mit Schmerzaugen, als wir am Feuer gesessen und Whiskey getrunken hatten.

»Ja, ich bin es, Mann! Entschuldigt, dass wir euch um diese Zeit stören, wir sind nur gekommen, um uns euer Haus anzugucken«, rief Eric und wieder johlten alle.

»Es ist ein echtes Meisterwerk! Guckt doch mal! Guckt!« Die anderen brummelten herum; sie konnten das Haus nicht sehen. »Kann mal jemand das Licht anmachen? Ich sehe nichts!«

Ich hörte, wie Jeppe auf sie zuging; er wollte sie vom Haus fernhalten. Ich wusste, dass er barfuß war.

»Die haben verdammt noch mal ihr eigenes Blockhaus gebaut. Komplett aus dem Nichts und ohne irgendetwas darüber zu wissen. Das ist so cool«, erklärte Eric seinen betrunkenen Freunden, doch es schien niemanden zu interessieren. Jemand fragte: »Habt ihr hier vielleicht dänisches Bier?« Es war eine Frauenstimme.

»Fragt mal beim Kapitän nach, der ist immer für eine Party zu haben«, sagte Jeppe.

»Ja, das ist eine großartige Idee«, sagte Erik begeistert. »Der Kapitän ist immer für eine Party zu haben«, wiederholte er an seine Freunde gewandt.

Und so verschwanden sie wieder. Genauso schnell, wie sie gekommen waren. Mit lauten Stimmen, knallenden Autotüren, auf dem Schnee durchdrehenden Reifen. Monstertrucks und Geländefahrzeuge.

Jeppe kam wieder herein, schloss die Tür hinter sich und beeilte sich, wieder ins Bett zu kommen, wo er sich in die warme Decke wickelte. Ich spürte, dass seine Muskeln noch immer angespannt waren.

»Wir müssen in der Lage sein, uns zu verteidigen«, flüsterte er. »Das hätte genauso gut jemand sein können, der uns etwas antun will.«

»Ja«, flüsterte ich zurück.

Ich dachte viel über Waffen nach. Ich glaube, ich konnte verstehen, warum die Siedler Waffen mitgebracht hatten, als sie sich in der Wildnis niederließen. Die Wildnis kann beängstigend sein und ist voller unbekannter Wesen. Ich dachte über Büchsen, Gewehre und Pistolen nach.

»Ich denke nicht, dass wir uns eine Schusswaffe anschaffen sollten«, sagte er plötzlich, als wüsste er, woran ich dachte. Offenbar konnte auch er nicht schlafen. »Waffen machen es nur noch gefährlicher. Ich habe ein Stahlrohr. Das legen wir unters Bett. Und wir müssen eine Axt über die Tür hängen.«

Rick hatte immer eine große Machete bei sich. Egal, wo er hinging, er hatte sie immer dabei. »Wenn ich an eurer Stelle wäre und mit den Kindern hier draußen wohnen würde, würde ich mir eine Kalaschnikow besorgen«, pflegte er zu sagen.

Der Schreck über das Auftauchen der betrunkenen Leute saß mir ein paar Tage lang in den Knochen.

Der Winter erschien mir auf einmal bedrohlicher. Der schwere Himmel. Der schwarze Wald.

Ich will niemandem etwas vormachen. Manchmal ist es ungemütlich. Extrem ungemütlich. Das Schlimmste ist feuchtes Wetter; durch die Feuchtigkeit fühlt sich alles doppelt so kalt an. Zwischen null und minus zwanzig Grad ist es erträglich. Aber bei etwa minus dreißig Grad passiert etwas. Der Schnee fällt wie spitze Kristalle, die Eiszapfen hängen wie Einhornhörner vom Dach. Auf dem Schnee bildet sich eine Kruste, wie auf einer Wunde. Die Tiere verschwinden vollständig, die Geräusche und die Gerüche ebenfalls, es gibt nichts mehr außer grellem, weißem Licht, das von all dem Weiß zurückgestrahlt wird. Die Hütte knarrt. Der Frost dringt in jeden Spalt und jede Ritze, alles dehnt sich aus und bewegt sich, das Holz wird auseinandergetrieben, die Hütte beschwert sich und gibt Schmerzenslaute von sich.

Kein Wind. Nichts.

Landschaften haben eine Seele.

Wir legten zwei Matratzen übereinander, um weiter vom Boden entfernt zu sein; wir rückten sie näher an den Holzofen. Ich schlief mit Sigurd darauf; Jeppe schlief komplett angezogen auf dem Sofa. Die Jungs in ihren Kojenbetten hatten jeweils zwei Schlafsäcke, und Victoria, die einen Ofen in ihrem Armeezelt hatte, stellte den Wecker so ein, dass er alle drei Stunden klingelte, damit sie das Feuer in Gang halten konnte.

Die Sonne wurde vom Berg verdeckt; sie ging so gut wie gar nicht auf, wir verbrachten die größte Zeit im Dunkeln. Wir gingen nur raus, um Wasser zu holen, Holz zu hacken, auf die Toilette zu gehen; wir hockten in der Hütte und guckten misstrauisch aus dem Fenster. Echte Skandinavier eben.

Man konnte schon sagen, dass die Kälte ungemütlich war, das konnte man wirklich – wir träumten alle von einer heißen Dusche. Die Leute wissen nicht, was Duschen bedeutet oder was Sonne bedeutet, solange sie nicht versucht haben, draußen zu leben.

Ich schlief nachts bei meinem kleinen Sohn. Ich fütterte ihn mit Fett und Kuchen, ich mästete ihn. Es war zum Hauptzweck meines Lebens geworden, mein gesamtes Interesse war darauf ausgerichtet, ihn vor der Kälte zu schützen. Wir ließen ihn nicht mehr auf dem Fußboden herumlaufen; er hopste auf dem Sofa herum und kletterte auf uns herum, er spielte im Bett mit Bauklötzen und aß auf meinem Schoß. Ich hütete ihn wie meinen Augapfel.

Das alles war auch schön, aber es wurde noch kälter, die Angst größer, die Jungs stritten sich in ihren Kojenbetten, der Kleine bekam blaue Lippen, wir hatten keine sauberen Kleider mehr und die Dunkelheit ging uns auf die Nerven. Mehr als einmal – das gebe ich zu – dachte ich an das Ferienhaus oben am Stor-Jangen.

Wir lebten unser Leben mit halben Herzschlägen und niedrigem Puls.

Die Kälte kam näher, sie kam näher und näher, sie drang überall hinein. Wäre das Blockhaus fertig gewesen, wären wir bessere Bären mit besseren Vorräten und einem dickeren Fell gewesen, hätten wir eine Sauna gebaut, dann hätten wir es schaffen können. Hätten wir keine andere Option gehabt, wären wir nicht so erschöpft gewesen von der ganzen Streiterei, überlastet von der schieren Menge an Problemen, hätte der Muskelkater in unseren Beinen uns nicht gelähmt, dann hätten wir es vielleicht geschafft.

Vielleicht.

»Können wir nicht einfach in das Ferienhaus ziehen, von dem Svenn erzählt hat?«, fragte Victoria.

Sebastian lächelte sein spezielles Lächeln.

»Warum lächelst du?«, fragte ich ihn.

»Weil jetzt etwas passiert«, antwortete er.

»In ein anderes Haus zu ziehen wäre ja nicht aufgeben«, fuhr Victoria fort. »Wir würden immer noch im Wald leben.«

»Wenn ihr zur Schule geht, wäre es auch ganz gut, wenn wir ein etwas geordneteres Leben führen würden«, murmelte ich. Sebastian zog seine Stiefel an und ging raus.

»Ihr braucht wahrscheinlich das Internet für eure Hausaufgaben und so; mehr Strom bräuchten wir dann ohnehin.«

»Ja!«, rief Silas. »Und ein bisschen mehr Privatsphäre!«

»Und ein Bad«, fügte Victoria hinzu.

Der Schnee hatte sich wie eine Stille um all unsere Aktivitäten gelegt, der Winter hatte sich wie ein Spiegel um jede unserer Handlungen gelegt. Alles war klar, glasklar. Ich strich ein Zündholz an, ein trockenes, hartes Geräusch, die Flamme sauste in die Luft, ich zündete eine Kerze an.

Ab und zu hörte man einen seltsamen Vogelruf oder einen lauten Knall aus dem Wald. Die Flüssigkeit in den Bäumen gefror und dehnte sich aus; die Bäume grummelten, stöhnten und schrien; wir konnten es deutlich durch die Wände hören.

Ich dachte über das nach, was der Kapitän gesagt hatte über einen geeigneten Ort, um seine Zelte aufzuschlagen. Es sollten viel Licht, guter Boden und Zugang zu gutem Wasser vorhanden sein. Hier war der Boden nicht gut. Es gab kaum Licht hier, nicht im Winter, wenn die Sonne so tief stand, dass sie ständig vom Berg verdeckt wurde. Und es gab keinen Brunnen. Der Fluss war gefroren. Und dann dachte ich über das nach, was die Kinder sagten: Privatsphäre, Elektrizität, Internet, Bad. Das war nicht viel verlangt, es waren nur vier Dinge.

Wir konnten hier nicht ins Internet, es gab hier kein Netz, und bei dem Haus, das wir fast zu Ende gebaut hatten, war keine Privatsphäre eingeplant. Es war zu klein. Es hatte nicht genügend Zimmer. Also dachte ich: Vielleicht sollten wir umziehen. Und dann dachte ich: Nein, nein, nein. Nicht schon wieder.

So vergingen viele Tage. Tage, an denen ich Gedanken wälzte.

Ich spülte das Geschirr. Sebastian stellte sich zu mir und fing an, abzutrocknen. »Ich glaube, wir sollten es lassen.«

»Warum?«

»Weil dann die Leute im Dorf gewonnen hätten.«

Ich verstand nicht, was er damit meinte.

»Diese Wette?«, sagte er.

Mir zerbrach ein Glas und ich schnitt mich; das Blut färbte das Spülwasser rot.

»Ich finde, wir sollten es machen«, sagte Silas. »Aber gleichzeitig finde ich auch, dass wir es lassen sollten.« Er sah traurig aus. Sebastian setzte sich zu ihm; ich wickelte ein Stück Stoff um meine Hand.

»Ich hätte einfach wirklich gern Strom«, murmelte Silas.

»Ich fände es wirklich toll, in ein richtiges Haus zu ziehen.« Victoria seufzte und legte ihr Buch beiseite. Sie war hübsch, wie sie da mit ihrem langen Haar auf dem Sofa saß. »Und wenn es noch im Wald ist, wäre es ja nicht so, dass wir aufgegeben hätten«, fügte sie hinzu. »Dann hätten wir unseren Traum ja nur ein wenig ... verfeinert.«

Es entging mir nicht, dass sie *unser Traum* sagte.

Ich könnte sie nie aus dem Wald herausnehmen. Ich wusste, dass sie ihn brauchte. Er war gut für sie.

Sebastian räusperte sich. »Was meinst du?«, fragte er Jeppe.

»Ich würde einfach wirklich gern das Haus fertig bauen«, antwortete Jeppe leise, fast unhörbar.

Sebastian kniff die Augen zusammen, als versuchte er, die Tränen zurückzuhalten.

Sigurd fing an zu weinen. Er hatte kalte Hände. Ich wärmte sie an meinem Bauch. Draußen knallte es laut. Gut möglich, dass der Knall von einer der großen Kiefern mit den riesigen knorrigen Ästen unten am Fluss kam, konnte sein, dass sie eine nach der anderen umkippten.

Im Winter sieht man nicht hinaus, im Winter blickt man nur nach innen.

Wir hatten vereinbart, dass Jeppe einkaufen fährt. Er zog sich sehr dick an und packte ausreichend Wasser in seinen Rucksack. Dann machte er sich auf den Weg über den Berg. Zwei Stunden später kam er zurück; ich hörte seine schweren Schritte im Schnee, er lief auf der Kruste und brach ein.

Er war aschfahl im Gesicht, als er hereinkam. »Der Wagen springt nicht an«, sagte er.

Auf der Stelle sichtete ich unsere Vorräte. »Jetzt haben wir ein Problem«, sagte ich.

»Ich weiß«, antwortete er.

Es ging nicht, dass wir hier abgeschnitten waren. Bei all dem, mit dem wir ohnehin schon zu kämpfen hatten, ging das nicht.

»Ich gehe morgen zu Svenn. Das wird fast den ganzen Tag dauern.« Er sah mich an, noch immer leichenblass. »Du wärst dann allein hier mit den Kindern.«

»Ist okay.«

»Ich frage ihn, ob er Zeit hat, mir das Ferienhaus oben am Stor-Jangen zu zeigen«, fuhr er fort.

»Es ist egal, wie es aussieht. Du brauchst es nicht zu sehen. Du musst nur eine Vereinbarung mit ihm treffen«, sagte ich.

## 20

Wir packten nur das Wichtigste zusammen und ließen den Rest zurück. Für die wilden Tiere des Waldes. Für die Community. Für die Wanderer. Für wen auch immer.

Der Wagen stand unten an der Wendeschleife. Die Batterie war leer gewesen, aber Jeppe hatte sie bei Svenn aufgeladen. Dann war er langsam durch den jungfräulichen Schnee ganz zu uns heruntergefahren. Es war nicht sicher, dass wir den Weg wieder hinauffahren konnten, es war nicht gesagt, dass die schmalen Reifenspuren, die der Wagen auf dem Weg bergab hinterlassen hatte, genügend Griff boten, aber wir mussten es versuchen.

Jetzt lief meine Familie mit all unseren Sachen zwischen der Hütte und dem Auto hin und her, während die großen Kiefern danebenstanden und weinten. Ich sah sie an, ich beobachtete sie. Ich hatte Sigurd auf dem Arm, auch er beobachtete sie. Ich lehnte meine Wange an seine. Der Mond war eine ganz schmale Sichel und war noch immer am Himmel zu sehen, obwohl die Sonne schon aufgegangen war. Alles hatte seine gewohnten Bahnen verlassen, die Sonne, der Mond – die Zeit verging zu schnell, die Zeit verging zu langsam, mal stand sie still, mal sprang sie, doch ich wusste inzwischen, dass es mein statisches Selbstverständnis und mein linearer Zeitbegriff waren, die die Natur unvorhersehbar erscheinen ließen. Um mich herum herrschte eine andere Ordnung.

Im Mondlicht lag der Neuschnee. Ich sah unser fast fertiges Haus an. Dieses Monument, das wir aus dem Waldboden hatten erstehen lassen. Und plötzlich meinte ich, das Flügelschlagen und den Ruf des Raben in der Ferne zu hören. Einen schwarzen Schrei über der weißen Landschaft, einen weißen Schrei, der die Dunkelheit in mir durchdrang. Instinktiv drehte ich mich um und sah zu meinem Internetfelsen hinauf.

»Komm«, riefen sie mir vom Auto aus zu.

»Ich komme«, rief ich zurück, und unsere Rufe flogen einander auf Echoflügeln zu, zwischen den Bäumen, zwischen den Bergen, zwischen Himmel und Erde.

Als ich mit Sigurd auf dem Arm die Brücke überquerte, sah ich zu Silas' Festung hinauf. Birkendach und Biberstöcke.

Das Haus hatte doppelt verglaste Fenster und war gut isoliert. Nicht ein Laut von außen drang durch die Hauswände zu uns hinein.

Am Anfang wachten wir nachts von der Stille auf und lauschten nach Geräuschen, wie Tiere, doch wir hatten uns daran gewöhnt. Man fällt leicht in alte Gewohnheiten zurück. So schaltet man den Elektroherd ein. So dreht man die Heizung auf. So drückt man auf einen Schalter. Das alles sind keine schwer anzueignenden Handlungen.

Ein Kabel führte vom Kraftwerk in die Stadt, die Straßen entlang und bis in alle Häuser, in die Stromzähler. Der Stromzähler summte wie eine in einem Marmeladenglas gefangene Biene. Vom Stromzähler gingen mehrere Kabel ab, kleine, unsichtbare Kabel in den Wänden und unter dem Fußboden. Dieses Spinnennetz aus vibrierenden elektrischen Drähten machte es leicht, den Ofen anzuschalten, die Heizung aufzudrehen und das Licht anzuknipsen.

Ich musste bei all diesen Drähten einfach an ein Spinnennetz denken. An ein Spinnennetz an einem Herbstmorgen, wenn der Tau wie Perlen auf den Spinnenfäden lag und man erkannte, dass das Netz die ganze Welt miteinander verband, jeden Grashalm mit dem anderen.

Die Kinder stellten ihre eigenen Kisten in ihre eigenen Zimmer; sie holten ihre Computer heraus und setzten sich davor. Wir duschten andauernd. Wir kauften Essen, das man dem Ofen direkt in den beleuchteten offenen Mund stellen konnte. Sigurd guckte Zeichentrickfilme.

Jeppe und ich saßen einfach nur da. Schweigend. Verstört. Weiß im Gesicht und mit flackerndem Blick.

Durch das Wohnzimmerfenster konnte man den großen See sehen. Auf der anderen Seite des Sees lagen die blauen Berge, wie eine Wikingerlandschaft, wie in einer Saga, nicht greifbar, in einem anderen Universum, in einer anderen Zeit.

Das Eis auf dem See war immer noch meterdick. Manchmal ging ich bis zur Mitte des Sees hinaus, um die Welt aus einer anderen Perspektive zu betrachten.

Die Mitte des Sees ist eine Freifläche im dicht gepackten Organismus des Waldes. Die Mitte des Sees ist ein Ort, an dem man nur im Winter verweilen kann.

Es fühlte sich an, als wären wir im Urlaub.

Es fühlte sich an, als wären wir auf Mallorca in einem überfüllten Hotel, wo man im Restaurant Köttbullar bekam, wie bei Ikea. Es war Luxus, und wir liefen in Hausschuhen herum, während es draußen schneite.

Aber es dauerte nicht lange, bis ein paar grundlegende Dinge anfingen, uns zu schaffen zu machen. Die Nachbarn zum Beispiel. Oben am Stor-Jangen gab es eine kleine Kolonie, die hauptsächlich aus deutschen und niederländischen Rentnern bestand, die in den Wald gezogen waren, um Whirlpools in ihre roten Holzhäuser zu bauen.

Die Deutschen wohnten gegenüber von uns, auf der anderen Seite des kleinen Waldwegs zwischen uns. Er war früher Beamter. Ein deutscher Zollbeamter. Sie hatten eine Außenleuchte vor ihrem Haus stehen. Sie war die ganze Nacht lang eingeschaltet, und wie der Lichtkegel in einem Gefangenenlager tauchte sie alles in ein kaltes, grelles Licht. Es schien durch unsere Fenster, sodass der Wald nicht mehr hindurchkam, und blendete den Mond.

Ich suchte Arbeit.

Ich brachte meinen Lebenslauf auf den neuesten Stand und schrieb hinein, dass ich im vergangenen Jahr als *Projektmanager* für *The Great Escape* gearbeitet hatte, eine Initiative mit Schwerpunkt auf Kompetenzentwicklung und Fertigkeitsschulung junger Menschen.

Ich musste verschiedene Behörden kontaktieren und verbachte meine Tage in Telefonwarteschleifen, was genauso war wie im Berufsverkehr stecken zu bleiben, nur noch schlimmer.

Ich füllte Formulare mit Bleistift aus und bekam sie zurückgeschickt. »Unsere Maschine kann Bleistift nicht lesen«, schrieb mir eine echte Person und bat mich, das Formular noch einmal auszufüllen.

Da waren digitale Unterschriften und Überweisungen per Internet, die Registrierung für die Schule und alle möglichen Bedienungsanleitungen, leicht zu lesende Broschüren, komplizierte Regeln und Gesetze, mit denen man sich vertraut machen musste.

Ich wurde krank. Mein Körper machte nicht mehr mit. Mein Rücken krümmte sich zusammen und ich konnte mich nicht rühren, konnte nicht laufen. Ich wusste nicht, was ich tun sollte, wenn ich Arbeit bekäme. Ich schaffte es nicht einmal mehr bis zur Mitte des Sees, um dort zu stehen, in der Mitte, in der Mitte von allem, in der Mitte des Universums.

Die Beckenschmerzen, die Eierstöcke, die Gebärmutter, die Zysten und mein Gleichgewichtssinn; alles Mögliche stimmte nicht mit mir, und Jeppe fuhr ständig mit mir zum Arzt. Der Arzt drückte auf meinen Bauch, ich schrie laut auf, worauf der Arzt seine Kunststoffhandschuhe auszog und seine Brille aufsetzte.

»Sie leiden definitiv an Depressionen und Stress, wodurch Ihre Schmerztoleranz erniedrigt ist. Ich gebe Ihnen ein Rezept für ein Antidepressivum.«

Zwei Tage später wurde ich wegen einer Blinddarmentzündung ins Krankenhaus eingeliefert. Sanfte weiße Hände hielten meinen Hinterkopf fest und legten mich schlafen. Ein tiefer, narkotischer, künstlicher Schlaf, so gar nicht, wie wenn ich in der Hütte geschlafen hatte, im Wald, umgeben von meiner Herde. Ich lag ausgeliefert auf dem Operationstisch, nackt und allein.

Jeppe seufzte und stellte fest: »Wenn man sich einmal niederlässt, stirbt man.«

Ich nickte zustimmend, während ich meinen Kaffee trank. Wir waren hundert Jahre alt. Wir hatten faltige, zitternde Hände. Es ging alles so schnell.

Es dauerte nur ein paar Wochen. Er wurde fleecepullig und fett, ich wurde alt und grau. Wir sahen die Kinder nicht mehr.

Ich sah einen Hut an dem großen Fenster vorbeikommen, das zu dem Zöllner hinausgeht. Ich hörte, wie es klopfte. Es war der Kapitän. Lächelnd, sehnig, knochig, nonchalant, schüchtern und cool – genau wie bei unserer ersten Begegnung. Als er durch die Tür kam, sah ich, dass auch er sich verändert hatte. Sein Haar war lang geworden. Und grau.

Er roch nach Teer und Rum.

»Ich habe gehört, dass ihr hier raufgezogen seid«, sagte er. »Ich dachte, ich statte euch mal einen Besuch ab.« Seine Stimme war tief und brüchig.

»Wie schön, dich zu sehen«, rief ich, und ich meinte es auch so, und in dem Moment wurde mir klar, wie sehr ich ihn vermisst hatte. Seine Erfahrung. Seine Aufrichtigkeit und sein großes Herz. Jeppe drückte ihn, Sigurd kletterte an seinem Bein hoch, die anderen Kinder kamen runter, um Hallo zu sagen.

»Ich glaube, wir sollten über ein paar Sachen reden«, sagte der Kapitän ernst, und wir alle schreckten auf wie Schneehasen im Licht von Autoscheinwerfern.

»Sollen wir dabei sein?« Silas war die Treppe schon wieder halb rauf.

»Nein.« Jeppe ging in die Küche, um Kaffee aufzusetzen; ich legte mich aufs Sofa.

»Hast du wieder Schmerzen?«, fragte der Kapitän.

Ich erzählte ihm ausführlich von all meinen Schmerzen und Gebrechen. Dann fragte ich ihn: »Und wie geht es dir?«

Er sagte, dass der Winter ungewöhnlich hart und unbarmherzig gewesen sei. Während er das sagte, sah er unglücklich aus.

»Das sind Deutsche da drüben, oder?«, fragte er und zeigte auf das Haus unserer Nachbarn.

Ich nickte und verdrehte die Augen.

»Verdammt«, zischte er.

Jeppe goss uns Kaffee ein. Schweigen. Ich war besser darin geworden, es zuzulassen. Schweigen ist nicht unangenehm. Schweigen ist Intimität. Ich konnte inzwischen besser mit Intimität umgehen.

»Was wird nun aus Svensäter?«, fragte der Kapitän.

Wir hatten darüber gesprochen. Wir hatten besprochen, dass wir Svensäter und das Blockhaus und alles der Gemeinschaft übergeben, auch wenn die Gemeinschaft noch nicht wirklich existierte – aber vielleicht kam das ja noch. Wenn die Dinge ein wenig klarer wurden.

»Wir können nicht zurück dorthin«, sagte Jeppe. »Wir können nicht das Zentrum einer Gemeinschaft sein. Wir müssen einen Ort für uns allein haben.«

»Bei uns steht die Familie an erster Stelle«, sagte ich. »Wir müssen dafür sorgen, dass es der Familie gut geht.«

»Ja. Darum habe ich euch geholfen.« Der Kapitän rückte seinen Stuhl so, dass er mit dem Rücken zur Wand saß. Er sah uns misstrauisch an. Wir wussten nicht, was wir sagen sollten. »Das heißt, dass ihr kein Teil der Gemeinschaft sein wollt?«, fragte der

Kapitän schließlich in das Schweigen hinein.

»Nein. Nicht, wenn die Gemeinschaft etwas ist, das die Familie vereinnahmt. Nicht, wenn wir die Basis der Gemeinschaft sein müssen. Das geht einfach nicht. Aber …« Jeppe hielt eine Weile inne, bevor er sehr deutlich weitersprach. »Wir bleiben ja im Wald. Und du weißt so gut wie ich, dass wir einander brauchen im Wald. Wir kündigen ja nicht die Zusammenarbeit mit der Gemeinschaft auf. Wir können zusammenarbeiten. Einen Tag pro Woche vielleicht. Und wir können ab und zu zusammen essen. Wir müssen nur einfach einen Ort für uns haben.«

Ich sah, wie der Wald uns verändert hatte. Ich sah es klar und deutlich, während wir hier saßen und mit unserem Freund, dem Kapitän, redeten.

Bei unserer ersten Begegnung mit ihm waren wir noch voller Sorgen gewesen. Wir hatten nicht daran geglaubt, dass wir irgendetwas alleine hinbekommen würden. Und wir waren einsam gewesen. Wir hatten uns nach tiefen, engen, bedeutungsvollen Beziehungen gesehnt, aber jetzt … jetzt brauchten wir die Gemeinschaft nicht mehr aus einem Defizit heraus, sondern aus einer Position des Überschusses.

Der Kapitän war anscheinend nicht in der Lage, den Unterschied zu verstehen. »Man ist entweder dabei oder man ist raus.« Er klang wie der Skeptiker bei meinem Vortrag in Kopenhagen.

»Für uns ist das nicht so«, unterbrach ich ihn. »Wir wollen einen Kompromiss finden. Wir müssen einen Kompromiss finden.«

Doch der Kapitän redete einfach weiter, als hätte er mich überhaupt nicht gehört. »Entweder ihr gebt alles, hundert Prozent …« Er beendete den Satz nicht, aber ich wusste, was er gesagt hätte: *Oder ihr seid Feiglinge und Heuchler.*

Wieder trat Schweigen ein.

»Wir möchten, dass mehr Leben in den Wald kommt. Und wir werden uns dafür einsetzen. Es wäre toll, wenn mehr Familien mit Kindern da wären. Das haben wir wirklich vermisst. Du, meine Schwester, die Luffare ... Ihr habt eine ganz andere Lebenswirklichkeit als wir«, versuchte ich, es ihm zu erklären, doch er verstand es nicht.

Jeppe sagte: »Ich glaube, das Beste wäre es, wenn ein paar autonome, sich selbst versorgende Familien oder Einzelpersonen hier im Wald leben und die Gemeinschaft eher wie eine Dorf funktioniert. Ein Dorf, in dem man mehrere Kilometer vom nächsten Nachbarn entfernt ist.« Er lachte, trank einen Schluck Kaffee und fuhr fort: »Man muss nicht in allen möglichen Bereichen einer Meinung sein und alles auf die gleiche Weise tun. Es wäre einfach eine Art Gemeinschaft, in der man einander hilft, einander Dinge borgt und sich umeinander kümmert. Ich will nicht in einer Kommune leben.«

Der Kapitän erhob sich. »Aber es war nie von einer Kommune die Rede! Wir waren ein Stamm!«, sagte er mit lauter, frustrierter Stimme. Dann setzte er sich wieder. Schwer. Resigniert. »Ich bin Survivalist. Wenn wir uns darauf vorbereiten wollen, dass es irgendwann knallt, müssen wir zusammenarbeiten, effizient und an großen Gemeinschaftsprojekten. Da hat man eben keine Zeit, seinen eigenen kleinen Privatvergnügungen nachzugehen.«

»Es ist unser Leben«, sagte ich und zeigte dem Kapitän zum ersten Mal offen meine Verärgerung. Bislang hatte ich sie ihm nur angedeutet, mit meinem Schweigen, meiner abweisenden Haltung und meiner Inmichgekehrtheit. Der Wald hatte mich verändert.

»Aber er hat recht«, murmelte Jeppe und sah mich an. »Wir haben von einem Stamm geredet. Am Anfang.«

Der Ärger verflog. Ich trank meinen Kaffee und ließ mich in die Kissen sinken, in mein Krankenlager. In Gedanken ging ich ins Tal hinunter, ins Svensätertal. Ich sah den Fluss, die großen Kiefern, das Haus, ich sah den Berg und den Felsvorsprung, auf dem meine Schwester ihr eigenes Haus hatte bauen wollen. Ich sah es als meinen Geburtsort. Es war der Ort, wo unser Leben begonnen hatte.

»Ja«, sagte ich in die Stille hinein. »Aber wir haben uns geändert.«

»Das Problem ...«, fuhr Jeppe fort, beugte sich über den Tisch und sah dem Kapitän in die Augen, » ... das Problem liegt nicht nur bei uns. Sondern auch bei dir.«

Der Kapitän straffte sich, schlug die Hacken zusammen, runzelte die Stirn und faltete die Hände.

»Wenn alle bestimmen wollen, funktioniert die Zusammenarbeit nicht. Da waren zu viele Personen mit einem starken Willen und einem großen Ego in der Gruppe«, sagte Jeppe.

Darauf entspannte sich der Kapitän – das Problem lag also doch nicht bei ihm, das Problem war einfach, dass wir überindividualisierte, moderne Menschen waren. Darüber hatte er schon oft gesprochen. »Mein Ziel ist die Auslöschung des Ego«, hatte er oft gesagt, vor allem am Ende.

Der Kapitän seufzte und guckte aus dem Fenster, rüber zu den Deutschen, und sagte: »Ich sehe es so: Wir befinden uns auf einem Schiff. Wir segeln übers Meer, es stürmt und es gibt heftigen Seegang. Es ist ja nicht so, dass der Zusammenbruch der gesellschaftlichen Systeme plötzlich kommt, der Prozess ist bereits im Gang, er findet um uns herum statt, jeder kann es sehen. Aber wir sind nur wenige auf diesem Schiff. Wir werden ein neues Land finden. Utopia. Wir wollen eine neue Art von Gesellschaft aufbauen.« Er drehte den Kopf und sah uns direkt an. »Ich bin der Kapitän auf diesem Schiff. Ich bin derjenige, der die meiste Erfahrung mit dem Segeln hat, und ich weiß, wie man sich auf See verhält.«

»Aber wer sind wir dann?«, fragte ich ihn. »Deine Crew?«

»Ja! Ihr seid meine Crew! Und ich würde für meine Crew sterben!«

»Wir sind nicht deine Crew«, sagte ich und sah ihm dabei fest in die Augen; es war mir wichtig, dass er das verstand. »Wir sind nicht deine Crew. Wir haben unser eigenes Boot.«

Es wurde ganz still. Das elektrische Surren war das Einzige, was man hörte.

»Wir kämpfen doch alle mit unserem Selbstverständnis ...« Jeppe sprach den Satz nicht zu Ende. Es war nicht der richtige Zeitpunkt, um dem Kapitän zu sagen, dass er kein besonders guter Kapitän war; er würde es nicht ertragen, er würde daran zerbrechen.

In diesem Moment wurde mir klar, dass der Kapitän noch mehr auf der Flucht war als wir.

Er stand auf, der Kapitän, die Stuhlbeine schrappten über den Fußboden, er ging vor die Tür. Dort stand er eine ganze Weile und sah zu Boden. Ich konnte an seinen Schultern sehen, dass er weinte.

Ich wollte gern zu ihm rausgehen, ihn in die Arme nehmen und mit ihm reden, aber Jeppe schüttelte den Kopf und flüsterte: »Er muss das verstehen. Das muss wehtun.«

Der Kapitän fing an, draußen auf und ab zu gehen. Auf und ab. Irgendwann stieß er die Tür auf, kam wieder herein und setzte sich an den Tisch.

»Also gut. Ich übernehme die Verantwortung für Svensäter. Ich werde die Festung bauen, die wir brauchen.«

»Können wir trotzdem Freunde bleiben?«, fragte ich ihn, aber ich weiß nicht mehr, ob er meine Frage wirklich beantwortete.

Dann fingen wir an, über die anderen zu sprechen. Wir redeten über Rick, der immer noch beim Kapitän lebte; wir sprachen über die Luffare, Svenn, die neuesten Entwicklungen in einem Onlineforum und über die Nachbarn. Dann redeten wir übers Wetter. Dann übers Essen. Wir redeten uns warm und näherten uns einander an, die Stimmung hob sich, und wir alle atmeten erleichtert auf.

»Ich gehe besser nach Hause, bevor es dunkel wird«, sagte

der Kapitän, doch bevor er aus der Tür ging, drehte er sich noch einmal um. »Aber dass ihr hier wohnt, das alles hier ... das ist unter eurer Würde.«

»Komm nächste Woche auf einen Kaffee vorbei, ja?«, rief ich ihm hinterher.

Er winkte uns durchs Fenster. Als er schon ein paar Meter gegangen war, machte er plötzlich kehrt und kam zurück. Er blieb in der Tür stehen und sagte: »Die Leute im Gefängnis waren wirklich hart. Sie waren groß und gefährlich, mit stählernen Fassaden. Aber wenn man zu den Menschen vorgedrungen ist, die sich hinter diesen Fassaden verborgen haben, dann war da echter Zusammenhalt, echte Freundschaft. Echte Brüderlichkeit. Sie waren weichherzig. Bei euch ist es umgekehrt. Ihr seid von außen weich, aber eure Herzen sind hart.« Und dann ging er.

Im Laufe der folgenden Wochen bekamen wir regelmäßig Besuch von den Leuten aus dem Wald. Der Kapitän, Svenn, die Luffare – sie kamen alle vorbei. Sie standen mit ihren orangefarbenen Arbeitsstiefeln und ihren wollenen Hemden in unserem Wohnzimmer und sahen sich um, aber sie erwähnten unseren Luxus nicht mit einem Wort.

Die Lebensgeister des Kapitäns waren wiedererwacht. Er schrieb ein Manifest und stellte es ins Netz. Er war enthusiastisch. Er schrieb Regeln für die Gemeinschaft. Er unternahm lange Wanderungen mit Rick im Wald, und wenn wir uns zum Kaffeetrinken trafen, war es genauso gemütlich wie früher.

Ich vermisste den Wald. Das war die Wahrheit. Ich lag auf dem Sofa und sah aus dem Fenster, hinauf zu den nackten Ästen der Espe, und ich fühlte mich hinter durchsichtigem Glas eingesperrt.

Wir duschten; wir guckten Nachrichten und waren empört, wie früher. Wir kauften ein wie früher, wir hatten nicht genug Geld wie früher. Alles war wie früher.

Silas konnte erst in ein paar Wochen mit der Schule anfangen, die Zwillinge erst nach den Sommerferien. Was sollten wir in all der Zeit mit uns anfangen? Was sollten wir machen?

Während ich auf Arbeit wartete, auf die Behörden, auf die Schule und einen neuen Arzttermin, schrieb ich nicht an meinem Blog. Ich wusste nicht, was ich schreiben sollte. Ich hatte keine Funktion mehr. Das machte mir zu schaffen.

»Ich muss versuchen, weiter über die Natur zu schreiben«, sagte ich zu Jeppe; er nickte abwesend, während er irgendeine Comedysendung guckte.

»Im Ernst. So wie wir mit den Ressourcen der Erde und der Natur umgehen ... das spiegelt nur wider, wie wir mit uns selbst umgehen.«

Ich zitierte frei aus dem Internet, aber er bemerkte es nicht.

»Wir dürfen nicht einfach aufgeben«, sagte ich leise.

Er stoppte seine Comedy und sah mich an. »Aber wir haben keine andere Wahl. Wir haben etwas anderes versucht und sind gescheitert.«

Mir saß ein Angstschrei in der Kehle, und der war so groß wie das Loch in meinem Bauch. Etwas fehlte. Wir konnten das hier nicht an unsere Kinder weitergeben! Aber es gab nichts, was man tun konnte. Wir waren eingesperrt. Wir waren unfrei. Wir konnten uns nicht bewegen. Wir saßen fest.

Ich las ein paar Artikel über Klimaforschung, Innenpolitik und Feminismus. Jeppe lachte wie ein Vollidiot über irgendeinen Witz.

Die Kinder waren sonderbar abwesend. Silas stellte uns ständig Fragen über Geld. Wie viel wir hatten, wie lange es reichen würde, wann wir mehr davon haben würden und wie es mit der Arbeitssuche voranging.

»Hast du dich für viele Stellen beworben, Mama?«, fragte er jeden Tag, und ich weiß nicht, ob es daran lag, dass er wollte, dass wir normal waren, oder daran, dass er versuchte, die Zusammenhänge zu verstehen .... Wenn ich ihn fragte, ob es ihm gut ging, zuckte er nur mit den Schultern.

Victoria machte immer noch lange Spaziergänge, duschte lange und guckte lange romantische Filme. Sie hielt lange Vorträge über den Wald. Sie machte langfristige Pläne: Wenn sie mit der Schule fertig war, wollte sie zu Fuß die Welt umrunden, und sie würde sich nie von irgendetwas unterkriegen lassen und immer frei sein.

Sebastian zog sich zurück und war reizbar. Er fauchte alle an und saß die ganze Zeit allein an seinem Computer, wie ein Igel in einer Höhle.

Es war seltsam, Sigurd auf diesen Böden herumlaufen zu sehen. Er fiel ständig hin, weil sie so eben waren; der Untergrund hier war so glatt wie die Oberfläche eines iPhones. Wenn wir in der Stadt waren, legte er sich im Supermarkt auf den Fußboden und machte Schneeengel, bloß waren die flackernden Neonlampen nicht wie die Sterne.

Was passiert, wenn eine moderne Familie die moderne Gesellschaft verlässt und in den Wald zieht, um ein freieres und einfacheres Leben zu leben?

War das die Antwort?

Die meterdicke Eisschicht auf dem See begann zu knacken. Die Eismassen glitten gegeneinander, und die Welt war erfüllt von lautem Krachen, Eis, das in langen Blitzen riss, sachten, fortwährenden Bewegungen, subtiler Spannung. Es klang wie ein gigantischer Subwoofer. Bass. Streicher. Triangel. Echomaschine. Delaypedal. Hi-Hat.

Die langen Risse und Vibrationen konnte man unter den Füßen im Fußboden spüren. Der Klang durchdrang die Wände. Tag und Nacht. Es war der Klang der Spannung.

Jedes Mal, wenn ein besonders lauter und eigenartiger Laut ertönte, sahen wir uns an, Jeppe und ich; die Laute klangen wie auf einem Ufo-Kongress, wie in *Unheimliche Begegnung der dritten Art*.

Wir waren in den Wald geflohen, weil wir die Welt nicht spüren konnten. Sie hatte nicht mehr zu uns gesprochen.

Der Wald öffnete uns Augen und Ohren. Die Natur flüsterte uns zu, in kurzen glücklichen Momenten, in der tiefen, dunklen Winternacht, sie flüsterte, flüsterte.

Nun rief sie uns.

Nun sang sie für uns.

In diesem allumfassenden Klang hatte Jeppe sich zu einem Spaziergang aufgemacht. Er war schon eine ganze Weile weg. Ich fing an, mir Sorgen zu machen.

Als er zurückkam, passierte etwas. Es passierte ohne Worte. Wie auf ein Signal hin standen wir alle auf.

»Ich habe eine alte, verlassene Hütte im Wald gefunden«, sagte er. »Sie steht an einem Südhang. Es gibt auch eine Scheune. Man sieht, dass der Boden dort bestellt wurde. Es ist dort sehr sonnig. Und es gibt einen Brunnen.« Er sah uns einen nach dem anderen an. »Wir könnten die Hütte und die Scheune abreißen. Dann hätten wir jede Menge guter Stämme. Wir könnten ziemlich schnell ein Haus aus dem Material der Hütte bauen.« Er atmete tief durch. »Es ist alles da.«

Keiner von uns sagte etwas.

Victoria zog ihre Jacke an und schnürte ihre Schuhe zu. Sebastian holte sein Astbeil. Silas ging hoch und schaltete den Computer aus.

»Bleibst du hier und passt auf Sigurd auf?«, fragte Jeppe.

»Ja«, antwortete ich.

Als sie zurückkamen, sah ich es in ihren Gesichtern, bevor sie auch nur ein Wort sagten.